看破东周六百年

第一卷

秦纵轩◎著

中国工人出版社

图书在版编目（CIP）数据

看破东周六百年.第一卷／秦纵轩著.—北京:中国工人出版社, 2012.12
ISBN 978-7-5008-5433-3

Ⅰ.①东… Ⅱ.①秦… Ⅲ.①中国历史－东周时代－通俗读物 Ⅳ.①K225.09

中国版本图书馆CIP数据核字(2013)第001422号

看破东周六百年. 第一卷

出 版 人　李庆堂
责任编辑　王学良　杨博惠
责任校对　赵贵芬
责任印制　栾征宇
出版发行　中国工人出版社（北京市东城区鼓楼外大街45号　邮编:100120）
网　　址　http://www.wp-china.com
电　　话　010-62350006（总编室）　010-62379038（社科文艺分社）
　　　　　010-62005038（传真）
发行热线　010-62045461　62005042（传真）
读者服务　010-62389465
经　　销　各地书店
印　　刷　三河市东方印刷有限公司
开　　本　710毫米×1000毫米　1/16
印　　张　20.25
字　　数　320千字
版　　次　2013年9月第1版　2013年9月第1次印刷
定　　价　36.80元

前　言

东周分为春秋和战国两个时期，可以说春秋战国是中国历史上最为精彩的一页，它为华夏文明奠定了物质的、文化的、血缘的基础。这是一个英雄辈出、传奇连篇的时代，其历时之长、人物之多、事件之频、变革之剧都是其他任何一个朝代所不能与之相提并论的。

英雄多是出自乱世，春秋战国正是不折不扣的乱世，其内容的丰富和精彩来源于上千位人物、数百场战争、几十个国家，纷繁复杂的元素混合着不休的篡逆、谋杀和暴动，这段历史令人眼花缭乱，难以理清主线，更别说变革的历程和发展的趋势了。

承载历史的基本要素是人和事，要想看清历史，我们通常有两种观察方式：聚焦和瞭望。

聚焦旨在从微观角度看历史，深入事件的内部和人物的心灵，见微知著。这一点也是近年来写史的常用手法。但是要看清浩瀚漫长的春秋战国，还需要另一种观察方式——瞭望。

如果我们能将视野拔高，从这么多的人物和事件中看透博弈的真相，那么很多历史典故和谜题就能迎刃而解；再提高一层，我们能够通过这些博弈发现其发生和进行的社会背景、经济条件、地缘因素，便能对春秋战国有一个全景的认识；更进一步，综合这些宏观的全景，我们便能够把握历史发展的趋势和主脉。

就如同一棵树，我们通常注意的是它末端的树叶和果实。但是如果我们能循着这些枝叶逐渐找到树杈、枝干和主干，那么整棵树的脉络便能尽收眼底，形成一个完整的认知。这个时候我们就可以说是真正读通了历史，认识了时代的特征。

这就是我对春秋战国历史解读和认识的思路，在这逐级向上的历史视野中，我们能发现远比表面更加精彩、更加深刻的春秋战国史。

这样读历史，需要的不仅仅是看清表面的故事，更需要读懂深层的逻辑。这样写书并不轻松，但是却充满了挑战和乐趣。能够不断解开一个个历史疑团，挖掘传奇背后的真相，这种感觉是妙不可言的，读来也会让人大呼过瘾。

周王室衰微和诸侯崛起的起因居然是由于“封神榜”？周王室东迁的背后究竟有什么不可告人的秘密？为什么周平王要自降身价与臣下交换质子？是什么原因造成了郑国真假天子对决的戏剧性结果？卫国和齐国国君怎么会因为一朝乱伦而身死国乱？管仲为何选择了齐国，他一系列令人眼花缭乱的改革措施的根本方向何在？是谁造就了傻得可爱的宋襄公？秦晋之好的帷幕下掩藏了多少尔虞我诈？晋公子重耳周游列国得到了什么？城濮之战如何改变了天下大势？通过对这一个个疑问的追根究底，一幕幕的精彩历史图像将呈现在我们眼前。

当我们关注短期的历史时，会将焦点集中在个别的一人一事之上，但是春秋战国提供给我们一个跨度很大的时间范围，并伴随着巨大的时代变迁，给了我们观察历史演进和转型的绝佳模型，使我们的历史观由静态向动态转变。

在动态的历史进程和变局中，社会、经济、政治的结构不可避免地发生着重大的变动，而局中人的利益和地位也随之变动和起落。在这样的洗牌过程中，新旧既得利益者的矛盾就产生了，随之而来的是一次次的明争暗斗。

人和人、家对家、国与国，这些冲撞迸发出了精彩的政治斗争和军事对抗。由于竞争的需要，各种奇谋妙略层出不穷，各类思想流派百家争鸣，由此中国迎来了思想大发展的黄金时代。

历史就是现在的前身，现在是历史的延续。只要格局够大、视野够广，我们就能从历史中解读当下、预见未来。

春秋战国时代不仅是了解中国历史、思想和文化必不可少的阶段，同时也是解读地缘政治，研究国际关系以及分析世界局势的经典范本。

随着西周王室的日渐式微，蛮族势力乘虚而入，西周灭亡。东迁了的周王室难以振兴道统，旧有的意识形态逐渐瓦解，各个封国逐渐有了施展抱负的自由和空间。

春秋初期，当周王室余威尚存之时，王畿近旁的郑国首先崛起，成为了当世小霸。继而郑国的经验被其周边的各国所借鉴，卫、宋、鲁、齐等国争先恐后力图争霸，中原腹地的博弈逐渐向更远的周边地区蔓延开去。

随着中央之地各诸侯国的兼并和斗争愈演愈烈，周边的夷狄也开始趁火打劫。作为周朝拓殖的边缘地区的封国在此历史机遇下开始逐渐崛起。在内外部的双重压力之下，齐国最先进行了全面的改革，开创了称霸的标准模式，建立了风光一时的霸业，独领中原之风骚。

伴随着齐国模式的巨大成功，有实力的强国纷纷效法，先后涌现了所谓的“春秋五霸”。在一系列的军事斗争和政治博弈后，最终两个地处边缘地区、拥有更优越战略位置和更广阔战略纵深的封国——晋国和楚国脱颖而出，成为了争霸的主角。

这两国虽同时崛起，但是晋国乃周王室之苗裔，代表了正宗的中原脉系；而楚国则历来被视作蛮夷之邦。两国的争霸构成了当时天下的两极格局，而原本烜赫一时的其他各国却失去了进一步拓展的空间，都成为了两国的被保护国，中原大地也变成了晋楚拉锯的博弈场。

新的社会秩序的建立让西周的宗法分封制度几近崩溃，原本有着最先进文化和政治架构的中原诸侯国难以适应新的挑战而相继衰落。两极格局同时给了其他边缘之邦与超级大国结盟并进而兴起的机会。整个天下却在这激烈的斗争中进入了思想文化的黄金时代。

两个超级大国旷日持久的对抗最终让两国难以为继。随着晋国的分裂、中原地区的重组以及越、秦、燕等边缘势力的加入，天下进入了数强并立的多极化格局之中。

战国时代，列国争霸进入了白热化阶段，各国无所不用其极。在群雄并立且各自体量相当的情况下，在外部，谁占据了更有利的地缘环境；在内部，谁推行了更合理的政治制度；在总体上，谁制定了更符合历史潮流的国家战略；在天时、地利、人和俱全的条件下，谁就是天命所归的最终赢家。

如果类比一下近代世界，我们会发现很多具有借鉴价值的历史巧合和趋势预测。

当土耳其人攻陷了千年帝都君士坦丁堡之时，绵延千年的罗马道统就此终结，整个欧洲基督教世界都为之震撼。随之基督教对欧洲的统治开始衰微，各个民族国家相继兴起。

和东周一样，近代最早独领风骚的也是邻近教皇的意大利地区，其中又以威尼斯为最，开创了资本主义的先河。接着，欧洲的产业热潮由中心的地中海之滨开始向外扩散和转移，荷兰、英国、法国相继效仿图强。

欧洲各国在内部发展的同时，也在世界的其他地区进行开拓和殖民，由此获得资本积累，继而支持各自在欧洲的争霸。

和齐国相似，完成了大革命后的法国开始尝试整合欧洲，并建立了盛极一时的霸权。在拿破仑之后，欧洲的争霸也愈演愈烈，纷争迭起。

但是在欧洲自顾不暇的争霸过程中，处于边缘地带的蛮夷之邦和殖民地却在政治、经济、技术等各方面大力跟进，并凭借着更加有利的空间潜力和资源优势后来者居上。经过两次惨烈的世界大战的全局博弈，各个强国你方唱罢我登场，出现了类似“春秋五霸”的五大常任理事国。最终美、苏两个超级大国横空出世，形成了主宰世界的两极格局。

两个超级大国中，美国代表的是传统的欧洲血统和文化，而苏联无论在血缘上还是意识形态方面都被欧洲视为离经叛道的典型。两个超级大国控制并分割了昔日的世界中心——欧洲，让那些昔日霸主们的荣耀伴随着它们的殖民体系一起烟消云散。

在两极化的全球博弈格局下，摆脱了旧有殖民体系的边缘势力在美苏两霸的对抗中借机发展。当苏联最终被劳民伤财的“冷战”耗空而解体之后，世界也进入到了一超多强的新时代，这和战国初年魏国称霸、诸国争雄的局面如出一辙。

随着资本主义体系固有的经济危机的蔓延，原本世界的中心——欧洲，在政治和经济方面面临着双重的困境，过去引以为豪的先进制度反而束缚住了它今日力图振兴的手脚。在这样的局面下，欧洲开始寻求新的整合以应对新时代的危机。

而唯一的超级大国——美国，也由于产业的转移在很多方面逐渐被后进国家所赶超。这些后进国家多是过去欧洲霸主们的殖民地或半殖民地，中国、印度、巴西等国，如今也凭借着广袤的领土和充裕的人力资源而崛起为世界的新贵。

在当今世界格局之下，世界会走向何方？中国又将何去何从？

虽然当今世界的游戏规则变得更加复杂和多样化，球形的系统完全颠覆了过去平面化的地缘争霸，瞬息万变的科技革命加速了世界变革的节奏，经济、技术、文化的竞争取代了过去单一的战争对抗，但是最终的赢家一定要集天时、地利、人和于一身，内能顺天应人，外可适时应势，改变当今不可持续的经济发展模式，创造适合于多元文化交相辉映的普世价值，建立起能够让各个族群和平共处的崭新秩序。当然，如果这一天真的到来，真正的赢家绝不会是任何一个国家，而当是全人类了。

这一切并非是刻意要做一番对号入座的类比，只是比较一下在类似的博弈背景之下所产生的有趣的雷同，既是为了能更深入地贯通古今、融汇中西，也是借古鉴今、继往开来。

在下资历尚浅，启笔仓促，文中疏漏在所难免，还烦请读者不吝赐教。

闲话少说，正剧开场！

目　录

第一章　周室东迁

历史是在发展的过程中渐变的，当一个时代的变化积累到一定程度后，便会以标志性冲突的形式发生系统性的变革，开启一个新的时代。

第二章　郑庄小霸

新时代序幕的拉开也必然伴随着其代言人作为第一幕的主角闪亮登场，他的身上将会集中新时代的特色，有悖于上个时代的传统。因此，这样的角色一定是典型的、杰出的、复杂的和毁誉参半的。

第三章　乱象纷纭

郑国示范了如何称雄于中原，各路诸侯随之跃跃欲试，纷纷希望能够逐鹿中原。但是在一个礼坏乐崩的时代，内部的骚动加上外部的争斗，让整个天下乱象纷纭。

第四章　边鄙崛起

随着对中原霸权的争夺日趋白热化，地处中原核心区的诸侯们斗得不可开交，各国的内政外交出现了不同程度的危机。而在此时，地处核心地位外围的封国却能够在独立的环境中发展壮大，为争霸中原奠定了坚实的基础。

第五章　齐桓霸业

历史总是螺旋式发展的。内部不休的争斗，外部渐增的威胁，困境面前中原诸夏酝酿着变革。转机往往在危机中诞生，而时代也赋予了足够的条件：上有礼坏乐崩的旧制、下有内忧外患的国体、外存虎视眈眈的敌手、内存经世济国的奇士，受到威胁才明大势所向，经历争斗方知合作价值，这一切都是危机的结果，也是转机的原因，天下将由此发生巨大的变化。

第一章 周室东迁

历史是在发展的过程中渐变的，当一个时代的变化积累到一定程度后，便会以标志性冲突的形式发生系统性的变革，开启一个新的时代。

“封神榜”如何开启乱世序幕

任何事物在播下成功的种子之时，往往也埋下了失败的基因。成败不仅仅是一枚硬币的两面，更是同一事物在不同阶段的显现。

封侯天下

典故来自传说，传说源于神话，我们就从那久远的神话开始说起。

公元前11世纪，周武王姬发在姜子牙的辅佐下兴周灭纣，八百诸侯会孟津，讨伐商纣王，推翻了商朝的统治，建立了周朝。

在完成了这番伟大的王业之后，姜子牙主持封神榜，总共封了三百六十五位正神，其中有姬姓子弟、开国功臣、会战诸侯、殷商宗室、各路神仙，等等。到了这里，《封神演义》的故事到了尽头，而我们的历史之旅于此才是开头。

这一次“封神”对后世产生了怎样的影响？

所谓“封神”不过是神话，但神话都是起源于历史的。在周朝建立之后，确实进行了一次大规模的封赐，不过这却不是神话所言的“封神”，而是“分封”；主持这场分封的不是姜太公，而是他的同志兼同事、武王姬发的四弟、大名鼎鼎的周公姬旦。

所谓分封，就是对诸侯“封邦建国”，把周天子的同姓宗室子弟、异姓功臣宿将、地方部落首领等分配到当时华夏文明所及的各地区。在这些地区建立诸侯各自的封国，并对诸侯册封“公、侯、伯、子、男”五等爵位。

不同的爵位，封国的大小也不相同。天子的土地方圆千里；公爵百里；侯爵同样是百里；伯爵七十里；子爵只有五十里的土地；男爵也只有五十里。土地不足五十里的封建领主就不归周天子管了，他们依附于邻近的诸侯，被称为“附庸”。

当然这些国可不是随便封的。相传当时“兼制天下，立七十一国，姬姓独居五十三国”。东方新征服的地区是周朝重点经营之地，武王姬发的弟弟康叔被封在了商人原来的都城朝歌（今河南省鹤壁市），以挟制河北平原的商人部落。

卫国的背面，今天河北邢台附近还有另一个姬姓侯爵封国——邢国，辅助卫国共同监控商人和东夷部族。

在更北的燕山和易水之间的地带，周武王的另一位弟弟召公奭的长子在此封土称侯，此地便是燕国。燕国这块深入夷狄的周朝飞地背山面水，是周朝势力范围内最后一块险要之地。通过它，燕国和南面同姓的卫国和邢国钳制了东夷部族的发展，也阻滞了北狄南下的步伐。

而商人的同族，东夷人的聚居地山东丘陵地区是周人另一个重点经营的地区，而周人对此地的安排也非常耐人寻味。泰山和沂蒙山的东面是开国功臣姜太公的封国齐国，而西面则是周公的长子伯禽的封国鲁国。

齐、鲁两国一武一文，周天子赐给齐国代天子征讨的特权，同时赋予鲁国掌管天子礼乐，联系中原和东方，宣播周天子教化的角色。前者以军事手段降服东夷，后者则以文化方式同化异族，可谓是相得益彰。

作为连接周人和北方戎狄部落屏障的山西，则分封有周武王的儿子、周成王的弟弟唐叔虞的晋国，除此之外该地区还有大量的姬姓封国，控制这些关键要地。

“封神榜”中自己人被封了，敌人也有被分封的。现实中同样如此，投降周朝的商人被封在了河南省东部地区，是为宋国，并被册封了最高爵位——公爵，爵位这种虚名当然是假的，作为前朝遗民，宋国表面上很尊贵，实际上地位非常尴尬。东有鲁国、北有卫国、南有蔡国、西有管国，周朝安排了一圈姬姓国家看住宋国，而这块地方也是四面平原，无险可守。

周人在对商朝遗民的主体做了体面而可靠的安排后，便对另一支商人部族进行了比被禁锢在限定范围内的宋国更加悲惨的处置。他们被周人强行西迁到了陇西，被夹在了周人的大本营和蛮族之间，为周王室饲养战马。这让他们在帮周王室做挡箭牌的同时还不得不牢牢依附于它。更不幸的是，他们连宋国这样的名分都没有，连个封国都不是，仅仅只是附庸而已，这就是秦。

其他一些部落首领，如大禹的后代被封在了杞国，舜的后代被封在了陈国，等等。至于其他一些独霸一方的部落或是和前朝有着暧昧关系的族群，则都被分封在了边疆蛮荒之地，如楚国和徐国等，除了在它们周围安置姬姓诸侯加强监控外，周天子自己也常常御驾亲征，加以压制。关于各国的情况，在后文会一一详细提及。

而周天子自己则坐镇周部落的龙兴之地渭河平原，称之为宗周地区，都城镐京位于今天西安附近。为了加强对东方的控制，周王室在洛阳盆地还有封地洛邑，此时被称为成周。洛阳盆地是连接中原和东方的战略要地，这一点从三国时期董卓躲避关东诸侯的追击，在逃往长安之前毁掉洛阳城中可见一斑。

统治并不必做到将自己的势力完全覆盖到所辖范围内的每一点，这样成本太高，事实上也没人真能够做到。只要能站在法统的制高点，占据核心要地，控制关键节点，外再辅以武力挟制，就可以了。

除了硬性的武力手段之外，文化安抚和血缘同化等软性手段在周朝长期的统治中扮演着更为重要的角色。

宗法礼乐

为了保证天下的长治久安，分封的体系被设计成了自上而下一体式的形式。天子分封诸侯，建立各个诸侯国。诸侯在封国中再将大夫分封到各封邑，在各自封邑中，大夫拥有为数众多的家臣士人，由这些士人们统管底下的庶民和奴隶。这五个阶级构成了整个国家的基本组织形态。

为了保证江山永固，周王室对阶级的划分是绝对的、永久性的，地位都是世袭的。为了保证这种阶层的固定性，周朝统治者用法律和礼教双重手段来维护这种阶级划分，所谓文武并用、软硬兼施。僭越者不仅承担法律上的严重制裁，也要接受道德上的严厉谴责。而这种礼教，就是大名鼎鼎的周礼。

按照周礼的宗法分封制度，天子的后代子嗣中，嫡长子，也就是正妻的长子为合法继承人。其余的诸子是小宗，依次分封为诸侯，诸侯的子嗣也是以同样的方式分封为卿大夫，卿大夫继续向下将封邑传给嫡长子，其余诸子成为士人。由此形成家国天下的社会等级结构。

一旦分封完毕，所封土地就由受封者实际控制，而上一层的统治者对土地只有名义上的所有权。当时的土地采取井田制，任何一块可耕地都被划分为井字形的九块，周围八块为封邑的私田，中间那块是公田。私田的产出归封邑所有，而公田的产出则作为供奉，上缴给上一层的贵族。

这样，宗法分封制其实就是一种家族化的统治形式，国和家是一体的，公私权力是很难划分清楚的，大夫既是诸侯的家丁，又是诸侯国政府的官员；我是朝廷卿士，我的儿子也是，我的孙子还会是。

周人之所以开创性地分封建制，缘于当时农耕的生产方式已经基本确立，人对土地已经形成了很强的依附性，一改商王室政治中心长期游移不定的传统。而宗法制则是源自于周人的祖先崇拜，并将祖先崇拜推到了一种登峰造极的地步。这一点和商人的鬼神崇拜，凡事以占卜为准，兄弟子侄皆可即位的习俗相去甚远。这是来自黄土高原的农耕部落和来自东部地区的渔猎部落在文化上的主要区别。

宗法分封制这种制度设计非常巧妙地将文化和政治结合在了一起，产生了相互促进的正面作用，加速了周朝初年政治、经济方面的稳固。

这样做的好处是周朝的统治范围会在一代又一代的分封过程中扩张，并且在这个扩张过程中血缘的纽带能保持诸侯们的向心力。

为了便于政治上的统一，周朝统治者淡化了种族的观念，代之以“华夷五方”的概念，即我们熟悉的“东夷、南蛮、西戎、北狄、中华（华夏）”来加速周边族群向华夏文明靠拢。

周朝的分封是一代一代持续进行的，因此各个封国的势力范围也是一代代地增长的。这种增长依靠的是农耕程度的提高和文化的融合。农耕文明所能提供的更多食物和由此产生的更多人口能够保证扩张的需要。

在周朝初年，各个封国之间都有着大片的无主之地和未征服地区，各国都是从最初的一城一池向外一步步地扩张的。

和国土扩张相伴随的，是血缘的辐射。贵族血脉的不断扩散和下移，以及持续的通婚和联姻，使整个周朝越来越趋同于一个庞大的家族系统。加之“华夷五方”概念的影响，各国内部和外部在血缘上逐渐趋近，文化上也随之靠拢，广义的华夏概念由此形成。

伴随着战争的冲突和文化的交融，西周的诸侯们不断地向外拓殖扩张，逐渐地完成着各个地区的文化整合。尤其是边缘地区的封国，由于和当地的土著部落形成了文化的融合，这些封国往往有着和中原地区不同的文化，如齐文化、楚文化等。当然，这些文化的形成过程少不了刀剑的开道。

高明的封地安排和宗法分封制的巧妙设计让周朝在建立后近两百年间波澜不惊，虽出现几次地方叛乱，却都没能得逞，而且周朝对外的军事扩张和文化扩张也取得了很好的效果，这个过程也为真正的华夏一统奠定了基础。

内在危机

但是任何事物都是具有两面性的。时代是发展的，形势是变化的。宗法分封制这种将文化、经济、政治绑定在一起的做法，产生的效果是各个方面一荣俱荣，一损俱损。一旦土地政策上发生了危机，它必然将蔓延到文化领域内，导致所谓的“礼坏乐崩”，并进而产生一系列连锁反应，最终引起周朝在文化、经济、政治等各个领域的社会转型。

这种危机存在吗？

当然！

存在于何处呢？

制度本身！

宗法分封制将导致的结果是：天子作为天下共主，其名义上拥有的土地在不断增加。而在事实上，天子实际所拥有的土地却由于不断的分封在持续地减少。

与此相反，各个诸侯随着世代的分封，他们的封国却在不断扩大。地方和中央的力量相比会出现此消彼长的态势。所以在西周的后期，天子和诸侯的关系也由此发生了明显的变化。

当各国在拓殖过程中逐步完成了本地区华夷部族的文化整合之后，各国之间的战略缓冲区也逐渐被瓜分殆尽，相互间难免要发生摩擦，并最终引发各国间的战争。

更要命的是，越是居于边塞的外姓部族，他们的扩张潜力就越大。这一点在今天的各国仍然适用：越是边疆地区，行政区划就越粗略，面积也越大。而居于核心地区的姬姓封国却面临日益狭窄的生存空间，频发的摩擦让他们彼此常常龃龉不绝。这一切都是当初伟大的周公在设计制度时所始料未及的。

除了战略空间上的危机外，周朝还面临着政治结构上的不安定因素，这一点偏偏又是来自于宗法分封制最初看似高明的设计。

在宗法分封制下，周天子处于政治结构的塔尖，他所拥有的权力自然也就最大。高高在上的天子经过层层环节，通常对国家基本情况的掌握非常滞后。国家一旦有任何风吹草动，都会经过这些环节层层放大，引起巨大的震荡。所处的地位越高，对土地和经济的实际控制力就越弱，也越容易被架空。和建筑一样，周朝的权力结构越往上越脆弱，而瓦解和变革，就会从最脆弱的部分开始。

西周末世的危机

内忧与外患总是伴随着系统性危机而同时到来。在这样的危机冲击下，社会无论出于主动或是被动，变革都是唯一的出路。

国人暴动

西周在经历了近二百年的治世之后，王朝的统治渐渐开始走下坡路了。

传至第十代周厉王时，终于爆发了一场严重的政治地震，周厉王遭到了国人的驱逐，史称“国人暴动”。

在周朝，民众分为国人和野人。通常的说法是国人为国都中的人，而野人就是国都外围以耕种和渔猎为生的人。但是这种说法并不完全确切，在武装力量完全由贵族垄断的周朝，城里的平民暴动能搞定天子是难以想象的一件事。

所以有一种说法，国人应当是享有服兵役权的，确切地讲，应该是统治者同宗或同族的民众，国人所代表的是贵族集团。这种对军事的垄断正是西周武装拓殖的基础，否则很难想象在很多封国居于少数地位的华夏诸侯们能够轻易占据政治上层地位并保持对下层土著的长期统治。在冶金尚不发达的青铜时代，统治阶级是相对容易垄断打造当时尖端武器所需要的金属资源，并借此进行全面武装控制的。后世秦始皇“收天下之兵集于咸阳，铸以金人十二”也是同样的道理。

贵族能够发动政变驱逐天子，可见二者之间发生了重大的矛盾。历史记载周厉王穷兵黩武，横征暴敛，实行所谓的“专利”，就是收拢并垄断国家战略资源，并且实行特务政治，进行言论控制。由此终于激起了国人暴动，遭到了驱逐，开了历代民变之始。

周厉王是西周素负恶名的暴君，但是他的那些所谓罪行，在后世大一统王朝的帝王身上却见怪不怪，汉武帝和周厉王的所作所为就非常类似，但是为何周厉王却得到了如此下场和恶名？

因为时代的不同和历史机遇的不同导致了结果的不同。历史总是胜利者书写的，周厉王的命运是和当时西周的国势息息相关。

时值西周末年，边疆地区的一些诸侯们开始蠢蠢欲动，不再唯周天子马首是瞻，为此周厉王多次对外用兵，这是其穷兵黩武的客观原因。

打仗就是烧钱，不断地用兵就需要增加财政支出，进而加重赋役，此乃横征暴敛的由来。

前面我们已经分析了，周朝的危机不仅来自于外部边疆，还有源于其体系内部的。一代代的分封使贵族的势力逐渐增强，对土地的控制程度不断提高，由此贵族所掌握的人口和经济资源也逐渐具有了叫板周天子的资本。

为了加强自身实力以抗衡贵族，增加财政和军事实力，周厉王将重要的战略资源纷纷收归为己有，剥夺贵族的部分权力和优势。这就是所谓的“专利”。

经济上的强势必然要辅以政治上的高压来维持，周厉王由此实行了严厉的言论管制，防民之口。

这一系列侵犯贵族利益的行动最终激起了居于都城镐京的贵族们的反击，而对贵族权益的削夺，会通过贵族对下层的盘剥转嫁到国人头上，而这些怨气最终会迁怒到源头——周厉王头上，这也是国人配合贵族推翻周厉王的原因之一。

在贵族政治时代，当时的权力框架是不允许国君进行如此强势统治的，当然，周厉王的这些举措最终还是被后世那些专制君主们实现了。本书也会带领你经历沧海桑田的流转，看看这一巨大的转变究竟是如何完成的。

宣王中兴

周厉王遭到驱逐后，朝廷的世袭公卿周公和召公二位贤臣出面扶持危局。周公是周公姬旦在朝廷的世袭职位，由其子孙担任；召公则是燕国始祖姬奭在朝廷内的世袭职位。这二公是贵族们的总代言人，他们的直接执政代表着贵族们在与国君斗争中的胜利。

周公、召公二人除了嫡系子孙所据有的鲁国和燕国两处封地外，其爵位继承人还帮助周天子分别管理成周和宗周两块王畿之地。这一回管家爬到了主人的头上，俨然直接做主管理起国家来了，而周天子却被逐步架空。

在这段二公辅政的时期内，纠正了很多周厉王时期的政策，矛盾得到了缓和。由于这段时期是二人共治朝纲，所以后世称其为“共和”，这一年是公元前841年，也是中国历史从传说时代进入信史时代的分水岭，从此之后中国历史终于有了确切的文字记载。

前面周厉王被推翻，现在又是共和，从这两点我们可以看到，天子虽然是西周时代的最高统治者，但是他并非是一手遮天的独裁者。在宗法分封制下，朝廷中贵族公卿的共同权力可以和天子分庭抗礼，形成力量的平衡和权力的制约，在特殊时期还能完全代行天子的职责。这有点类似于西方的罗马元老院的贵族民主。

不过无论当时的政治权力结构如何，君臣的名分还是摆在那儿的，即便当年周武王将儿子周成王托孤给周公，周公也不过是代君摄政而已。现在臣下居然驱逐君上，可见旧有的制度已经出现了危机。

周、召二公在支撑住了危局，缓和了贵族和最高统治层之间的矛盾后，他们扶保了太子靖登基，是为周宣王。周宣王即位初期吸取了他父亲的教训，由周厉王的对抗路线改为了妥协路线，任用了具有代表性的大贵族当政，确保了他们的利益。西周政局有了明显的起色，史称“宣王中兴”。

但经历了之前动荡并进入衰退的周王室，本身的危机并没有被解决，矛盾也没有得到根除，宣王中兴只是一种回光返照。

面对周王室的衰落和周天子的颜面扫地，各地诸侯也开始逐渐不将周天子放在眼中了，很多诸侯纷纷不再对周王室朝贡了。朝贡在封建时代被看作是一种象征性的仪式和政治权威的表现，也是周王室实际的经济来源之一和政治实力的保障。尤其在西周后期，周王室实际所拥有的土地并不大，朝贡是中央朝廷的重要财政来源，没有了朝贡，周王室的经济也就捉襟见肘了。

败绩姜戎

诸侯和周王室的力量此消彼长，朝廷对地方的控制日趋衰弱，国家越来越松散，周边的戎狄便有机可乘，纷纷开始兴风作浪了。周宣王后期周边少数民族叛乱四起，而周宣王在经历了中兴之世后，也开始刚愎自用。

公元前801年，位于周朝都城镐京附近的姜姓之戎公然对抗周王室朝廷，并不时从黄土高原居高临下威胁镐京王畿之地。

姜姓之戎是与中原文明密切接触的羌人，姜姓源自于“羌”，而“羌”从字形上就能看出是牧羊之人，也就是游牧民族。西周开国功臣姜太公的后代和族人被周武王分封了齐、吕、许、申四个姜姓诸侯国。这些中原诸侯和姜姓之戎（一说此一姜姓之戎即是位于镐京附近的西申国）这样的蛮夷有着同宗的血缘关系，可以视为农耕化了的羌人。

姜姓诸侯在西周时期，是仅次于周王室同宗的姬姓诸侯的第二大诸侯势力，是周王室和姬姓诸侯们主要的联姻或羁縻对象。

周宣王御驾亲征，讨伐姜戎，周天子是以国家的名义征战的，这也是周天子最后一次代表国家对外用兵了。

周王室少了朝贡，政治威望和经济实力都严重下降。没了这两样，向哪路诸侯去调兵？用什么钱招募和发饷？经济实力和政治实力的衰弱必然意味着军事实力的瓦解，周军的战斗力可想而知。

周宣王晚节不保，在与姜戎的野战中被打败，损失惨重。这是耻辱的战败，对外使中原王朝对戎狄威服大伤，对内令中央朝廷对诸侯天威大衰。周宣王自然不甘心，发誓一定要报仇雪耻。

但是复仇要有资本，周宣王要凑够军队再图复仇，否则只能是旧仇未报又添新恨。

周宣王不得不亲自在镐京附近查点人丁户数，统计当地居民和牛马粮草的数量，以备再战。在宗法分封制时代，土地和家族的关系能够束缚住普通民众，当时的户口制度主要服务于经济和军事上的统计。之后历代封建统治者们渐渐发现户口普查不仅能作为对外防御的一种准备手段，也是很好的对内管理的工具，慢慢才发展成为户口制度。

系统危机

源于内部的权力体系上的冲击和来自外部的边缘集团的压力，对周朝形成了双重的挤压，这一切都是旧有的结构和秩序渐渐瓦解，臣下和蛮夷开始壮大的结果，二者是相辅相成、彼此促进的。

周朝的宗法分封制度所构建的国家就像一棵全息构造的大树，局部和整体具有完全一致的形态，每一个封国都是一个微缩的天下。这样的社会构造在发展期能够自下而上地层层壮大，但是作为硬币的另一面，当国家进入衰退阶段时，这样的金字塔将会自上而下地逐级垮塌。

所以不要简单地认为西周王室所遭遇到的困境只是王朝末期的偶然事件而已，其实它不过是整个天下随之而来的大危机的前奏。周朝此时面临的是来自社会结构所产生的系统性风险，在这种局势面前，个人的努力是不可能改变历史趋势的，无论是高高在上的天子，还是经天纬地的贤臣。

随着金字塔顶部的崩塌，接下来各国都会遭遇到相似的内部叛乱和外部威胁。在危机的冲击下，各国都将寻求存续富强之道。危机是人类社会进步的重要动力，顺天应人者兴，逆天悖人者亡，强悍狡诈者胜，羸弱痴愚者败。这样的时代很精彩，这样的时代也很无奈。但正是因为这残酷的内外斗争，造就了伟大的英雄人物，迸发了璀璨的思想火花，推动了剧烈的社会变革，最终彻底改变了时代，影响直至现在。

来自内部的危机让各国开始了政治重组和经济改革，以应对来自国内贵族集团和权臣的压力，而来自外部的威胁则使各国加强了战略整合和军事联盟。

攘外和安内成为了各个封国的两大主要事务，同时也是整个西周天下的主要问题。究竟如何才能处理好这两项要务，关乎很多封国的兴衰存续。

回到周宣王这里，天子想复仇，如今到了只能自己去招兵买马的地步了，周宣王岂能不郁闷？然而更郁闷的事情马上就找上他了。

诡异童谣中的惊天隐喻

神话的神奇之处通常在于其表达方式，至于内容，神话多数不过是现实的一种映射。若能发现神话神在何处，就可以看清其所代表的社会现实。

妖言惑众

周宣王再战的计划进行得很艰难，太宰（皇家祭祀长）仲山甫对此前景并不乐观，便劝周宣王放弃计划。

周宣王呢？即便他能忍下这口恶气，又怎能甘心于天子威严的受辱。尤其是现在周王室越来越式微，就更需要一场胜利来重振雄风。

查点完人丁户口后，周宣王在回京都的路上遇见一群儿童在那里唱着童谣，而童谣的内容让本就郁闷透顶的周宣王毛骨悚然：

月将升，日将没；檿弧箕服，实亡周国。

听到如此大逆不道的童谣，周宣王十分震怒，当即下令抓住几个孩子问问清楚，究竟是谁散布的此番危言。孩子们一哄而散，只抓到一大一小俩孩子，大的那个便回答说是三天前一个红衣小孩在京城中教给其他小孩的，一时间京城儿童几乎都会诵读，教完之后那红衣小孩便不见了踪影。

周宣王回宫后宣布不得再有儿童传诵这首童谣，一经发现，父兄连坐处罚。在周朝，这样唱衰王朝的预言是很受统治者重视的。第二天周宣王上朝礼毕，第一件事就是将这首童谣告诉所有臣下，希望有高人能对这首童谣解析一番。

卿士召虎奏道：檿，是一种可以用来制作弓的木材，弧是指它的形状，正好两相对照。箕是一种可以用来编制箭袋的野草，至于服，是指它能装东西。综合这两点依据以及另外两点旁证，这预示着国家会有兵马之灾。

听到这番解释，太宰仲山甫立刻借题发挥：弓箭是武器和战争的象征，此番大王计划对姜戎动武复仇，但是如果真打起来，只怕会有亡国之患啊，现在上天就是在用这首童谣告诫天下之人的。

周宣王听完了他们对内容的解释点了点头，又问起了童谣的出处：这是红衣小孩传出来的，依众卿所见，这个红衣小孩是什么人，什么来历？

太史（国家最高史官）伯阳父趁热打铁，接着回奏：所有市井街巷上流传的没有根源的话都属于谣言。皇天上帝要人间的君主对某些事情引起注意，会命令荧惑星下界，以提醒人君。往小里说预示着一个人的吉凶祸福，往大里说关系着一个国家的兴衰存亡。荧惑星会变成火星，所以是红色的。这首亡国的童谣就是上天来警示大王的。

听到几位重臣都对他说了类似的解释，周宣王感觉到这是给自己的一个台阶，当即表示打算赦免姜戎的罪行，取消起兵复仇的计划，把武器库里面所有的弓箭尽数焚毁，下令京城再不允许有人制作或买卖弓箭。

伯阳父本想让周宣王此时不要兴兵伐戎，不想周宣王矫枉过正，竟下令一并销毁所有武器，伯阳父觉得有必要将周宣王的注意力转移到其他方面，劝其多修内政，于是便接着启奏：从天象来看，这危机的兆头已经形成，而且好像是在王宫里面，和边界的战争关系不大，大王的后代中会出现女子乱政祸国的事情，而且根据谣言中说的“月将升，日将没”来看，日代表了人君，月代表女性，日没月升表示了是阴盛阳衰，就是女主乱政的意思。

周宣王对这种说法很不认同：王后统管六宫，贤良淑德，而且宫内所有的妃嫔都是精选的女子，怎么可能会有女主乱政的事情发生呢？

伯阳父回答得很机巧：谣言中说“将升”、“将没”，都是指未来的事情。何况“将”这个字带有偶然性，不是百分之百的事情。大王现在应该勤修德政，自然可以逢凶化吉。至于弓箭武器等，用不着销毁。

从这一段对话中也能看出当时周朝无论是外寇戎事还是宫廷内事，都存在着不同程度的危机。卿士们出于各自利益和观点出发顾左右而言他，周宣王本来就心烦意乱，如今又听得一头雾水，对这些话半信半疑，多少感觉自己被忽悠了，面带不悦地回到了后宫。

天下大势

这么七嘴八舌地解释这首童谣确实够蹩脚的，可谁让这是上天的寓言呢？上天的暗语岂是我等凡人所能轻易解开的？

虽说古人在对自然的认识度和掌控度上较弱且比较迷信，但是仅仅因为一段童谣便由一个极端跳到另一个极端，焚烧武器，自毁长城；而且不以天下大势为凭，却以为解决表象的治标之举能够改变国运，就可见周宣王本人在政治上并不是非常成熟。

我们还是回到那首童谣，如果童谣果真应验，将会出现什么？

女主乱政！史实确实如此。但是女主乱政古往今来不胜枚举，而且虽然在男权主导的帝王时代不受欢迎，不过也不至于被视为洪水猛兽。

春秋时期，骊姬乱晋之祸，客观上却为后来晋文公称霸中原创造了条件。这与骊姬之乱除掉了大量的旧势力，为之后的改革重组铺平了道路关系密切。

女主乱政说到底只是一起负面的政治事件，是福是祸还得看乱了之后的结果如何。那么周王室如果发生女主乱政，随之而来的会是什么呢？

在封建君王时代，唱主角的永远都是男人。女权只能依附在男权上发展。帝王时代，子以母显，母以子贵，乱政的女主多是君位继承人的母亲。那既然是乱政，肯定是由于继承权利之争。所以说，女主乱政伴随的就是嫡庶之争。

嫡庶之争看似是王室的内部问题，但是在宗法制社会中，家国乃是一体的。周天子的配偶基本都是实力强大的异姓诸侯的女儿，而这些继承人与他们通常都是甥舅关系或是外祖孙关系。嫡庶争立的背后是各路诸侯相互之间及与王室之间的博弈。

这样的博弈对于实力衰落的周王室是很不利的。嫡庶之争造成的王室内讧正好又给了雄霸一方的诸侯们通过支持某一位继承人而进一步壮大自己势力的机会。所以可以预见到的是周王室的式微和诸侯的崛起。

那最终哪些诸侯将会崛起呢？周朝在经历了一代又一代地分封开拓后，可用于分封的土地变得越来越有限，尤其是位于周朝中央的王畿之地和诸侯国。

与之相对照的是，位于边塞的那些封国却有着更为广阔的发展空间，对外可以进一步扩张，对内可以挤压中央那些相对显贵的国家。

经过春秋近四百年的征伐兼并，最后所剩的战国七雄无一不是由最初位于边塞的那些非主流的封国演变而来的。

那这样的转变又是如何发生的呢？

以上可以预测到的所有事件，都指向了同一个方向：宗法分封制的瓦解。当土地的分封实行到一定阶段后，就会面临无地可封的窘境。一旦作为基础的分封无法继续，那么依靠它来维持的宗法制也就开始崩裂。

其实嫡庶之争不仅仅在周王室发生，各个诸侯国几乎都不能幸免。宗法分封制的社会就是一个全息化的模型，每一级都有着相似的结构。天子的王室发生的情况，慢慢也会传递到诸侯的公室中，接着又会向下逐级传递。天下逐渐变得礼坏乐崩，旧的秩序被一层层打破，而新的力量将得以崛起。

这一切的转变都将在接下来的历史中逐渐发生。到了战国时期，战国七雄都由原始的封国转变为郡县制的独立王国，为中国之后两千余年的帝王制奠定了基础。

天无二日，国无二主。这些争立的王国彼此都不愿意同他人平起平坐，大规模的兼并战争不可避免，而最终的赢家只有一个。

我们看到的是：女主乱政——嫡庶之争——诸侯崛起——边鄙称雄——王国并立——天下一统，这样一条相互联系的演变链条。在这六个阶段中，第一层，在后宫中，没日是周王，升月是女主；第二层，在王室内部，没日是嫡子，升月是庶出；第三层，在周朝天下，没日是王室，升月是诸侯；第四层，在春秋的历史中，没日是中央的正统主流国家，升月是边塞的华夷参半之邦；第五层，在战国的时空中，没日是宗法分封制国家，升月是独立的君主专制国家；第六层，在最终的历史结局中，没日是周朝，升月是秦朝及其之后两千年的君主专制帝国。

这六个阶段中每一个阶段的发展和转变都伴随着斗争和战乱，贴合童谣后面的两句话："檿弧箕服，实亡周国。"任何发展和变革都不是轻易取得的，完全是由漫长的历史和无数人的生命来换取的。

春秋战国

如果我们对那首童谣的四句话进行咬文嚼字一番，可以看到：月将升，日将没；檿弧箕服，实亡周国。月将升，代表着兴起，兴起生发之势主春；日将没，象征着萧条没落，正好对应秋；檿弧箕服，预示着刀兵相接，主战；实亡周国，毫无疑问，改朝换代，既是亡故国，也是建新国。凑在一起正好是"春秋战国"。

春秋战国是中国从西周到秦汉间剧烈转型阶段，从童谣所预示的兴衰轮回和兵戎之争中，我们可以将这段时期大致划分为文化整合、区域整合、地缘整合和全局整合四个阶段。

整个西周时代基本都是文化整合的阶段，各个诸侯国在努力扩张自己的领地和同化当地的部族，进行经济拓殖，为华夏文明的播撒奠定了基础。到了这个过程完成的时候，相比政治坐标而言，起着更加重要的文化符号作用的周天子逐渐式微也是情理之中的事情了。

到了西周末期，文化整合基本完成，经济上大规模的开荒随即开始，各国之间开始有了更多的直接接触和碰撞，接踵而至的局部战乱和争霸开启了区域整合的进程。

春秋前期，各国之间大欺小、强凌弱，在各个相近的文化区域内，小国纷纷被周边的大国吞并或沦为其附庸。礼坏乐崩，乱战不断，在区域整合中脱颖而出的大国纷纷称霸一方，并且让周天子成为了各方挟天子以令诸侯的标的物。

区域整合使各国打破了过去那种按照宗法分封制，基于家族和血缘扩张的拓殖路线，进而走向了同一经济区域内的合并。在经济方面，农耕生产的压倒性优势逐渐体现出来，耕地的开荒力度不断加大，也加快了区域整合的速度。

区域整合的这些属性让那些恪守宗法分封制的保守诸侯国故步自封，加之这些正统诸侯国大多位居重要的中央之地，进一步抑制了它们在新时代的发展潜力。与之相反，那些边缘的非主流国家却能不受制于旧有的制度束缚而大展宏图。过去的非主流国家即将成为今日的生力军和明日的主流国家。

随着外部战乱的升级和争霸的愈演愈烈，经济上生产力的提高逐渐使旧有的井田制最终没落，也加速了依附其上的旧制的瓦解。内部宗法分封制的崩溃，使春秋后期大国纷纷跳出旧有的博弈框架，寻求各自的利益最大化。

霸主轮流坐庄的格局形成了新的国际秩序，一方面让各国更多地转向了内部整合，逐渐地各国开始不断开发和填充各自疆域内的土地。随着生产力的提高，各国的人口密度也在不断增长。在对外扩张变得越来越困难的情况下，各国进入了全面的内部开发阶段，综合实力得到了增强，经济获得了提升。

当各国尽力将自己的势力填满了所处的整个地理单元时，各国逐渐从一城一池的封国向着更加均一化的国家形态迈进，各国都已经做好了从封建时代的领主经济向郡县时代的地主经济转型的准备。国家形态的变化使得各国内部的新兴势力开始粉墨登场，中原进入了重新划分势力范围的地缘整合阶段。这个过程是伴随着自上而下和自下而上双向的变革而推进的。宗法分封制度成为了昨日黄花，周天子也在各国愈演愈烈的争霸战中趋于沉寂。

区域整合和地缘整合需要的是文化和政治上的号召，加之此时西周时代的意识形态尚未完全褪去，因此战争的同时还伴以大量的国际道义。一句话，春秋时代既讲实力又讲道义。

在经历了地缘整合之后，中原大地只剩下了最为强大的几个国家，它们各自称王，互不相属，天下共主周天子早就被它们抛诸脑后。战国时代，大规模的全局整合开始了，各国进入到了攻伐和兼并的白热化阶段。

到了此时，西周时代的尊王传统消退殆尽，各国之间要想生存和称霸，只能强力打破地缘的阻隔。因此，战国是一个武力至上的时代，各国间你死我活的较量将地缘政治博弈抬到了一个空前的高度，一批又一批的纵横之士生逢其时，叱咤风云，为各国游说献策。还是一句话，战国时代既讲实力又讲道义。

战国时代各国内部的快速整合和外部的激烈竞争使得各地在经济和文化上越来越趋于同质化，郡县制经济不断成熟，从一个个分板块逐渐整合到了一起，为最后的统一奠定了客观基础。

从西周到秦汉，整个春秋战国时代的四步整合是通过军事冲突和文化交融来完成的，并最终使中华文明达到逐渐的同一化，从最初“华夷五方”的部落封建联盟到最终形成“书同文、车同轨”的大一统帝国。

童谣预言了春秋战国的到来，中国历史上最精彩的话剧即将上演，开场白正是这首不起眼的童谣。而这场话剧的第一幕主角，却是一位带有神秘色彩的、近乎神话传说般的人物。

褒姒身世之谜

诡秘的事件之所以诡秘，是因为其背后常常隐藏着很多不可告人的秘密。用骇人听闻的情节对秘密事件进行包装，是常用的蒙混过关之策。

不祥妖胎

周宣王在朝中并没有得到一个对童谣满意的解释，他闷闷不乐地回到后宫，把童谣和朝臣的话都告诉了宣王后。

宣王后听了不由一惊，告诉周宣王宫内刚发生的一件怪事：先王的一个五十多岁的老宫女，在先王时候怀的孕，一直怀了四十年，昨天晚上生下了一个女婴。

周宣王听罢大惊，莫非这个女婴就是童谣所称的女娲？

宣王后见周宣王面色大变，连忙安慰周宣王：这孩子看似是不祥之物，已经派人用草席包裹后扔到了二十里外的河中去了。

周宣王还是不放心，到了宫中找到老宫女一问究竟。老宫女跪地回答：传说夏朝桀王时，褒国的两位首领化为两条龙降落在王庭。桀王非常恐惧，想杀了二龙，太史占卜后发现杀龙是大凶之兆，而将龙涎藏在木椟中则可以消灾避祸，逢凶化吉，就拿金盘取了二龙的龙涎，二龙方才离去。这些龙涎一直保存于木椟内，藏在王宫内库中，经历了整个商朝，传了二十八王，千年的时间。到了先王厉王时，一日木椟发光，先王好奇让人打开了木椟，龙涎横流于宫廷，化为一只大乌龟。当时老宫女年仅十二岁，因为足踏龟迹而忽然有了身孕，被先王以未婚而孕之名幽禁了起来，到此时已经有四十年了。直到昨晚才刚生下一个女儿，王后觉得这是个怪物，已经命人将她扔到了河中。

周宣王看老宫女也可怜，便赦免了她。但是还是派人去河边探视情况，可是那女婴早就不见踪影了。

周宣王心里那块石头总觉得没有着落，索性来一个彻底搜查，都城附近所有的女婴人家挨家挨户搜查，一定要灭了妖女。既然一样搜查了，索性顺带搜查一下私造木弓箭袋的人。

结果手下忙活儿一通，妖女没找着，但却抓到了一对猎户夫妇，丈夫背着木弓，妻子捧着箭袋，丈夫得以逃脱，妻子被带了回来见周宣王。

周宣王看到她的箭袋，又是一个女的，完全符合童谣，非常满意手下的工作，认定她就是罪魁祸首，立即下令斩了。

这下周宣王感觉高枕无忧了，童谣的恶兆似乎都除去了，连讨伐姜戎的事也不提了。

从轻信谣言而杀村妇这件事上，周宣王表现出对于国家宏观政治缺乏了解和掌握，也没有明确的治国方略，只依凭一时之言之性行事，这对于一个君王来说还是有所欠缺的。宣王中兴主要是依靠了一群贤臣才实现的，而贤臣是不常有的，依靠贤臣的朝政是很难维持的。

天命之女

我们继续跟踪那个下落不明的女婴。猎户夫妇中的丈夫逃脱了抓捕，当他第二天得知自己的妻子已被处决后，便逃到了荒野，痛不欲生。正在这时，他看到了河里有一个包裹，被一群鸟儿衔着来到了岸边，定睛一看，里面居然是一个女婴。

大凡扔到河里仍能不死的，长大成人后必不同凡响。这个猎户很识货，想此女婴日后必然大贵，便将她收下，逃往褒国收养。

褒国，是源于夏朝的古国，姒姓家族，位于今天陕西省汉中市北，与西周王畿之地隔秦岭相望。

时间过得很快，十四年后此女婴长大成人，人称褒姒，出落得倾国倾城。

古代中国的姓与氏、名和字都有特殊的含义。姓代表祖先，得自父系；氏则是父系家族中的分支，主要由贵族分封所获，一般为所在封地或官位。如周厉王将幼子姬友分封在了郑地，姬友便是姬姓郑氏，一般称为郑友。郑国为伯爵，所以姬友又称为郑伯友。

而女子在春秋男权社会一般处于从属地位，只有姓而没有氏，也没有名字。一般只在姓之前加一个出生地或自身特色的字以作称呼，而在婚嫁后这个字通常是和丈夫有关。褒姒所在的褒国是夏禹的同宗，姒姓，因在褒国长大，所以称为褒姒。

在一次诸侯朝觐中，褒国国君褒晌在朝堂上触怒了周幽王，被关进了大牢。

褒晌之子褒洪德用尽一切办法都没能将其父救出。在绝望之际恰逢周幽王选美，褒洪德又偏巧此时遇见了褒姒，便将褒姒进献给了周幽王。周幽王见褒姒后如醉如痴，立即放了褒晌。

在此之后，按照通常的说法，周幽王便荒废朝政，整日陪伴着褒姒，继而废后立庶。荒淫的周幽王为了博美人褒姒一笑，导演了烽火戏诸侯的闹剧。最后被废太子宜臼纠合犬戎乘隙而入，周幽王断送了身家性命，也断送了西周江山。

到这里，周宣王所听到的童谣的第一层预言算是应验了。但是这一切太杂乱且过于蹊跷，先让我们来仔细看看这一切是怎么发生的。

褒姒一笑葬西周，其实是由一系列非常巧合的偶然事件串联而成的：首先是保存了千年的龙涎在周厉王时被打开,并且化为乌龟后恰好遇到宫中童妾，使之怀孕，并且怀孕了四十年。

相比之下，褒姒以后的经历更传奇。褒姒出生以后即被抛弃，但是又被周宣王缉捕的逃犯收养并带到褒国，回到了她的祖宗之国。待到褒姒初长成时，恰好这时褒国国君之子为了赎罪而将褒姒献给了周幽王。这样几经周折,本来生于周王宫中的褒姒又回到了原地，也才有了最后的悲剧。

褒姒的人生是如此不可思议，其背后是多么强大的命运的力量在促使这一切的发生。

首先褒姒是一个无父而孕的神胎，这是远古母系氏族社会的遗风。她的来源是褒国的首领，褒国是夏朝王族同姓同族之国，褒国首领所变的龙和龙涎化成的乌龟这两样动物都是夏人的图腾。

褒姒的孕育是千年之前的半神话时代就开始了的。这场灾难是早已注定要发生的，不确定的只是会发生在谁的头上。

在这里，命运就像一位人世的仲裁者。它安排好了所有的情节，根据人间的种种表现，来将这些情节起伏安排在特定的人身上。

在中国古人的眼中，命运不仅站在了力量的制高点上，而且还站在了道德的制高点上，它把灾难降临给了无道昏君。

褒姒从孕育、出生、成长，到后来的入宫、受宠、遭难，直至身后被作为西周亡国的替罪羊，她在命运面前始终是一个被随意摆弄的对象。她只是命运用来实现自己意志的一颗棋子。

与褒姒相对照的是周宣王。这位人间天子有着至高无上的权力，对于命运，他作出了强烈的反抗。但具有讽刺意味的是，正是由于他的反抗，第一次把女婴遗弃在河中，第二次把猎夫逼到了褒国。这两次阴差阳错的事件使得褒姒能够活下来，在她的祖宗之国——褒国长大，并且最终被褒洪德发现并进献给了周幽王。

我们看到的是超越于人类意志之上的天命。无论你是顺着它还是逆着它，都是对它的一种实现。

这样的一位上帝似乎高高在上，但是当我们真的要去寻找时，发现上帝却好像并不存在。而在人们的意志和行为中，又显得无处不在。

褒姒和周宣王在命运面前的对比还显示出了我们的一种观念。无论你是古代最强势的天子还是男权社会中最没有地位的孤女，可以在权力面前不平等，可以在法律面前不平等，可以在社会等级上不平等，但是在皇天上帝面前，人人生而平等。

这是在当时等级社会制度下人们对现实的一种思想反抗。

所以《史记》中所载褒姒的身世终究只是神话。在西周这个由半信史向信史过渡的时代，史料有着太多的不确切，后代史家在记录中难免对不明之处加入自己的想象和附会。

身世真相

如果抛开这些传说，那么对于褒姒的身世应该如何解释呢？

一个五十多岁的老宫女怀孕四十年，生下了一个女婴。在当时那个半蒙昧时代，不明真相的人们听到这样违背常理的事情后的第一反应是感到诡异并敬而远之。如果按正常逻辑来考虑，这就是消息发出者想获得的效果。

这个事情是谁最早透露出来的？宣王后。她又为什么希望大家对此事敬而远之呢？显然她不希望大家去查清真相，这是她对真实情况的一种粉饰。

那这个女婴到底是哪儿来的？她的亲生父母到底是谁？

可以肯定不是周宣王，因为如果是他的后代，那么这样一个没有继位可能的女孩，宣王后根本没有必要掩饰什么。那么除了周宣王以外，宫中具有生育能力的男性只有周宣王的儿子们了。

那究竟是哪位儿子呢？在尔虞我诈的后宫，如果其他嫔妃的儿子闹出了这样的丑闻，宣王后一定会借机大肆炒作，帮自己的儿子扫除继位道路上的障碍。可是现在宣王后却是对此事欲盖弥彰，那就说明这事情只能是她的儿子做的。

王后的儿子不止一个，谁最有可能呢？

太子宫湦！所有王子中，太子在宫中活动的机会最多。尤其当周宣王亲征姜戎期间，太子便负责代父监国。从时间上来说，这件事前前后后也是完全合理的。

周宣王在驾崩前嘱托几位辅政大臣的时候特地提到了“太子性颇暗昧”，想必正是因为他知道了这件事情。

那女婴的生母会是谁呢？我们看看宣王后说出此事的时机，正好是周宣王为童谣困惑之际，顺势而说出的，并且急急地作了处理。宣王后不仅要瞒住其他人，而且还想同时在周宣王面前蒙混过关。

为什么？因为太子宫涅临幸的很可能是周宣王的一位宠妃，宣王后为了保护儿子必须要将此事瞒住周宣王。

这类丑闻其实正是伴随着西周社会动荡而来的，是礼坏乐崩的迹象。之后的很多诸侯国也都发生过类似的事件，并且对这些国家都产生了不小的影响。

这样就能解释为什么宣王后要对此事进行妖魔化处理，将事情的起因追溯到被国人抛弃的周厉王那儿去。并且偷偷将孩子送出了宫，而不是当场将她杀死。毕竟是自家骨血，相信送出宫后，这个女婴也并没有被遗弃，而应该是悄悄地被养在了别的地方，始终处于王室的掌控之下。

这样看来，这个女婴就不可能是褒姒了。

如果褒姒的身世真的是像正史记载的那样的话，那么记录她被遗弃后到长大成人这一阶段的史家，该是一个怎样敬业爱岗、孜孜不倦的八卦记者啊！

我推测褒姒只是褒洪德为赎父罪向周幽王进献的褒国贵族女子而已。她不会也不可能和王宫出生的那个女婴有什么联系，即使褒姒真是从河里被抱回来的，也不会是同一人。

后世史官们为了附会红颜祸水，将这两件原本独立的事件进行移花接木，并添枝加叶地对之进行神话包装，将西周的灭亡归罪到“妖女”褒姒的头上，让在男权社会中没有话语权的弱者背负历史的黑锅。

但即使褒姒不是传说中的妖女，西周的灭亡仍然过于戏剧化，其中还有什么更深的秘密吗？

烽火戏诸侯的真相

政治就是一场成王败寇的竞赛，失败者不仅要承受家破人亡的结局，而且还将被贴上各种耻辱的标签，永世背着历史的黑锅。

幽王衰政

周宣王在位四十六年后，怀着对天下和太子的忧虑驾鹤西去了。

公元前782年，太子宫湦继位，他就是大名鼎鼎的周幽王，可惜这个大名气是以大代价换来的。

周幽王熬了那么多年才当上天子，上台后自然要好好快活快活，过过天子的瘾。他整天耽于声色，不理朝政。

人的欲望通常是不可逆的，一个人一旦过惯了逍遥日子，就很难再去要求他艰苦奋斗了。相反，他只会要求越来越放荡不羁的人生。

由于周宣王在位时间过长，他托孤的那些老臣，基本上也没几个能熬过周宣王时代。母亲姜太后不久也追随周宣王而去，周幽王便更加肆无忌惮了。

周宣王时代的回光返照毕竟只是暂时的，此时的西周已经是如履薄冰，哪里还禁得起折腾。不久上天就给周幽王发出了警告：关中的三条主要河流——黄河、黄河的支流泾河和洛河同日地震。

在古代这可是亡国之兆，何况地震中心又是周朝龙兴之地，这可能是上天能给予周幽王的最强烈的警告了。

古代城市和发达地区几乎都临河而建，河流是人们饮水、耕作、交通以及防御的重要保障。古代社会几乎都是沿着河流进行发展和延伸的，以此确保最基础的生活用水和农业灌溉等。所以我们看到此时的各个诸侯国基本都分布在黄河、渭河、济水、淮河流域，不是在这几条主要河流边上，就是紧挨着它们的支流。

因此从地理角度来看，位于渭河平原的宗周之地，其水源主要依靠渭河、泾河以及洛河提供。三条河流中的两条受到了强震影响，很可能对王畿之地的供水造成了严重的影响。

关中地区古称雍州，与其河道经常由于黄土崩塌壅塞有关。虽然关中地区在军事上具有明显的地理优势，但是其农业在春秋时代经常受到影响，农业生产力不如中原地区，直到秦国修建郑国渠等一系列水利工程后关中地区的农业产能才逐步赶上了中原地区。

但是周幽王似乎对此并没有给予足够的重视。不仅如此，他还驱逐了借机进言的赵叔带，连带把为赵叔带说情的褒晌给关进了大牢。

在主观上，生长于深宫的荒淫天子周幽王并不关心这些他眼目所不及的抽象事物。

在客观上，凭周王室当时的人力、财力、物力，恐怕对三川的灾情也是爱莫能助的。

这位被其父亲描述为“性颇暗昧”的太子，在这个时候来坐镇江山，难道说西周王朝真的气数将尽了吗？

西周时期王室和各诸侯国的国君都采取嫡长子继位，也就是说王位由谁继承一般都是一出生就已经定好了的。除非嫡长子发生意外的死亡，才由其他王子递补。

这样的继承制度面临的一个问题就是合法继承人哪怕是傻子，只要合乎法统，他就该是真命天子。

这种立嫡不立贤的做法在我们今天看来是非常低效的。但它的一个明显的好处就是稳定，谁是继承人一目了然，只要王室法统依旧有力，国家政权的过渡和继承就不会出现重大的动荡。

宗法社会的运行首要倚重的就是等级秩序，真正的稳定压倒一切。试想个人能力再卓越，对疆域如此之广、人口如此之多的国家的控制力能够强于一整套经过了时代考验的宗法等级制度吗？尤其是在那个通信极度落后的时代。所以司马温公在《资治通鉴》开篇就发出了“天子之职莫大于礼”的感叹，因此王后所生的白痴老大也比庶出的贤明王子更适合做国君。只要国家秩序井然，最高统治者是白痴也无所谓。

至于治理国家方面，除了天子，还有足够强大的贵族卿士辅政。西周的继承制度在宗法制完善的条件下还是能够稳定运作的。

但是此时的周王室和各诸侯国在结构上和力量上都出现了巨大的改变。

宗法制度摇摇欲坠，王室的统治出现了前所未有的危机。

在嫡长子继位制度下出现一位昏庸的君主其实是件很正常的事情，通常并不至于危及社稷存亡。但是现在王室和诸侯们正是此消彼长的态势，天子的威望也越来越不足以号令天下了。所以周幽王到底是不是真的如通常所说的那么昏庸对于西周王朝的命运其实影响不大。

君臣权争

在当时的局面下，天子对诸侯的态度要么是避而远之，透露出在力量上的自卑；要么是目中无人，表现出在地位上的傲慢。通常这两种态度是兼而有之的，因为它们本就是同一枚硬币的两面而已。

周幽王身边那些卿士中，实力强大的申侯、郑伯等并不受待见。周幽王更多地是故意避开他们，虽然申侯是他的岳父，郑伯是他的叔叔。他所宠信的是虢公、祭公和尹球，其中尤以太宰虢公石父为甚。

周幽王方面，他的实力使他更喜欢虢公石父这样的佞臣，因为这样的臣子对自己有更小威胁。

周王室方面，它的力量已经难以控制申侯、郑伯这样的在朝廷中担任卿士的诸侯，冷落或者疏离他们都是可以理解的。

虢公石父是虢国的姬姓诸侯，并且是周朝仅有的几个公爵国家。这个血统显贵的封国地处宗周之地的西方（今宝鸡市附近），控扼西戎进出渭河平原的要道，历来是保卫王室的重要力量。而虢国的位置也让它不得不和周天子保持紧密关系，共同对抗蛮夷。

此时的朝廷在内部已经出现了分裂，一方是蜗居深宫的王室势力，另一方是独步外庭的诸侯卿士。

周幽王显然已经改变了他父亲当年与贵族集团为善的妥协路线，而是采取拉一拨打一批的斗争方式。

周幽王不久便在全国范围内进行了选美。褒晌之子褒洪德用褒姒给父亲赎了罪。周幽王迎来了美女褒姒，从此把全部时间和精力都扑到她身上了，日日在琼台上如胶似漆，坐则叠股，行则并肩，饮则同杯，食则共碗。这些力气都没白费，褒姒很快为周幽王生下了王子伯服（一说伯服其实是周幽王的庶出长子，不过此处以《史记》为准，采信常用的历史记载）。

看到周幽王完全陷在了褒姒和伯服这边，姜王后和太子宜臼都感到了极大的威胁。

太子宜臼（年幼，尚未成年，其行为应该是出于母后的指使）仗着自己的地位，想尽早压制褒姒母子，没成想却弄巧成拙，被周幽王驱逐出镐京，回到他外公申侯的申国去了。

周幽王的妻子是姜姓诸侯的女儿，这一时期周王室在国防上最大的威胁就是来自位于宗周北部地区的姜戎部族。姜戎和申侯本是同姓同族，他们的区别仅仅在于是否有爵位而已。所以周王室和姜姓诸侯的联姻，更多的是一种权力适当让渡的羁縻之策。

周幽王可能从他父辈那里就感受到了姜姓诸侯和戎狄带给王室的阴影，而现在自己在后宫和朝堂上也时刻受到这些实力强大的诸侯们的影响和控制。作为至高无上的天子，周幽王一定希望能够摆脱受制于人的局面。

之前的选美既迎合了周幽王的好色的本性，也包含了他要在后宫中建立起要与申侯对抗的势力的想法。伯服的出生给了他更多与王后和太子抗衡的资本。

现在周王室的两派力量分别依附了宜臼和伯服两位王子。在太子宜臼这边的是申侯、郑伯、王后等外庭势力；而支持伯服的则是虢公、褒姒、周幽王等内廷势力。嫡庶之争正是内外廷之争。

周幽王不会满意现在的局面，要想彻底摆脱申侯和姜戎的影响，他必须废了王后和太子，改立褒姒为王后，伯服为太子。否则，将来这一半的天下还是属于申侯的，何况在实力上申国和姜姓戎狄联盟要强于周王室。

不过废长立幼可是严重违反周礼的行为，而且申侯怎么会轻易答应这种抽自己耳光的行为呢？在朝廷中，一场嫡庶之争点燃了两派斗争的导火索。

外庭的卿士们无不反对周幽王废长立幼的决定，都力陈这种违反祖制之举的危害性，为太子宜臼和申侯据理力争。但是有虢公石父一班佞臣在朝廷上开道，周幽王还是如愿以偿，取得了暂时的先手。

我们看到一组很有趣的对比。作为宗法制维护者的周天子，现在却在不遗余力地去破坏这一制度；而天子之下的卿士和对立的诸侯们，此时反而在用行动捍卫这一制度。

这难道不是很讽刺吗?

在政治上，人们的选择通常都服务于一个目标——利益。周幽王破坏嫡长继承制是为了将分给申侯的那部分股份收回囊中；外庭诸侯们捍卫嫡长继承制则是为了让自己能够在未来的太子即位中分得一杯羹，尤其是大股东申侯。

周天子赖以维持自己地位的宗法制度现在反过来成为自己统治的威胁和障碍。正如我们之前所说过的那样，宗法分封的长期结果就是弱化天子，壮大诸侯。现在连这一制度的最高代表周天子都出来反对它了，这一制度也差不多走到尽头了，而紧接着天下的秩序将会发生重大的改变。

烽火内幕

回到褒姒这边。虽然在夺位斗争中占得了王后宝座，但是褒姒始终感到自己和儿子被更加强大的力量压制着。这场继位争夺战并没有结束，贵为国母的褒姒终日忧心忡忡、闷闷不乐。

周幽王当然不希望看到褒姒整日愁眉苦脸的，不知试了多少方法，却始终不得美人一笑。周幽王不会不知道褒姒忧愁的原因，因为这恐怕也是他所担忧的。

现在的周幽王需要一次标志性的行动来向天下宣告自己在这场斗争中的胜利，巩固伯服的太子地位，也彻底消除褒姒的忧虑。

周幽王怎么来做到这一切呢？他要让各路诸侯对自己表现得俯首帖耳，以此来显示自己的权威和力量，震慑那些和他唱反调的人们。

于是由太宰虢公石父策划，周幽王主导了一场兴师动众的行动。正史上被称为“烽火戏诸侯”。这是一件很荒唐的事件。周幽王为了能让褒姒开怀大笑，视国防要务为儿戏，演绎了一出“狼来了”的闹剧，戏耍了各路诸侯一把，导致后来镐京遭到犬戎进攻后，再没有诸侯前来勤王保驾，直接造成了西周的灭亡。

但是这一说法是很值得商榷的。周幽王虽然荒淫，但是他不至于傻到拿身家性命开玩笑，无聊到去戏弄诸侯来博取褒姒一笑。而且我一直疑惑于褒姒看到被戏弄的诸侯后发出的大笑。这位冷美人如果是照正史所说的那般不爱笑，为何会因为诸侯们跑个空趟而放声大笑呢？这有什么可笑的呢？

除此之外，其实烽火联防报警系统始用于西汉时代长城防线对匈奴的防御，在西周之时烽火系统还不存在，即便当时有了该系统，在用狼烟把主要分封于东方的诸侯招来之前，散布在黄土高原北部和渭河平原西部的戎狄部落恐怕会更早地前来趁火打劫。

所以“烽火戏诸侯”应当是史料缺乏下的一种历史推测，其本身可能是一次具有一定规模的军事集结。周幽王的这次行动是小题大做的一次试探之举，而且多少带有“烽火戏诸侯”般的胡闹成分。这一点很好理解，当一个人在别人面前胡闹的时候，他的目的就是要对方在乎自己。周幽王借着这样一次行动在诸侯面前确立一下自己的威望，并且诸侯大军的齐集又是一种力量的展现。

这就能解释褒姒为何会因此而大笑了。她笑的并不是这一场面，而是它所透出的信息。褒姒和伯服在权力斗争中取得了一次标志性的胜利，周幽王为他们母子在诸侯面前赢得了场面，褒姒心中的一块大石落了地。

不过周幽王此举等于是将了申侯一军，如果再不做一番抗争，申侯就等于接受了失败的结局。而在申国的废太子姬宜臼更是不能咽下这口恶气，他一定会请求自己的外祖父为自己和母亲出头。

于是申侯孤注一掷向周幽王据理力争，指出周幽王废长立幼是亡国之举，比之夏桀商纣。申侯的话语既带有苦谏又满含威胁，是一种处于白热化的抗争方式。王室和内廷及外廷的斗争经过之前的数个阶段的不断升级后，已经达到了剑拔弩张的程度了，大战一触即发。

周幽王听到此番言论当然勃然大怒，加上虢公石父的挑唆，当下废了申侯的爵位。被暂时的胜利冲昏头脑的周幽王准备发兵攻打申国，企图一劳永逸地解决这一心头之患。

此时的申侯已经别无选择，只能硬着头皮反了周幽王。申侯联络了拥护废太子姬宜臼的缯国国君，又约了和自己关系密切的犬戎部落，向他们说出了周王室国防上的漏洞，计划共同前去攻打国都镐京，杀死褒姒和伯服，给不知趣的周幽王一点颜色看看，然后恢复外孙姬宜臼的太子身份，并约定事成之后任由犬戎劫掠周王室的财宝。

内部危机终于引发了外部威胁，在这双重压力之下，西周王室风雨飘摇。

申侯和缯侯协同犬戎共同杀入了镐京城，烧杀抢掠。周幽王、虢公石父、郑伯友一起迎战。但是此时战事已经脱离了申侯的控制，犬戎攻入王宫抢掠，并在路上杀死了虢公石父、郑伯友、周幽王和太子伯服，俘虏了褒姒，西周由此灭亡。

周幽王和申侯的斗争到此以周幽王完败而告终，他的斗争路线也告彻底破产，周王室从此将不得不屈尊于诸侯面前。天子和诸侯之间虽然有着君臣上下之分，但是真正的决定性因素还是实力。

长于深宫的周幽王并没有正确认识诸侯们的实力，他力图扭转自己在力量上的颓势，却不想因此彻底激化了王室和诸侯间的矛盾，反而加速了力量天平的倾斜。

这是大势所趋的必然结果，周幽王虽然称不上是一位明君，但是西周的灭亡并不该由他来完全负责。事实上，永远不要夸大任何一个人在历史上的作用，无论是正面的还是负面的。如果历史大势可以由一个人造成或逆转，那么这个世界上也就不会存在什么难题了。

周平王东迁疑云（上）

政治最基本的操作就是利益交换，各自利用手中的筹码与他人进行利益最大化的交易。当然，赤裸裸的交易少不了一番冠冕堂皇的修饰，揭开名正言顺的幌子，背后是触目惊心的你来我往。

勤王四君

公元前771年，申侯相约犬戎攻打镐京。犬戎大闹镐京，不仅将王宫一掠而空，还杀死了周幽王一家，放火焚烧了镐京城。堂堂周朝国都惨遭蛮夷洗劫，一片狼藉。

事发之后四路勤王诸侯姗姗赶来。这四路诸侯分别是北路晋文侯晋仇、东路卫武公卫和、西路秦襄公赵开、郑国世子郑掘突。郑掘突的父亲郑伯友是周幽王的卿士兼叔叔，在勤王保驾的过程中被犬戎射杀而亡。四路诸侯中除了秦襄公，其他三位都是和周王室同宗的姬姓诸侯。

最远的卫国位于今天河南安阳一带，军队赶到镐京差不多要半个多月时间。在此期间，犬戎在镐京有足够的时间烧杀淫掠，不过估计也是这段时间太长了，反而让他们产生了松懈。

四路勤王之师在镐京城外集结完毕，卫武公率卫国军队乘夜杀入犬戎营地，毫无防备的犬戎被杀了个丢盔弃甲，其余三路勤王大军联合将犬戎驱逐出王畿之地。

赶走了犬戎，镐京勉强算是光复了。此时申侯出面，以国丈的身份大摆筵宴，感谢四路诸侯复都之劳。席间共同约定迎立前太子宜臼为新王。

郑国世子郑掘突前往申国迎驾废太子姬宜臼，随即按照传统的登基仪式即位，是为周平王。

诸侯们都清楚事情的经过。周平王和申侯联合外寇，杀父弑君，致使国都沦陷，自己却大摇大摆地登上大位。可是卫、郑、秦、晋四路诸侯却没有一个跳出来声讨周平王和申侯。当然，除了他们四人，也没有诸侯拥立这位大逆不道的天子，对于他的登基，甚至就没有其他诸侯做过任何表示。

而这四路勤王诸侯本身也都疑点重重。他们勤王到底是勤的哪一个王？如果是为了周幽王，那么杀父的周平王和他们在政治上是对立的，怎么又会拥立他为王？如果他们就是为周平王而来的，那当时姬宜臼不过是一个废太子，而且又犯下如此滔天罪行。宗室王子中可供选择的继承人多得是，为何要拥立这样一位受天下唾弃的污点国君？

卫国和郑国国君作为朝廷卿士，他们的勤王还算有正当理由。而秦国和晋国就有些说不清道不明了。

暂且让我们带着疑点往下寻找答案，更大的疑点还在后面。

周平王即位后第一件事就是封赏有功之臣。卫侯晋爵为卫公；晋侯加封河西的土地（位于黄河以西、泾河以东、渭河以北、渭河平原的东北角）；郑掘突继位为郑伯，加封祊田土地；秦国国君本来只是附庸，加封为伯爵。（顺带提一句：在此之前的秦还只是一个半华半夷的外藩角色，经此番勤王之后，方才进入诸侯之列。但最终一统华夷、定鼎中原的，正是这个华夷参半的秦国，这是否也是历史的大势所趋呢？）封卫公为司徒，郑掘突为卿士，留在朝廷中与太宰咺一同辅政；但是申侯和晋侯却以本国迫近戎狄，国防紧张为由回国了。

经过一场浩劫，现在朝廷没有骨干大臣，而此次勤王驱戎的四位诸侯还是对周王室有着那么些忠心的，把他们直接提拔为朝廷重臣是个不错的选择。而申、晋两个大诸侯却以国防需要为由推托，赶回了本国。

卫武公实在是不好意思辞行，因为周平王给他的封赏太高了，虽然只是晋爵一等，但是整个周朝之前也就只有周武王的叔叔虢叔的虢国以及商王后裔微子启的宋国是公爵，这可算是莫大的殊荣了。

至于郑掘突，申侯见他少年英才，便把自己的女儿、周平王的小姨嫁给了他，是为武姜。这样，掘突既是平王的族弟，又是他的姨父了。关系如此紧密，自然得扶朝廷一把，而且这个职位本就是他父亲留给他的。但是郑掘突之所以留下来还有自己的打算在里面。

显然秦、晋两国是为了利益而来。或许他们真的是来为周幽王勤王的，但是惑于申侯和周平王许诺的贿赂，所以才转而拥立他的；抑或是他们本就是为了投机而来的，王室诸子中谁开出的价码最高，就选择谁。

迁都洛邑

无论如何，现在周平王算是在权力斗争中胜利了，眼下他最需要做的是争取更多诸侯的支持，洗清自己杀父弑君的污点。

但是周平王不但没有这么做，反而作出一项惊人的决定：迁都洛邑。

当年周公旦为了便于管理东方诸侯，在地处中原西端的洛阳盆地营建了洛邑，此地又被称为成周地区，按照镐京宫室的规制还备有一座完整的宫城，洛邑在当时相当于陪都。

为什么周平王摆着紧迫的事情不干，却去伤筋动骨忙着迁都呢？

要知道他现在的地位是非常不稳的。得不到天下诸侯的普遍认可，他这个天子等于是一个光杆司令。而且在宗法制的伦理纲常中，像他这样犯下不可饶恕罪行的继承人是可以被贵族废黜而改立其他王子的。

所以在这样的局势下，周平王选择迁都真是让人摸不着头脑。要知道迁都可是一件天大的事情，放弃盘踞了近三百年的周王室龙兴之地丰镐，东出崤函天险，来到前途未卜的洛邑。这在当时看来是自断龙脉的举动。

与这一决定形成重大相对照的是其理由的轻率：犬戎不断在岐丰挑起争端，并不时威胁镐京；还有就是宫室被犬戎烧毁，有损天子尊严。

这两个理由是很有问题的。犬戎是周平王杀父夺位的盟友，登基的首要功臣，怎么又会来侵扰周平王呢？或许是因为犬戎向周平王索取的要价没有得到满足，或是上次遭到了四路诸侯的驱逐，因此反目成仇。

不过凭借着申侯和犬戎的世代关系，这不是难以解决的问题。周平王可以和犬戎讨价还价达成和解，没有必要放弃宗周之地；再者，即便真的和犬戎的矛盾难以调和，周平王还能够依靠那四路诸侯来驱逐犬戎，护卫镐京。

至于宫室破败，这就更加荒唐了。眼下周平王连王位都不稳，他还有心思惦记宫室？

而且除了周平王自身的原因外，好不容易帮助外孙夺取天子之位的申侯刚刚能把自己的势力渗透到王畿之地，怎么会愿意周平王东迁而带走自己煮熟的鸭子呢？

我们且在事情的进一步发展中搜寻线索。

经过告祭宗庙等一番仪式后，由秦襄公嬴开开道，周朝官民一起踏上了东迁洛邑之路。这是秦国第一次踏足中原，也算是一次正式的踩点，狐假虎威地向中原诸侯宣告自己身份的转正。

借刀杀人

周平王迁都到洛邑之后，便向秦国开出了一笔大单：要求秦国将犬戎驱逐出丰镐之地。作为回报，秦国在完成任务后可以拥有该地。

地处渭河平原的宗周地区背山面水，北临渭水，南靠秦岭，西面陇山，东接崤函，易守难攻，地形十分险要。而且宗周之地水系发达，沃野千里，适合发展农业，乃是王业龙兴之地，在上古和中古时期一直作为中国的主要定都之选。

秦襄公知道这是一张空头支票，但仍然满心欢喜。秦地靠近犬戎，丰镐之地能皆收入囊中。同时也由于他熟悉犬戎的作战风格和战斗能力，因此果断接下了这笔大单。

于是从秦襄公开始，秦国前后花费了近二十年的时间，直到他的儿子秦文公时代才终于将犬戎的势力基本赶出了宗周地区。秦国向东越过陇山，从陇西东迁至渭河平原，摆脱了附庸的地位，辟地千里，挤入大国行列。

这可以看作是秦国的发迹史。而且秦正是凭借此天险之地，在战国征伐兼并中占尽地利，为最终统一天下起到了至关重要的作用，真可谓是王业龙兴之基始。

由此可见，仅凭当时的秦国一国之力，就能够击败并驱逐犬戎，护卫斗镐的安全。周平王东迁的所谓犬戎威胁更多的是一种夸张。

将自己的祖业宝地这么轻易地送人，真不知道周平王葫芦里卖的是什么药。

如果说这还是对上次秦国勤王的犒赏，那这分量也实在太重了。要知道秦国始祖本是与商王室同出一系的东夷部族，且在前朝立有功勋，因此并不受周人的待见，被分封在了远离祖地的陇西。秦国之前为周王室守卫西部边疆，饲养战马二百余年，始终也只是一个附庸的身份，这次因勤王拥立之功一跃而晋升为诸侯，已经是莫大的赏赐了，为何周平王还要把祖先发迹的土地送给秦国呢？

一种解释是犬戎已经实际控制了丰镐地区，周平王这么做不过是给秦国开出了一张空头支票而已。

不过这种说法也是非常勉强的。就算丰镐地区被犬戎控制占有了，法律上还是属于周王室的。哪怕一时没有这个力量，周平王完全可以在今后组织军队夺回此地。但是一旦给秦国开出了这张所谓的空头支票，等于正式宣布放弃对这一地区的所有权。

所以周平王和秦国在背后一定还有别的交易。

秦国得到了土地，我们再看看晋国。晋国获得了周平王所赐的河西之地，此地位于黄河以西、泾河以东、渭河以北、渭河平原的东北角。基本上是和秦国瓜分了丰镐地区。

将关中兴盛之地全部给予异姓的秦人，周平王并不放心，周平王这样的安排就是让姬姓的晋国以此挟制秦国。

但是制衡秦、晋两国并不是周平王对宗周地区处理的主要焦点，周平王显然是以土地换取秦国和晋国的支持，不仅是政治上的，还有军事上的。因为秦、晋两国紧邻当时的宗周地区，他们的支持是最有效的，利益也是最直接的。

所以秦、晋两国国君都没有谴责申侯，因为他们背后的交易不比申侯更干净些。他们甚至在暗地里还会感谢申侯呢。

秦、晋两国和周平王达成的完全就是赤裸裸的政治交易，为此，周平王付出了巨大的代价。但是周平王之所以愿意这么做，也是有自己额外的盘算的。

周平王之所以高调地宣布让秦国去攻打犬戎并获得宗周地区，其实就是在向天下表明犬戎是杀父夺地的入侵者，自己和犬戎是有着杀父的血海深仇的。这完全是周平王为自己洗脱罪名的一记狠招。

周平王依靠犬戎杀死父亲和伯服，登上了王位；接着又依靠秦国去攻打犬戎，来为自己正名。周平王利用了申侯和犬戎，然后又和他们决裂。他们之前帮周平王成就了大事，现在又不得不帮他背黑锅。两次借刀杀人，其手法何等娴熟，手段何等高明。

从周平王迅速迁都和申侯的辞官这两点来看，周平王很可能在即位之初就计划好了这一切。看来周平王和犬戎确实是反目成仇了，但却是周平王主动挑起的。

看似周平王放着争取诸侯支持和为自己正名的要事不做，忙着荒唐地迁都，其实这一切都是一体的，迁都恰恰是达到这两个目的的最佳手段。

从这些操作来看，历史上形象并不突出的周平王实是一代奸雄！如果说周平王在东迁的时候尚且年幼的话，那么他周围的核心团队确是不乏狠人。

但是秦国和晋国都是地处戎狄出没之地、华夷参半的非主流国家，在中原诸侯中影响有限，仅仅拉拢秦、晋两国肯定是不够的。

而且周平王所付出的代价也实在是太大了些。为了两个支持者却把祖宗的根基都给卖了，这在当时简直是不可思议的事情，其中究竟还隐藏着怎样的秘密呢？

周平王东迁疑云（下）

历史的结局是博弈各方参与力量相互争斗后所造成的，要理解许多看似不可思议的事件，根据博弈各方的力量对比和形势格局进行顺藤摸瓜地推导，很多疑问将迎刃而解。

二王并立

周平王为了获得秦、晋两国的支持，不惜把祖宗基业都卖了大半，实在是叫人唏嘘不已。

政治和经济很多方面都是一样的，参与博弈的各方通过手中资源的交易来达到彼此的目的，实现利益最大化。

但是和经济一样，政治博弈不仅有交易，而且还有竞争，除了合作伙伴，还少不了竞争对手，帕累托最优是一方面，优胜劣汰又是另一个常态。而这之间的区别在于，前者通常是皆大欢喜，后者则只能是几家欢喜几家愁。经济上的竞争最多让人血本无归，而政治上的竞争却通常会引起腥风血雨。

我们不妨从交易的本质来探寻周平王开出如此惊人高价的原因。当交易中存在激烈竞争的时候就会形成所谓的买方或卖方市场，竞争程度更激烈的一方将不得不竞价以争取对方的交易。

所以顺着这个思路去考虑，周平王在争取秦、晋两国的支持过程中一定有竞争者。我们有理由相信，秦、晋两国依靠着他们对镐京的直接影响，在背后和其他的潜在王位继承人也有着利益交易。

两国通过在多位竞争者之间竞相要价，最终获得了超额的回报。这就可以解释为什么他们会选择罪孽深重的周平王来继位了。因为以他的戴罪之身，他的继位条件最不利，所以开价最高，最受要价的诸侯们欢迎。

事实上，历史上确实还有一位周幽王的儿子——王子余臣和周平王竞争。并且虢公石父的儿子虢公翰在离镐京不远的携地扶立王子余臣称王，史称携王。这是一段被隐匿的历史，或许也是被史家刻意隐瞒的，这种二王并立的诡异历史在春秋之后的大一统时代很可能被统治者过滤掉了。

和秦、晋之间的这些交易可能是在拥立周平王之前就初步达成的。否则周平王不会一即位就忙着迁都。不过这中间一定经历过多次在要价上的博弈。晋侯的辞官可以视作对周平王开价不满的一种回应。而周平王所强调的犬戎的侵扰可能根本就是秦、晋在要价过程中对周平王采取的武力威胁。长达二十年的二王并立时期更是这个漫长的利益博弈的佐证。

当秦国的势力从陇西迁入到渭河平原后，直接挤压了邻近的虢国的生存空间，而获得了河西之地的晋国又成为了虢国东边的威胁，这种夹板的日子可是不好过的。而一直反对周平王的虢国不得不东迁以避开秦、晋两国的包夹，开辟属于自己的第二战场。

虢国的大部一路向东，从关中平原来到了崤函通道，最终将东进的落脚点选择在了洛邑以西的陕地（今河南三门峡市）。此处原本也有一个姬姓的小诸侯国——焦国。虢国趁着王室权力更替的乱局灭了弱小的焦国，自己占据了战略要冲陕地。

陕地位于崤函通道的核心位置，西临函谷，东面崤山，南靠秦岭，北望黄河。正好处于崤函通道内最大的一块盆地之中。

不仅如此，在黄河对岸，中条山与黄河同样围出了一块类似的盆地，虢国在此的领地被称为北虢，以对应黄河南岸的南虢。而南、北虢在黄河两岸，扼守着黄河中游的重要渡口茅津渡和大阳渡。

虽然虢国的势力范围很小，但却占据了连接渭河平原、洛阳盆地和山西高原的咽喉要道，其战略重要性不言而喻，这些地利加之虢国本身崇高的政治地位给了它挟天子以自重、和周平王一派对争天下的资本。

二王并立的局面引发了周朝持续的内战。平王、秦、晋为一方，携王、虢国为另一方，双方展开了旷日持久的拉锯战。

在这一僵持局面下，另外两路诸侯——卫国和郑国究竟对局势的发展起到了怎样的作用呢？

郑伯东迁

无论是秦、晋还是虢国，二王并立的王位争夺战主要战场位于洛邑以西地区。那么远在东方的郑、卫两国在内战中又处于什么样的状态呢？

卫国是非常正统的姬姓诸侯国，卫武公是周王室老臣，官拜司徒。犬戎事发时他及时赶到，驱赶犬戎也是以卫国军队为主力的。在讨论迁都事宜时，基本上只有卫武公一人反对迁都。他指出镐京易守难攻、土地肥沃，而洛邑地处天下之中、四面受敌。天子居镐京就是扼天下之要冲，东迁洛邑等于自毁长城，虽然能暂避犬戎，却难以再威服诸侯。

作为朝臣，卫武公并没有明显地介入到伯服和宜臼的继位之争。而且相比其他几路诸侯在拥立周平王继位后加官晋爵不同，卫武公谦虚地婉拒了晋爵的奖赏，没有接受任何实质性的犒赏。

卫武公在反对迁都时还指出了周平王对犬戎威胁的夸大，并且指出申侯既然能够引犬戎进攻镐京，他当然也有能力将犬戎劝退。其实这就是委婉地点出了这场闹剧的原委，也算是对申侯罪行的一种控诉，就差把其他几路诸侯的龌龊勾当都说出来了。

虽然嘴上说得厉害，卫武公却没有进一步的行动反对东迁。毕竟王室一旦东迁，和洛邑在东北方隔黄河相望的卫国的地位立马变得更为重要，这一点是卫武公所乐于见到的，所以他势必不会死硬反对迁都。加之有着勤王之功，卫国将在未来周王室东迁后成为重要的朝廷支柱。

所以这就能解释卫国之前相对中立的态度了。谁输谁赢对它而言并不是最重要的，卫国反正不位于二王相斗的核心区域，所涉及的利益微乎其微。如果能把其他几路给贬下去，为自己赢得一个正义的政治声誉，对于它在东方诸侯中的地位以及日后可能的王室东迁后的重要性方面都是有力的支持。

既然卫国更多扮演的只是一个骑墙的角色，那么勤王四诸侯中的最后一路——郑国又在这段隐秘的历史中做了些什么，并对局势的发展起到了怎样的作用呢？

郑国这个国家比较特殊，它是一个西周末期刚分封不久的封国，位于镐京以东，今天陕西省渭南市附近。和虢国看守宗周的西大门一样，郑国镇卫的是连接东方的崤函通道。郑桓公郑伯友是第一代的建国君主。郑伯友是周幽王的叔叔，是一位王子，和卫武公一样担任朝廷的司徒之职。

郑国和虢国国君都是王室的至亲嫡系，一左一右夹辅周王室。但是相比虢公石父，郑伯友并不十分受周幽王的信任，被周幽王派到洛邑去打理东都的事务。

面对朝廷愈演愈烈的储位斗争以及宗周地区可能的水源危机，郑伯友请教太史伯阳父郑国的出路。通晓历史、深谋远虑的阳父告诉他，当时周朝四方的诸侯因为长期的拓殖扩张都各霸一方，唯独洛邑周围因为不断的分封而导致小国林立，他可以借自己经营洛邑之便在洛邑周围吞并这些小国，建立自己的国家。

于是郑桓公听取了太史伯阳父的建议，郑国大部便以难民的姿态，借居到了洛邑东边的小国郐国（今河南省新密市）和东虢国（今河南省荥阳市）。并利用自己手中所掌握的东都的军事资源，着手准备加以兼并，计划在危机到来前在洛邑地区捷足先登。

身为执掌大权的卿士兼拱卫王室的诸侯，在朝廷的政治风暴到来之前就早早地为自己选好了后路，可见，当时周王室是如何得风雨飘摇，让人没有信心。

不过此时镐京的危机彻底爆发，郑桓公在护卫周幽王的过程中一同殉难，由此开启了二王并立的局面。

位于洛邑以东的郑国现在完全还是一个寄人篱下的流亡诸侯国。它此时最该做的事情就是要获取自己的一席之地。

所以世子郑掘突第一时间赶到镐京，以争取对本国有利的政治资本。

但是陷入内战的周王室政权似乎没有提供给继位为郑武公的郑掘突实质性的政治利益，因为远在洛邑以东的郑国流亡政权并不能给予任何一方有力的支持。

更有意思的是，杀父仇人申侯为了笼络郑掘突而与之联姻，本来似乎已经把郑武公拉向了周平王一边。但是之后周平王戏剧性的借刀杀人之举，让外祖父申侯背了黑锅，连带着将郑武公也推到了自己的反面。

鉴于此，相对远离内战中心的郑武公清楚眼下并不是急于站队的时候。趁着现在周王室无暇顾及诸侯的当口，继承父亲当年的遗志，赶紧经营好自己在东方的地盘才是当务之急，而首当其冲的便是洛邑的东大门——郐国。

郑武公在袭击郐国之前，先获知了该国所有贤能的文臣武将，转而着手制造他们和自己勾结的假证据。接着便施以反间计，放出风声称一旦打下郐国，郑伯就给这些内线加官晋爵、裂土分封。

为了进一步迷惑郐国国君，郑武公还设下祭坛，摆出与这些大臣盟誓的样子。正直的臣子通常都会在忠言直谏中得罪国君，所以往往并不招国君喜欢。郐国国君得知了这一切后，便把这些贤臣良将全部杀掉了。没有了这些障碍，公元前769年，郑武公轻而易举地消灭了郐国。三十六计中“借刀杀人”之计，便是由此而来的。

明朝末期清太宗皇太极也一手炮制了一出借刀杀人的大戏，摆出和蓟辽总督袁崇焕订立城下之盟的假象，让疑忌大臣掌兵权的崇祯帝自毁长城。

“二战”时希特勒如法炮制，借多疑的斯大林之手除掉了德国的心腹大患、苏军天才将领、人称“红色拿破仑”的图哈切夫斯基元帅。

公元前767年，郑武公继而利用洛邑的周朝军队兼并了东虢国和周围其他一些周边小国，上演了一部“农夫与蛇”的活剧后，一个新的国家在周朝的中央诞生了。在周王室东迁之前，郑国就率先东迁了。

此时洛邑地区的形势也基本明朗了，原本在宗周之地一东一西夹辅周王室的郑国和虢国，如今双双东迁，在洛邑地区又形成了一东一西分守两端的格局。

携王之败

不过这个东方的郑国是在灭掉其他封国后非法建立的，并没有得到周天子的正式承认。

所以说，郑国虽然控制了洛邑东部地区，但却是不受其他东方诸侯认同的。

郑国要为自己正名的最好方法是什么？就是得到天子的册封。为此，郑国在东方立国前，郑桓公郑伯友便为周幽王舍命保驾，最终被犬戎所杀；世子郑掘突也在事发第一时间勤王，以获取朝廷的支持。

所谓的冒死忠君，其实都是赤裸裸的政治交易而已。

作为一个污点国家，为了更容易获得朝廷承认，郑伯当然更喜欢拥立一位同样带有污点的周天子即位。

事到如今，郑国的态度可以初见端倪了。

但是确定交易对象只是第一步，谈妥交易价格又是另一回事了。在讨价还价的过程中，交易中处于主动的一方一定会态度暧昧地向其交易对象的竞争对手那里抛出橄榄枝以提高自己的价值，而且当时已经把控洛邑东大门的郑国也有这个资本。

这样一来，二王并立的局势就很清晰了：秦、晋支持平王，虢国拥护携王，卫国保持中立，郑国心猿意马。

在这样的力量对比之下，内战双方的战略天平发生了倾斜，最终的结果是，公元前751年，晋国国君晋文侯出兵弑杀了携王，宣告了二十年内战的结束。周平王正式东迁洛邑。

本已污点重重的周平王又通过卖祖产争取到秦、晋两国的支持，最终获得了王位争夺战的胜利，而一身清白的携王却落得个惨死的下场，甚至还被历史踢进了垃圾堆，真叫人慨叹不已。

那么既然周平王能够卖地，携王为什么不这么做呢？为什么他不给郑国许诺即位之后为它册封呢？如果携王这么做的话，那么周平王早就没得玩了。携王难道视名节高于王位？敬祖先重于生命？

要想解开携王的疑问，我们不妨回头看看这两位王子各自参加王位争夺战的资格，或者说法统所在。周平王是前任太子、前任嫡长子，虽然被废，但是法统地位还是相当稳固的；而携王只不过是一个普通的王子，非嫡非长，那么他的法统在哪里呢？

优势都是相对而言的，敌人的劣势，就是自己的优势。携王本来没有参加王位争夺战的资格，但是偏偏他的竞争对手周平王犯下了杀父弑君的罪孽，这一点成为了携王可资利用的卖点。于是，“清正”成为了携王的法统。

既然如此，那么携王就绝对不能贱卖祖产，也不能册封非法建立的郑国，因为一旦如此，携王就会在法统上彻底否定自己，直接被取消参赛资格。

可以说，先天不足是携王最终失败的原因，可能从一开始就难以挽回。而虢国之所以支持他，既是和周平王的敌对所致，也是想为自己争取更多的政治利益。

事已至此，这一结局看起来已经是意料之中的事情了，但是历史的记载似乎过于简略了，或者说，携王死得实在是太容易了。

虢国能够支持携王和秦、晋两国对抗二十年之久，本身就说明它拥有不俗的实力，加之它控扼晋国和秦国通向洛邑和中原的必经之路，战略地位极其重要。虢国所拥立的携王被杀，虢公翰不可能不出兵救他或将之接回国内，而让晋国轻易得手，白白丢了自己的王牌。

更令人匪夷所思的是，历经长年鏖战终于得胜的秦、晋两国，并没有将自己手中的至尊宝——周平王牢牢抓住，挟天子以令诸侯，居然将他送到了洛邑，让他处在老对手虢国的眼皮底下。

负负得正，两件相继发生的怪事如果放在一起考虑，矛盾之处可能会形成一致的逻辑，并解开背后的疑团。

虢国与秦、晋这对内战的冤家，在这两件事情上似乎同时显得非常愚蠢，更加确切地说是“利他”。考虑到虢国所处的地理位置和政治实力勉强可以和秦、晋两国对抗，那么可以很肯定地说，携王之死和平王东迁，其实是秦、晋和虢国之间的又一笔肮脏的交易。

秦、晋与虢国双方在经历了如此长时间的内战后彼此都损兵折将，而且继续斗争的前景又遥遥无期。在这样的情况下，和解成了双方共同的利益需求。

但是究竟如何和解？双方的利益均衡点又在哪里呢？

显然秦、晋两国在斗争中是主动方，而虢国相对更为被动，靠着有利的地形据险而守。所以最终的交易结果，也一定是秦、晋拿大头，虢国得小利。

这才有了最后的一幕，虢国出卖了扶不起的携王，让他成为晋文侯的刀下之鬼；而“胜利者”周平王则被从宗周之地送到了洛邑，由虢国以及最后站队的郑国共同挟制。

即便虢公知道携王先天不足，难以成事，但是只要他与周平王一派能对抗，形成竞争，那就有他的特有价值。

一旦和对方谈妥价格，受让到了足够的利益，那就适时卖出携王，及时变现。携王的悲剧下场其实在一开始就是可以预见的。

最终在这场内战中，坐庄的诸侯们主宰了整盘博弈。秦国和晋国得到了实际的土地资源，而虢国和郑国得到了宝贵的政治资源，双方皆大欢喜，各取所需。而由于内耗沦为鱼肉的周王室却元气大伤。

洛邑棋局

周平王东迁到了洛邑，处于昔日政敌虢国和与他有杀父之仇的郑国的包夹之下，地位十分尴尬。

周平王虽然不是这场博弈的庄家，但却是中心角色，他是博弈各方的利益交集，参与各方形成相互制衡的局面，所以周平王的处境不像表面上看起来那么简单。

从地理上看，洛邑地处洛阳盆地，四面山脉和高地环绕，这样的地形当然就有要塞和险关。

洛阳盆地南边是伏牛山、熊耳山和洛水，地形险要，可以高枕无忧。相对于河流而言，山脉的作用就非常有限，因为山脉的坡度和起伏既难于居住耕作，又不便交通，但是作为防御的屏障，效果却是要优于河流的。因为山脉的纵深宽度要远大于河流，阻挡效果也会强很多。而且很多北方河流在冬季会有结冰期，削弱了其防御功能，而山脉却没有这个问题。

洛阳盆地东部的嵩山和黄河相夹，形成了一个天险隘口，在洛邑和华北平原之间筑起一要道——虎牢关（又称汜水关，在今河南省荥阳市西），此地易守难攻，历来是关东进出洛阳的门户，所以这里才会上演三国时期三英战吕布的故事。而坐镇虎牢关以东的就是郑国。

但是郑国不是洛邑东部唯一的重要角色。东北方向洛邑和河北平原之间有着黄河天险。河流由于其岸形、水流、宽度等原因，可以作为渡口的地区并不多，尤其是在交通落后的上古时期和面对黄河这条桀骜不驯的母亲河时更是如此，如果再考虑到黄河中游经过的主要是重峦叠嶂的黄土高原地区，那就更能理解横渡黄河的困难了。因此，洛阳盆地和河北平原沟通的桥梁通常而言只有孟津渡一处，此地正是当年武王伐纣、八百诸侯会孟津之地，经由此地诸侯联军渡过黄河进攻位于河北平原的朝歌城。位于河北平原朝歌城的国家正是之前一直保持中立的卫国，它在郑国的背后对郑国形成了有力的牵制。

洛邑的西北方向是同样隔黄河相望的山西高原，而两地之间的联系渠道则是茅津渡（今河南三门峡市）。

西边，洛邑面对的是崤函之险，再西边则是渭河盆地，也就是丰镐地区的所在。

虢国在洛邑的西部控制了通往山西高原和渭河盆地的要道。但是在虢国的背后，晋国在山西高原的南部虎视眈眈，而秦国却在西部的渭河盆地也给了虢国和晋国有效的制约。

参与周王室王位争夺战的几路诸侯围绕着洛邑，在东西南北形成了远、近两道彼此牵连的利益网，将洛邑裹挟在巨大的弈局中心。

但是尽管如此，当时的洛邑地区无论在体量上还是农业条件方面都远超各诸侯国，并且在黄河以北地区还有控制区域，天子手中也握有规模数倍于诸侯国的“六军”。所以即便周王室的威信下降，失去了大半领地，周天子依然能够依靠洛邑地区的财力、物力、人力东山再起，号令天下。

可是洛邑这样一块宝地在周平王入驻之前怎么可能没有人垂涎和染指呢？洛邑地区一直都是周王室小宗周公家族“代理”经营的地盘。经过两百多年的盘踞，周公家族在洛邑地区的势力根深蒂固，俨然一方诸侯。

周天子对于周王室小宗在洛邑地区的势力也很清楚，所以之前才会有周幽王派郑伯友前去洛邑打点，也是对周公家族的掣肘和羁縻。

现在可好，周天子自己，连同王族（周王室大宗）一起搬到了洛邑，好像老娘搬到了儿子儿媳家居住一般。从此周王室大小宗的斗争持续了很长的时间，洛邑地区基本处于分裂状态，成为周王室没落的重要原因。

周郑结盟

在千辛万苦地得到了丰镐之地，从陇西的西犬丘（今甘肃天水附近）迁到渭河平原的汧渭交汇之处（今陕西凤翔境内）后，秦文公郊祭嬴姓的始祖——西方白帝少昊。在经过了两百余年的压抑后，秦人终于逐渐抬起了头，有资本向祖先汇报了。不过现在这点资本还只是秦国发迹的家底而已。

鲁国国君鲁惠公得知秦文公祭祀天地，心说这还了得，居然敢擅自行使天子的特权！从这点我们也可以看出秦国和当时中原诸侯在文化上的隔阂。

鲁惠公派遣他的太宰，也就是祭司长入朝面君。但鲁太宰此行并不是要求周平王阻止秦文公的僭越行为，相反，他此行的目的是要求天子也赐予鲁国自行郊天祭祀的特权。周平王当然不可能答应，但也没有表示会给秦国任何惩罚。

鲁惠公不服气，心想秦伯这个刚转正的政治暴发户能如此，我作为堂堂周朝的奠基人、周礼的制定者周公的后裔，岂能在礼仪规格上低于秦伯。于是也擅自开始了郊祭。这次周平王的态度更暗弱，连责问一声也没有。这无形中鼓励了其他诸侯也擅行僭越了。

礼仪是所有王权中最玄虚的，但正因为它看似华而不实，所以本质上就是王权的代表，是权力的上层建筑，因此也是最不容许僭越的。而寄人篱下的周平王此时真成了纸老虎，只能是口头上反对，喝住一个是一个，但若真有诸侯僭越，他是无能为力的。

更糟糕的是，只要有一两个封国开了这个头，那接下来所有诸侯都会效仿，一个个都和天子叫板，周朝的宗法礼教开始瓦解，周天子渐渐地难以再维持国际秩序了，各国失去了向心力，开始各自为战。

秦国这样做是为了告慰祖先，但是鲁国身为周礼的创制者——周公的后人这么做，却颇耐人寻味。

在东方诸侯中，以鲁国的地位最显赫，文化最正统。鲁国历代掌管天子的礼乐，负责为王室和诸侯的结姻主婚。鲁国就是周天子在意识形态上的捍卫者，可是现在这个捍卫者却反过来破坏它所捍卫的对象，这难道不奇怪吗？

这就说明了周平王在鲁国的眼中是不值得拥护的。对于鲁国而言，他就是杀父弑君的非法天子。东方最有文化影响力的鲁国这么做，其他国家对周天子的态度就可见一斑了。

所以周平王东迁洛邑后的日子肯定是不好过的，虽然他在镐京也很难过。

而他要想在东方扭转这种不利局面，就必须等有一个帮助他伸张意志的力量。在镐京的时候这股力量是申侯，但是现在他与申侯和犬戎决裂了。秦国和晋国又都不和洛邑直接接壤。那周平王凭什么在洛邑立足？

洛邑地区具有实际影响力的国家就是郑国。两个都企图摆脱申侯控制的君主现在又找到了更多的共同利益。

有了郑国在洛邑地区辅助自己，周天子就有了和东方诸侯们较劲的资本。周平王的打算是将郑国作为自己的打手兼保镖。

那郑国会乖乖当一个小跟班吗？有了天子在身边，郑国的诸侯身份自然就能转正。老爸拼了老命没能实现的，现在儿子只要逢迎天子来到洛邑就能做到了，郑武公当然乐意为周平王服务。

尤其周平王是这样一位令众多诸侯所不齿的污点天子，他在洛邑要想政通人和，只有牢牢拉拢住郑国才行。这就为郑国获得更多的中央资源提供了优势，郑武公郑掘突本人又是朝廷卿士，说他是半个天子也不为过。

所以郑武公也是非常满意这位犯过大罪的天子的，尤其他对自己还欠着杀父的血债，这使周平王不得不和郑武公好好合作。

一对通过巧取豪夺而安家定位的君臣、两位东方诸侯眼中的非法皇亲，现在被共同的利益链条串在了一起，抱团在洛邑地区形成了一个政治共同体。用狼狈为奸来形容这对君臣怕是再恰当不过了。

在周王室这场浩劫中，秦国和郑国成了最大的赢家，既得爵位又得土地；晋国在土地上也斩获颇丰；虢国又得到了当年的政治地位，辅佐王室；卫国虽然没啥收益，但是却有了接近王室的机会；而这一切的发起者申侯却到头来两手空空，白搭了一个女儿不算，还背上了一个大黑锅，可谓是赔了夫人又折兵；周平王出卖了老家，登上了不冷不热的宝座，天子威严荡然无存，从此过起了看诸侯脸色的日子。

不过周平王不能算输家。他本就是诸侯力量的总代表，在除掉了父王、伯服和携王后虽然败了这么多祖业，但是如果他不和申侯一起挑起这场劫难，那么剩下的那些祖业他也得不到。最大的输家是周幽王、太子伯服和携王，还有周王室的后代子孙们。

周王室的这场灾难性打击看似是因为王室内斗，诸侯趁机介入渔利的后果。但是这一切其实是天子和诸侯力量此消彼长之下博弈的必然结果。

如果周王室相对诸侯还有西周初期的力量和权威，那么周平王怎么会需要出卖自己祖宗的发迹之地来争取诸侯的支持呢？

如果周王室对诸侯的号召力和领导力不是衰退至此，周幽王怎么会被申侯勾结犬戎所杀，姬宜臼和申侯又怎么敢做出如此冒险的弑君之举？

如果周天子真的还有当年天下共主的威仪和德行，这场起因于天子与诸侯对抗的废长立幼的闹剧可能根本就不会发生，之后的悲剧就更无从谈起了。

至此，当初那首诡异的童谣可谓初步得到了应验。

周平王虽然狡猾地摆脱了申侯的挟制，避免了申国一家独大的局面。但也只是将原本出让给申侯的利益拆分给了秦、晋、郑、虢、卫五家诸侯而已。结果是天子在和诸侯的力量对比中进一步滑向被动的深渊。

周王室现在坐镇洛邑，四周诸侯环绕，看似众星捧月，可实际上周天子此时的处境却连一个独立的诸侯都不如。

而周王室的式微给了诸侯们图强称霸的机会，从此天子将把舞台让给这群尾大不掉的臣子们。

顺带说一下，此时周朝境内大小封国大约有七十个左右，其中以齐、鲁、晋、宋、楚、秦、郑、卫、蔡、陈、曹、许等国比较有影响力。而此时在洛邑的东方，郑、卫、宋、鲁、齐则是下一个篇章中的主角。

有了秦国和鲁国对天子权威的象征性挑战，便会有人实际践踏周礼，兼并其他封国，打破天下的稳定格局。可让人悲哀的是，第一个跳出来这么做的正是在天子眼皮底下的郑国。

郑立中原

政治手腕高超是郑国的传统，郑武公很好地继承了其父的这一点。他把女儿嫁给南方邻国胡国的国君，不久又在朝会上斩了建议攻打胡国的大臣，此举令胡国国君大为感动，不再在边界设防。欲擒故纵的把戏得逞了，郑武公乘虚而入，吞并了胡国，并迁都到了郐，改名新郑（今河南省新郑市）。

郑国这对父子，一个忽悠别人杀卿士，另一个杀卿士忽悠别人，结果都兵不血刃地兼并了他国。

周平王作为天子本该维护天下的秩序，碰到这样的兼并他国的举动，天子应该率领诸侯联军对郑国进行讨伐，让它吐出所吞并的国家。但是现在谁会听周天子的话来帮他讨伐犯规的封国呢？现在真正能给周王室提供武力保障的反而是郑国自己。

更具有讽刺意味的是，不出意料的话，郑国敢于在天子眼皮底下大肆吞并其他诸侯国，就是得到了周平王的默许，作为对它投靠自己的一种回报。

周天子现在已经无力维持天下的秩序了，甚至为了维护自己的地位而默许诸侯们践踏周朝赖以延续的制度，这就好比是饮鸩止渴，将开启一个很糟糕的先例。列国会开始强凌弱、众暴寡的局面，那些积贫积弱的小国、弱国会被大国轮番蹂躏甚至是被淘汰出历史舞台。

不仅各国之间会发生可怕的动乱，各国内部也不能幸免。周王室发生的丑闻和悲剧也会像瘟疫一样传递到这些自上没有了天子周礼的管束，至下没有了宗法分封的基础的封国内。天下将会进入一个多事之秋。

任何社会，一旦作为其建立和发展基础的意识形态发生了崩裂，继之而起的将是系统性的垮塌。

如今郑国率先整合了中原的核心区域(郑国主要势力范围位于今天河南省郑州市一带)，这里土地肥沃，田耕发达，经济条件优越；同时又据险而守，武装力量强大；更优越的条件是，郑国可以背靠天子这棵大树。经济力量、军事优势、政治资本兼具的郑国完成了原始的资本积累，获得了超越其他各国的先发优势，具备了对外进行地缘称霸的资本，逐渐地成了第一个独领春秋风骚的国家。

但是尽管如此，郑国就面积来说依然不大，国君爵位也只是伯爵，充其量就是个中流国家。而且它也没能在东周的列国争雄中屹立太久，春秋中期就只能过着朝秦暮楚的日子，刚进入战国时代就被韩国吞并了。总之，从各方面看它都不具备成为一个超级大国的条件。事实上，郑国在春秋时只是昙花一现，它始于春秋之初而亡于春秋之末，是这个时代的缩影。

那么这么一个条件平平的郑国，究竟是凭借什么资本成为春秋第一个大国的呢？

还是因为那和周天子一衣带水的联系。东迁洛邑之后的周王室虽然实力不济，号令不行，但是天下共主的牌位还摆在那儿，这点光环也足够郑国借一下光了。

不过郑国本身条件相对一般，除了日薄西山的周王室光环，它还需要一位好的掌舵人来带领它走向强大。郑国国君血统纯正，政治气氛浓郁，斗争传统优良。在这样的环境下，春秋的第一位雄主就要登场了，他也将开启一个新的时代。

第二章 郑庄小霸

新时代序幕的拉开也必然伴随着其代言人作为第一幕的主角闪亮登场，他的身上将会集中新时代的特色，有悖于上个时代的传统。因此，这样的角色一定是典型的、杰出的、复杂的和毁誉参半的。

郑庄公的斗争手腕

斗争是政治的永恒主题，要想获得更高的政治地位，更强的斗争手腕是首要条件。非常之时、非常之人，必采取非常之手段。

郑伯克段

东迁洛邑之后的周王室朝廷中，郑武公与卫武公在朝廷同为重臣，可谓分庭抗礼。公元前768年，卫武公去世了，郑武公大权独揽，朝中无人能及。而其封国也蒸蒸日上，郑武公好不风光。

国无外患，必有内忧。这内忧说大不大，说小也不小。话说郑武公娶了申侯的女儿姜氏，生了两个儿子，长子名叫寤生，次子名段。寤生这名字难听且奇怪，因为他是姜氏夫人在睡梦中产下的，姜氏睡醒发现了这个孩子，大吃一惊，因此给这个孩子取名为寤生，带有明显的不满和厌恶之意。（一说寤生得名于难产）

姜氏夫人将自己所有的爱都倾注到了小儿子段身上，她总是不停地向郑武公夸赞段如何贤能、如何英武、如何睿智，希望郑武公能立他为世子。

其实母亲对孩子有偏爱是再正常不过的事情了，但是偏偏这发生在王侯之家，问题就不一样了。在宗法社会中，诸侯的家事就是国事，何况对孩子的偏爱影响到君位的继承和国内的党争，所以作为一名老政客，郑武公还是坚持寤生的世子地位。

既然郑武公作出了这样的表态，寤生就顺利地当上了世子。而段呢，只得到了共城作为食邑。眼见这番现实，姜氏夫人自然是心中十分不悦，对寤生的厌恶愈加强烈了。

公元前744年，郑武公去世，世子寤生即位，同时也继承了他父亲在周朝廷中的卿位，他就是历史上大名鼎鼎的郑庄公，是春秋第一位展现霸主实力的诸侯，这其中他的个人能力起到了不小的作用。

姜氏夫人看着寤生在封国内是国君，在朝廷中是重臣，期望与现实的差距驱使着姜氏夫人一而再再而三地要求郑庄公将太叔封到郑国的大邑京（此城名为“京”而非都城之意，位于今河南省荥阳市南），虽然大夫祭足再三反对这种形同裂土分国之举，但郑庄公为了自己能够始终握有要塞虎牢关，还是答应了母亲的要求。

郑庄公不是不知道母亲的偏心和弟弟的野心，他之所以会同意这样做，不仅是给母亲一个面子而已。和周王室的嫡庶争立一样，段光凭母亲撑腰是不能成气候的，他的背后一定也有依附其上的卿大夫势力在扶持。

姜氏夫人也看出了郑庄公的不情愿和部分朝臣的反对，所以私下告诉段在京城好好发展自己的实力，培植自己的势力，等到机会里应外合帮助其夺取君位。

有这样偏心到变态的母亲，郑庄公的处境看来是岌岌可危了，而段则更加有恃无恐。

段到了京城后，大肆收买人心，并要求京城西北面的两个小城每年直接给他上贡，军队要听从他的调令，俨然一副国君做派。这两座小城的长官知道段是有太后撑腰的，也就乖乖听从了他的命令。

春秋时代的封国不同于战国时代的独立王国以及日后大一统时代的帝国形态。在地广人稀、农业尚未单一规模化的春秋时代，一国通常只是由几座地处战略要冲或丰饶土地的独立城市以及城市周边的部分耕地组成，而这些城市之间则是大片的未开发的荒地，国家往往以点的形态分布。城市又称

“国”，“国人”依托城市营生；外围耕地称为“鄙”，居于其上的“鄙人”以耕种为生；而其间的荒地被称为“野”，“野人”过着采集、狩猎、渔猎等相对原始的经济生活。

基于这样的国家形态，春秋时期各国只能标定一个大致的势力范围，而不能划分具体的疆域国界。因此我们经常会看到一国轻易穿越其他国家，或是直捣他国都城的场景；抑或是各国间城池犬牙交错，飞地隙地纵横其间。

段有了政治威望，就准备进一步获得军事威慑。他借狩猎的名义，带领着京城卫戍部队和西北两城的守卫部队一起到野外训练演习。感觉自己翅膀硬了些之后，段又号称射猎行围，带领大军攻占了鄢和廪延两个城邑。这两城的分封大夫逃到了国都，把太叔段带兵攻占两座城邑的事情详细地上奏给了郑庄公，郑庄公听后微笑不语。

但朝班之上不是每一个人都像郑庄公这么好脾气的，上卿公子吕便强烈要求处死段，指控他内倚母后的宠爱，外仗京城的险固，整天操演兵马，完全就是要篡权夺位的架势。

顺便说一句，周王的儿子叫王子，君位继承人叫太子；诸侯的儿子叫公子，君位继承人叫世子，公子的儿子叫公孙。公子吕是郑桓公的儿子，郑庄公的叔叔。郑国是一个非常正统的宗法分封制国家，所以公族，也就是国君的家族，实力很强大，通常都担任重要的卿大夫职务。

但是郑庄公听了公子吕的提议后依旧是和稀泥，一会儿说段没做什么，一会儿又扯母后面子等，就是不接公子吕的话茬。

看到郑庄公的悠闲劲儿，公子吕真的急了，苦劝郑庄公一定要尽早行动，等太叔段壮大后就没法收拾局面了。可郑庄公却直接让公子吕打住了。

郑庄公是烦公子吕了吗？手下吵着嚷着要打，作为国君却不怎么想打，面对这种局面，郑庄公难道不烦吗？当然不烦！国君高兴都来不及呢！要的就是你们下面嚷起来！

通过适当的忍辱负重来试探手下们的情绪，如果已经普遍地有开战情绪了，就做好准备，看准时机放一把火，彻底点燃他们的斗争意志，这其实是最好的战前动员。如果火候还不到，那就再退让一下，等待时机成熟。一旦到了大家斗争情绪沸腾，人皆请战的时候，国君就可以放心开打了。这种忍辱是一个蓄势的过程，一旦积蓄了足够的力量，统一了战争意志，那必然水到渠成、所向无敌了。

这样做同时能够麻痹对手，令对手产生轻敌骄纵之感，进一步瓦解敌方的战争准备，使其战斗力懈怠。道家言以退为进，莫不如此也。

公子吕碰了一鼻子灰，最后还吃了个闭门羹。退朝后公子吕正在憋屈时，大夫祭足向他道破了其中玄机：主公智谋过人，不会对这件事坐视不管，只是因为大庭广众之下耳目众多不便于道破，以免泄露安排才这样的。

事实正如祭足所言，郑庄公的班子已经都做好准备了。他现在只是要等着太叔段自己跳出来，到时候列明他的罪行，给他扣上顶造反的帽子。一旦国人都反对段，使他站到公义的反面，那么母后和他背后的支持势力也就无话可说了。用郑庄公的那句出名的原话说就是：多行不义必自毙。

但是这个等待的过程不能是无限度的，否则段的力量将会逐渐增强，直到超过郑庄公，所以郑庄公必须主动创造机会诱段上钩，然后出奇制胜。

不久后郑庄公前往周廷辅政去了，由祭足监国。姜氏发现机会来了，派人前去告诉段可以准备动手了。段有太后作为名牌间谍，难怪如此嚣张。

公子吕早就在前往京城的道路上设伏好了，截下了姜氏夫人给段的密信，换了自己人送去给段。段得信后立马照着母亲约定的时间、地点、暗号准备了。兴奋压倒了警惕，他全无提防，哪里想得到一向看起来软弱糊涂的哥哥编好了网正等着他投呢。

段在预定时间出发前去偷袭新郑，等段走到半路的时候，早先已经混入京城内的公子吕的手下在京城各处放火，并乘乱打开城门。公子吕引大军占据了京城，公布了段的不义之举。京城人民不满段的行径已经很久了，纷纷倒向了公子吕。

段在半路收到老窝被抄的消息，急忙回师京城，但是随同消息到来的还有手下士兵们家属的来信，内容正是数落段的造反罪行，劝子弟早早弃暗投明。听到坏消息后这些士兵们本来心就凉了大半截，收到家人来信后更是议论纷纷，很快一半人就作鸟兽散。

段带着残兵奔往另一个封地鄢邑（今河南省鄢陵县北），准备在那里再整合部队，可是到了以后才发现此处已经被郑庄公捷足先登了。遭到釜底抽薪的段只得逃往他最初的封地共城，郑庄公紧跟其后也拍马赶到，段进退无路，手下离心离德，只得和儿子滑一起逃到了卫国。

就这样，内部的危机终于解决了，郑庄公取得了第一场也是最重要的一场斗争的胜利。这一年是公元前722年，郑庄公35岁，从14岁开始，历经了22年的容忍和等待，可见此人的行事作风。

郑庄公采取的以退为进、后发制人的策略，在他之后的几次独立战斗中，也都被使用得淋漓尽致。

五国伐郑

公元前719年，卫国也发生了两君争立的局面。公子州吁在成功刺杀了哥哥卫桓公篡位成功后，为了转移国内舆论压力，树立自己的威望，决定对外用兵。不过州吁的君位还不够稳当，对外用兵要选一个合适的对象，既能确保胜利，又可以起到立威的效果，同时还要能够捞取更多的政治资本才行。

和卫国同为勤王四诸侯的郑国就是这样一个合适的目标。而且一旦击败郑国，卫国就有资格从郑国手中接过辅佐王室的接力棒，进而在东方诸侯中扩大自己的影响，而且他还有一个战争借口：太叔段和儿子公子滑流亡在卫国，卫国有义务为他们出头。这个荒唐的借口估计多少包含着州吁对于篡位失败的同行段的同情在里面。

和郑庄公相反，州吁采取的是安内必先攘外的策略。这一做法相对冒险，不过一旦成功，收效将更快、更明显。

不过郑国毕竟是强国，在体量上和卫国相当。州吁为了确保胜利，同时也顺便在外交上威风一把，必须要争取几个盟国共同行动才行。

州吁第一个目标就瞄准了一个大国——宋国。宋国国君宋殇公的君位威胁者公子冯被郑国收留，两国嫌隙正深。

州吁不仅邀请宋国参战，并且还巧妙地拜爵位最高的宋国为此次行动的盟主，让宋国出风头的同时避免了自己的政治风险。宋殇公出于公子冯的考虑，答应了一同出征。

随后，州吁又用贿赂开道，拉来了东方的鲁国，以及地处郑国东南方的陈国和蔡国，一支杂牌军好不容易拼凑成了，浩浩荡荡向郑国都城新郑开来。

对方五国联军兵临城下，这可是一件火烧眉毛的大事。可郑庄公并没有乱了阵脚。他看破了这是一场各怀鬼胎的联合行动，每一方的动机都不一样，目标也不一样，而且关键问题是每一方的战争意愿都不强烈。既不用示弱吃亏，也不必硬拼激起矛盾，只要一一见招拆招，满足他们的最低要求，以最小的代价让敌人退兵即可。

首先要对这次行动的名义带头人——盟主开刀，带头的搞定了，其他跟班的也就没戏了。你宋殇公不就是因为公子冯才来的吗？那我就把公子冯给你。但不是直接送到你面前，而是押送到新郑南边的长葛。这么一来宋国的军队被调离新郑前去捉拿公子冯了。

搞定了名义带头人，接下来就是实际带头人了。你州吁不就是要一场胜仗吗？那好，我也满足你！郑庄公让公子吕出去随便打了两下，便退回城中。州吁虽不满意，但是毕竟目的已经达到，何况国内也不安稳，在顺手牵羊割走了新郑城外的麦子后也就罢兵息战了。

这两个带头人散了，剩下的用钱买来的三组拉拉队自然也就不战而退了。

以败退敌，郑庄公这次太极打得无与伦比。

繻葛之战

郑庄公的这套战场忍术屡试不爽，后来为了报此战之仇，他假借天子的名义纠集齐、鲁讨伐宋国。此时已对飞扬跋扈的郑庄公忍无可忍的周平王的孙子周桓王一怒之下叫上了上次联合伐郑的陈、蔡、卫三国共同讨伐郑国。公元前707年，周桓王率三军来到了郑国的繻葛（今河南省长葛市），一场君臣之战一触即发。

朝廷军要讨伐诸侯，自然名正言顺，郑庄公本就不占舆论优势，而且兵力也处于下风，所以在阵前采取了固守的低姿态，任你怎么进攻，我只是固守。而联军为了诱郑军出击，则百般挑衅骂阵，冲锋骂阵了一个上午，郑庄公就是按兵不动。

但是郑庄公手下快爆发了，晒了一上午的太阳，又被对方冲击了这么多次，还遭到寻衅辱骂，所有士兵都忍无可忍了。而郑庄公等的也就是这个时候，因为他不但看到自己手下的状态，也看到了联军一上午无功而返的颓丧懈怠。

这一场景很熟悉吧！曹刿论战不正与此如出一辙嘛，之后的战况大家也就可想而知了。

郑庄公是一位不按常理出牌的人。按照当时贵族政治的传统，两军作战应当面对面列阵，双方车马上前正面交锋，其情其景和中世纪欧洲的贵族骑士战斗如出一辙。

但是郑庄公却打破了这种常规，时代的变化让他采取了更加务实的手段来进行战争。

郑庄公对内对外都用这招，是不是他就这两把刷子？

当然不是！在后文我们可以看到郑庄公更多的精彩表现。作为春秋时代第一个出头的枭雄，他的谋略和手段是非常巧妙而多样的。那么为什么他最经典的三次行动都采取这种忍术呢？

三次行动，郑庄公面对的对手分别是自己的下级、同级和上级。其中既有他得理的，也有他失理的。力量上他既有强势的也有弱势的。面对情况如此不同的三场战斗，他居然采用了同一种战术，难道这招真的可以以不变应万变吗？

因为这三场战斗都展示了同一个现实，这是一个秩序被打破的时代。兄弟相残、同宗操戈、以下犯上，这些都是西周时代所不存在的情况。旧有的道德对此已经渐渐失灵了。

所以按照传统的周礼，不管你站在有理还是无理的一方，在这个时代已经变得不再那么重要。要想赢得胜利，争取人心变得更为突出。不但要能最大限度地发挥自己的实力，而且还要把表面功夫做到家，在心理上也取得优势。

郑庄公反复使用的这招忍术，就是符合这些条件的。对己方和敌方而言，这招都是非常管用的。在这样的时代背景下，只有不拘泥于礼教的束缚，按照新时代的游戏规则行事方能纵横天下。

黄泉见母

郑庄公对待母亲的态度或许最能说明他在争取人心、礼贤下士方面的出色表现，这也是其日后成就霸业的基础。

郑庄公在除掉段之后，将支持段造反的母亲送往了颍地，并发誓不到黄泉决不相见。但是国人批评郑庄公不孝的舆论渐之而起，郑庄公迫于舆论压力想将母亲接回，但是这显然又违背了自己的誓言。君无戏言和孝义为先产生了矛盾，这令郑庄公苦恼不已。

最后在颍谷封人颍考叔的建议下，郑庄公挖了一口深井，在井下泉水中和母亲相见，而后将母亲接回。这就是“黄泉见母”的故事，郑庄公借此既向国人证明了自己的孝义，又树立了自己的威信，从此国人更加敬服郑庄公了。

虚心纳谏是郑庄公的过人之处，哪怕颍考叔当时只是颍谷封人。这在郑庄公日后的国君生涯中成为他成功的一个关键因素。同时他的智慧保证了他能够在不同意见中选取其中最为合理者。

给郑庄公献策的颍考叔被郑庄公拜官赐爵，封为大夫，和公子吕的儿子公孙阏同掌兵权。要知道这在春秋这个贵族政治时代是不可思议的。郑庄公的成功很大一部分来自于其礼贤下士的出色表现，而这背后更为深刻的原因是他能看清时代的特点，抛弃贵族礼教的束缚采取符合客观实在的务实手段，这是一位优秀政治家所必需的品质。

这只是郑庄公几次典型的出手，他的传奇还远不止这些。

周郑博弈

利益的平衡和矛盾的升级都是通过反复的博弈而取得的。利益需求的不满和矛盾冲突的压制不可避免地会引发下一场激烈的争斗，直至力量的天平平衡或者一边倒为止。

郑虢制衡

郑庄公除掉了段，平定了郑国内部的矛盾后便开始专心理国，郑国国势日盛，初露霸主姿态。

郑庄公一心把力气都扑在了自己的封国上，很少去中央朝廷。作为朝廷重臣，却占着茅坑不拉屎，仰仗着天子对郑国的依赖，居然目无朝廷，这令贵为天子的周平王情何以堪。

而且日益强大的郑国在洛邑的东方对周王室形成了越来越强的压制，要知道洛邑通往东方的要道虎牢关就被郑国所掌控着。面对这一尴尬形势，周平王必须要有所行动。

但是郑国毕竟是当时少数支持周平王的诸侯之一，又是他的贴身护卫，所以是绝对不能硬来的。

为此周平王只能通过拉拢其他诸侯来帮助自己制衡郑国。不过除了郑国，当时周平王能够差使的基本上只有晋国、卫国和秦国而已。

三国之中，距离洛邑较近的晋国和卫国这两个姬姓诸侯国此时陷入了和同宗郑国一样的嫡庶争立的内耗中，难以为周平王效力。而远在渭河平原的秦国又远水难解近渴，更何况秦国自身还要面对来自西戎的军事压力。

不过周平王到底是大风大浪过来的人，虽然可倚仗的三国都爱莫能助，但是这可难不住他。周平王很快就找到了一个可资倚重的帮手，而这个帮手不是别人，恰恰是从他做太子时到他初登基时一直反对他的虢国。

当然这样的安排是有道理的，因为虽然虢国掌握着周王室西方的命门，控制着东西南北的要塞但是要隘在提供了有力保护的同时，也限制了扩张的可能。

而且虢国在重新站队后，为了取信于新主，必然会积极表现，洗刷旧恶。因此此时的虢国是便于控制的，周平王当然对它很放心，敢委以重任。

所以很多劣迹斑斑的小人物反而容易位居要职，尤其是周围有着强有力的大角色时更是如此。莫诧异，别不平，这只是出于当权者趋利避害的权力安排而已。

和在宗周地区郑国和虢国一东一西夹辅周王室一样，成周地区如今又形成同样的格局，以达到左右平衡。

紧接着，与地理结构上的安排一样，周平王在权力结构上作出了一样的安排。

天子坐北朝南，左东右西，因此郑伯寤生为左卿士，虢公忌父为右卿士。在那个年代，右是尊于左的，也就是说周平王在朝中分了郑庄公的权力，而且还让虢公忌父高他一头，以制衡日趋强悍的郑庄公。

看到周平王不但既往不咎，还恩宠有加，同时又迫于西面和北面秦、晋两国的压力，虢公从此对周平王死心塌地。

周平王在此显露了奸雄本色，依靠盟友，但是又不能把自己全部交出去，以至于不惜拉拢原来的政敌以制衡盟友。当然这一切怎样才能玩好，完全取决于当局者对敌友形势的把控和对利益格局的安排。

周郑交质

郑庄公虽然人不在朝，但是耳目众多，他得知了周天子的安排，并不甘心就此受到制衡。公元前720年，郑庄公赶到洛邑朝见周平王。名为朝见，实际对质和施压的成分应该不少。

君臣二人都是政治斗争的高手，在朝上当面客套一番，相互试探。郑庄公推说自己忙于平定弟弟的叛乱，实在是不方便来朝，现在国内刚刚平定，正准备报效朝廷，却听说天子要分他的卿权。

周平王嗅出了其中的味道，连连向郑庄公表明自己无意于此。最后，为了说服郑庄公，周平王居然提出了一个惊人的方案：将太子狐作为人质，与郑国世子相交换。

郑庄公听后吓了一大跳，这可真是莫大的僭越，他如何对其他诸侯交代呢？他是无论如何都不能接受这种把他放于火上烤的方案的。

这时很多朝臣纷纷附议，周平王也给出了一个很好听的名头：郑国强大，让太子狐到郑国交流学习，不算是人质。郑庄公迫于众人的压力，只好这么办了。

天子主动和诸侯交换人质，将自己降格到了与诸侯平等的地位，自废君臣之分。

周、郑的交换人质行动，起因突然，过程奇怪，结果暧昧，周平王从头到尾究竟是如何考虑，才作出这一奇怪的决定的呢？

乍看起来，周平王是由于郑庄公来朝的压力之下才想到派太子去郑国当人质以取信郑伯的。但这样的代价未免也太大了点，原本如秦、鲁这些诸侯们就已经开始违制了，现在索性天子自己主动挑郑国越权，岂非破罐破摔？

天子居然提出要将太子作为人质送到郑国，周平王交人质给郑国一方面确实是由于王室衰微，虽贵为天下共主，而实际却只相当于一个中等诸侯国而已，因此不得不取信于郑国这个自己的保镖。但另一方面，这对于郑国而言是一种僭越，对王室而言是自行掉价的举动，周平王这么做究竟还有什么目的呢？

周平王之前还想着削弱和制衡郑庄公，结果居然因为郑庄公上朝，一下就来了个一百八十度大转弯。更令人惊讶的是周平王提出这一方案后非但没有受到朝臣谏阻，反而很多卿士配合促成此事。

显然周平王和群臣们早已达成了一致，周、郑交质是在郑庄公禀明前来朝见之前就安排好了的。

郑庄公上朝前后并没有其他可以影响周平王决定的事情发生，那么对于周平王对郑国前后大相径庭的态度，我们可以作出的假设只能是周平王在赌郑庄公会不会来朝对质。

不过周平王是一个很成熟的政治家，为何会对这样影响王室前途的重大决定采取这样轻率的态度呢？

周、郑交质，这个暧昧的行为其实是周平王对现实的妥协，前后判若两人的表现反映了他内心的权衡和挣扎。依靠诸侯势力上台称王的周平王对自己和诸侯力量的对比是有着清醒的认识的。他明白自己虽然名义上仍是天子，但现在朝廷的地位和封国其实没有两样。

老奸巨猾的周平王自己还能够驾驭这种局面，压住诸侯。但是现在他已经年过六旬了，他不得不为自己的后代考虑以后的情况。

周王室主要是靠着郑国在洛邑经营的，郑国当然还是要继续依靠下去的。但是为了防止郑国恃宠而骄，就必须要对它既拉拢又打压。周平王先是计划拉拢虢国来抗衡郑国，但是随着郑伯来朝，仅仅这么做是不够的。

虽然郑庄公是一代枭雄，但是经历过大风大浪的周平王又怎么会输给这个后生臣子呢？将太子狐送往郑国做人质，对郑国来说，天子已经对自己做到家了。

周平王和郑庄公，二人有着共同的曾祖父和外祖父，又是共同在洛邑搭档经营的君臣，不过周平王又同时对郑庄公负有杀祖之仇，二人关系错综复杂。天子现在已经作出了超乎底线的选择，郑庄公对王室的态度只能有所收敛了，并且妥善照顾太子狐这位未来天子。

有太子在郑国监视，周平王也不怕郑国会做出什么太出格的事情来。

但是事情还没有这么简单，靠良心牵制他人永远是天真的想法，更不要说是对于铁石心肠的政治家了。等到太子狐回国继位了，郑国还会乖乖地听话吗？

周平王交换质子的行动向郑国表达了拉拢之意，却是向天下发出了压制郑国的请求。周平王和郑庄公交换质子，无异于对天下诸侯宣告郑庄公目无君上，嚣张不可一世，都爬到天子头上来了。说不定就有忠于王室的诸侯对郑国发起挑战，匡扶王室。

难道不是吗？郑庄公百般推脱周平王交换质子的提议就说明了一切。而且事实上，确实有人这么做了。

周郑交恶

公元前720年，在位51年的周平王驾崩了，太子狐回国吊祭父王后居然一命呜呼了。太子狐的儿子王孙林继位，史称周桓王。

周桓王怀疑父亲的死多少与郑国对父亲的待遇有关。其实，周平王在位51年，此时太子狐肯定也有一把年纪了，而且奔丧途中的舟车劳顿加之回到久别的宫中看到父王的遗体，难免悲伤哀痛，这么一折腾，很难说郑庄公对他的死有什么责任。

但是周桓王本就对威震洛邑的郑庄公心怀疑惧，而且自己的父亲曾经还是郑国的人质，想必自己必然被这位臣子轻视。说白了，自己是在他的阴影和控制之下的。

对父亲身死的疑虑、对郑庄公的忌惮以及对自身尊严地位的不自信，使周桓王不听太宰周公黑肩的劝告，作出了一个草率的决定：对郑庄公进行挂职处理，劝回封地。

这一决定，彻底破坏了周平王拉拢并且控制郑国的计划。年轻气盛的周桓王为了尊严和意气，和自己的祖父背道而驰，疏离了郑伯，又失去了对他的控制，殊不知这一行动将会进一步恶化周王室的处境。

两任周天子前后截然相反的对郑政策，固然包含着祖孙二人政治经验相差巨大的因素，但是更深层次中却透射出周王室在昔日的荣耀和现实的窘迫之间的痛苦挣扎。在这种挣扎中，与诸侯合作和斗争了一辈子的周平王选择了务实的妥协路线；而长于皇家深宫的周桓王却固守着王室的骄傲而坚持理想的斗争路线。这一路线的反复一如当年周宣王和周幽王两代天子之间的摇摆一样，是周王室在窘境下的抗争。

务实也好，理想也罢，谁不遵从历史大势，现实就会给谁一记无情的耳光。

周王室有着路线的摇摆，郑国同样如此。得知了周桓王对郑庄公的处理，大将高渠弥扬言要给这个不知天高地厚的小天子一点颜色看看。而大夫颍考叔则劝说郑庄公不要采取过激行动，忍耐一段时间，兴许周桓王会回心转意，毕竟周王室和郑国在政治上一直都是相互依存的，翻脸对抗只能是两败俱伤，而且有违臣礼，对于郑国而言是巨大的政治风险。

朝上众臣议论纷纷，郑庄公最后采取了头号谋臣祭足的折中方案：兵临王畿之地，借口荒年粮食不足，割取畿内的麦禾以示威胁。

扼守洛邑东进要道的郑国在地缘形势上对于周王室是占据优势的，所以郑庄公敢于主动发难。公元前719年春，郑庄公出兵王畿的温邑（今河南省温县西南，位于黄河以北）收割周天子的禾麦；同年秋季，郑国军队直接侵入洛邑，割走了成周城外的禾麦。

春秋时期中原地区便能生产两季稻麦，可见此地农业生产的发达程度。

郑国的两次行动虽然表面上不过是去抢粮食，但实际上却是一次不折不扣的实战演习，而且是通过黄河以北，迂回绕开洛邑的东大门——虎牢关，对周王室进行赤裸裸的武力威胁，郑国的嚣张气焰由此可见一斑。

一向善于忍耐的郑庄公，这次面对他最该忍耐的对象时，却采取了主动的挑衅行动，其中未免有些文章在里头。

周、郑交质让郑庄公彻底看透了朝廷的底气，他知道凭借这个朝廷的实力，已经没有太多的利用价值了，反而是朝廷需要依靠自己的力量。现在既然周桓王先提出分手，那自己翻脸单干也未尝不可。

即使到时候周桓王后悔跟自己和解了，也不过是回到原来的依附状态。但是如果去闹他天子一回，这样还能够在天下诸侯面前再长一次脸。你们不敢干的事情我敢干，只要不是闹得太凶太过而引起诸侯公愤就可以了。所以说，这一做法在性质和程度上都正好符合郑庄公的需要。

自此郑国和周王室彻底决裂。一个老板被前任保镖抢了午饭，会有力量和胆量去教训他吗？周桓王只能含恨忍受。

反郑联盟

好在不到一年的时间，就有诸侯帮助周天子出头了。是谁呢？卫国州吁。此时的州吁刚刚抢班夺位成功，为了巩固自己的君位，发动了五国大军前来伐郑。

政治家办事通常都希望能够一箭多雕，将回报最大化。除了转移矛盾，树立威望外，州吁此举明显是在讨好周桓王，希望以此获得周天子对自己这位篡位者的认定。

何以见得呢？先看看州吁拉上了哪几个国家一起打过来。蔡国和陈国，虽然是两个实力比较弱的国家，但是却相对忠于周王室。宋国，周朝仅有的三个公爵国家之一，又是一个大国，非常撑得起门面，当然它本身就有攻打郑国的需要。鲁国，这个东方最显贵的诸侯，是东周王室最希望能够争取到的封国，这次是州吁花重金将它请来的，虽然它到了郑国后几乎没有任何动作。

我们再从地缘角度分析一下这五国。春秋初期，蔡国建都上蔡，主要势力范围在今天河南省驻马店一带；陈国的大致位置在蔡国的东北部，都城设在宛丘（今河南省淮阳县）；宋国地处河南东部和安徽北部，国都睢阳（今河南省商丘市附近）；鲁国大部分位于沂蒙山、泰山以西，大致位于今天山东西部地区，国都曲阜；卫国地处黄河北岸的河内地区（今河南省鹤壁市），都城位于商朝故都朝歌（今河南省淇县）。

伐郑五国，从最南的蔡国到最北的卫国，从地形上看，正好像以洛邑为中心，在东方对郑国形成的一个弧形的包围链。州吁这次行动就是想向周桓王显示自己的能耐，组织起一个阵容上能给周天子添彩、实力上能让周桓王满意的反郑联盟。

卫国作为当年和郑国共同在洛邑夹辅周平王的功臣，却没有获得郑国所得到的政治利益。从卫武公的孙子卫桓公时起，卫国便对骄横跋扈的郑国心怀不满。不仅收留了在郑国造反的太叔段和他的儿子公子滑，还以此为借口和郑国沿黄河两岸发生了冲突。

卫国为了向周王室邀宠而同郑国交恶，两国间的梁子早就已经结下了。到了州吁篡位后，郑国和周王室关系的彻底破裂以及州吁为巩固自身地位的需要，这场战争已经不可避免。

虽然州吁组织起来的五国联军基本上是各自为战的乌合之众，对于郑国来说军事上的威胁并不十分严重，但是政治上的压力却非常大。

周平王之所以联合虢公，一个重要的原因是洛邑被郑国阻隔了对东方诸侯国的政治辐射。周王室要想压制强势的郑国，重新伸张天子的意志，就需要有郑国以东的诸侯和周王室遥相呼应。

现在卫国州吁挑了这个头，而且做得非常到位，处于左右包夹中的郑国形势很不妙。

周平王当初押宝于郑庄公是否来朝的那两个决定，从现在看来其实是殊途同归的。只不过一种更为缓和，一种相对激烈，其实质都是靠其他诸侯来牵制郑国。缓和有缓和的好处，代价相对比较小；激烈也有激烈的优点，效果更明显。

但是周、郑关系还是因为周桓王的拒不妥协而转到了对抗的道路上。但是现在既然平静已经被打破了，更大的风波必将接踵而至。周王室和郑国的关系将如何进一步发展呢？

真假天子闹剧的背后

法统和实力是构成权威的两大要素，前者是招牌，后者是门面。江湖上各有各的活法，招牌可以寻租，门面也可以贴牌。不过实实在在的事业总是有着更强的持续性和做大的可能。

化解联盟

面对来势汹汹的五国联军，虽然郑庄公以退为进地化解了这次联合伐郑行动，但是实力强大的反郑联盟在自己的东边展开是很难让郑庄公安心的。不仅国防安全没有保障，而且周桓王和五国结盟后，郑国所享有的政治资源也将不复存在。

所以郑庄公一定要设法拆散和击溃反郑联盟，最好的办法是找一个国家首先开刀。卫国和宋国是这次行动的实际带头人和名义带头人，两国又都是东方大国。但是凭借郑国的力量充其量只能攻打其中的一个，该选谁呢？

卫国州吁回国不久卫国便发生了内乱，他短期的执政就遭到了推翻。这么一来首恶分子不存在了，郑国没有理由再去直接攻打卫国。更何况郑、卫之间相隔黄河天险，攻打卫国并不容易，而且油水也不容易捞到。

退一步讲，即便卫国州吁依旧在位，郑庄公恐怕还是不会去攻打卫国。因为州吁算是为周桓王出的头，郑庄公还是想再争取一下周桓王的，至少不能再攻打邀宠的州吁以进一步恶化周、郑关系了。

于是郑庄公理所当然地便把矛头对准了宋国。宋国上次不但打了郑国，还袭破了它的长葛城。好在郑庄公在选择调虎离山的时候挑了这个离郑都较近，却远离宋国的城，才不至于让宋国将长葛收入囊中。

对于郑国而言，宋国一定要打，这口恶气一定要出。

郑国本来就和宋国有些嫌隙。宋国这次为何被卫国一叫就前来伐郑？不就是因为郑庄公收留了宋殇公的君位威胁者公子冯嘛。卫国收留太叔段和公子滑是出于政治上牵制郑庄公的考虑，郑国收留宋国国君的政敌当然也是因为两国之间有着利益冲突，打算以此做文章。

宋国是郑国近邻中最强大的国家，是郑庄公最有力的竞争者。郑国要想做强图霸，必须要设法压制宋国不可。所以两国之间的矛盾是必然的，郑庄公被宋国发兵攻打其实并不算冤。

实力相当、野心同等的两个邻国之间的矛盾是不可避免的，看看法、德的千年之仇就可见一斑。

郑庄公为了方便报复宋国，考虑先行离间伐郑的五国联盟。否则很可能牵一发而动全身，一国遭难其他几个国家很可能前来救援。

五国中挑头的卫国如今出了内乱，暂时自顾不暇；另一个大国鲁国本就不很忠于周王室，实际执政的公子翚只是为钱而来。因此郑庄公对付鲁国采取同样的办法，贿赂公子翚，不但能稳住鲁国，重贿之下还把鲁国拉到自己这边来。因为鲁国同时是四国之中与郑国相隔最远的国家，双方并没有什么实际的利益冲突；五国之中蔡国实力最弱，不过是个小跟班而已，不作为主要公关对象，所以工作的重点就在忠于周天子的陈国身上了。

论实力陈国略弱于郑国，但是其地理位置非常关键，处于郑国和宋国中间，是两国的战略缓冲地带，陈国的偏向对于郑、宋两国孰轻孰重至关重要。

郑庄公首先向陈国请盟和好，表示不计前嫌，这也算是对陈国很宽容了。当然这种小把戏陈国很容易看出其中的目的，为了不惹怒周天子和宋国，陈国没有答应郑庄公的盟好。

软的不行，郑庄公只能来硬的了，但尺度要把握得当。他采取了和警告周桓王一样的方法，到陈国边境抢粮抢人，搞一次准军事袭击。

打你一耳光，再帮你揉一下。郑庄公顺利得手后又派人把这些人和粮食还给了陈国，声称这是边境军队在错误情报的指引下擅自行动的结果，随行还向陈国国君奉上了郑庄公的道歉信和结盟邀请。

郑国给足了自己台阶下，陈国此时如果再拒绝郑国的友好请求，道义上难堪不说，万一激怒郑国，首先挨刀子的可能就是自己了。由此郑庄公算是争取到了陈国。

可宋国毕竟是国高爵显的大诸侯国，郑国要单独打它并不容易。宋国的体量还要大于郑国，如果不借助额外的力量的话，郑国并不敢轻易对宋国动武。

宋国对郑国的攻伐客观上是符合周桓王的需要的，要对宋国动武，就必须要向周桓王打招呼。淡化宋、郑冲突与王室的利益关联，转而强调宋国对国际和平的践踏，以突出对宋开战的正义性，进而争取盟友联合伐宋。

这时距离上次的洛邑割麦行动已经过去两年了，郑庄公开始自觉当年做得有些过分了。想想风头也出过了，报应也受过了，不如借此机会前去和周王室搞好关系。虽然反郑联盟的首倡者州吁被赶下台了，但是来自东方的威胁还是实实在在存在的。郑庄公需要争取周王室的谅解，在求得王命的情况下攻打反郑联盟的盟主宋国，通过政治上的瓦解和军事上的威胁，缓和来自东、西两边对郑国共同的挤压。

公元前717年，郑庄公带着祭足前往洛邑朝廷为割麦之事道歉，并打算借机要求天子授权他讨伐宋国。

假命伐宋

但是本就忌惮郑庄公的周桓王在遭受割麦之耻后对郑庄公可谓深恶痛绝，不想这次郑庄公主动上门来求和了。在此之前有人给自己出了头，给了郑国强有力的威胁，郑庄公这时候才来洛邑朝见，可想而知此时的周桓王会是如何极尽贬损挖苦之能事。周桓王没给郑庄公好脸色看，甚至根本没有招待他，只给了他十车麦子让他带回去备荒年用，明显是对割麦事件的谴责与讽刺。

当年与郑庄公同朝为政的周公黑肩赶紧把私藏的两车锦缎给了郑庄公，既是安抚郑庄公，又是拉拢他，因为周公黑肩是清楚郑庄公的实力的。不过周公黑肩这么做并不仅仅是为了朝廷，他还有着自己争取外援的打算。

周公从西周开始便世袭管理洛邑地区，早已习惯了一方诸侯的潇洒生活。不过随着周王室的东迁，周公的好日子也到了头。周公作为周王室的小宗，面对天子的大宗驾临时，这位婆婆在家给了儿子儿媳很大的压力。

但是郑国和虢国能够凭借距离优势挟天子以令诸侯，那么周公家族岂不是更加有着近水楼台先得月的机会？

郑国和虢国作为独立诸侯，可以通过自己的独立封国主体来运作周天子这个品牌。而周公虽然有诸侯之实，却无诸侯之名，理论上他的部属都是周天子的臣子，他没有独立运营的资格。

所以周公尽管是洛邑的地头蛇，但是君臣名义摆在那里，同时又共处一家，长此以往周公的势力很可能和王族发生混同，甚至最终被吸收。因此周公本质上对王族是非常抗拒的，这个内奸的存在日后给周王室惹出了很多乱子。

面对这十二车货物，预期目的没有实现，热脸贴了冷屁股。郑庄公相当郁闷，而一旁的祭足却想到了一条妙计。

祭足提出用两车锦缎包装一下那十车麦子，将十二车贵重的锦缎号称为周王的赏赐，以此作为令箭，直接以久未上贡为罪名去攻打宋国，用周王的名义和朝廷卿士的身份召集各路诸侯一同前去讨伐。

假天子以令诸侯，借公家的名义去报私仇向来是很过瘾的，反正当时通信条件落后，这么做是不会当场穿帮的。

祭足的计谋很巧妙，郑庄公的招兵也还算顺利，虽然遭到了许国和郕国等小国的抗命，但是却集结到了齐国和鲁国这两个大国的部队，三国打着联合国军的旗号浩浩荡荡杀奔宋国而去了。郑、齐、鲁三国联军杀入宋国境内，势如破竹，眼看联军向宋国都城睢阳压境而来，宋国司马（国防部长）孔父嘉向慌了神的宋殇公献上一条退敌之计。

现在要和三国联军硬拼是找死，守城并不是长久之计。现在陈国和鲁国都被郑国策反了，宋国能够求助的只有卫国和蔡国了。孔父嘉以重贿叫上了蔡、卫两国，但是凭着三国的实力是难以对抗郑、齐、鲁这三大强国的。那怎么办呢？擒贼先擒王，攻敌所必救，率三国联军也去攻打郑国都城，不怕郑国不撤兵，郑国一撤兵，齐、鲁两国也就跟着散了。

这招儿在后世被称为围魏救赵，但是这一原型却没有被作为成语流传下来。通过此事我们也可以知道当时宋、郑两国的都城其实相距不远，当时这些诸侯国的规模相比后世还很有限。

郑庄公接到后院起火的报告，本想复仇立威的他一来目的也基本达到了，二来为了立威毁了老窝不值得，便对齐、鲁两国隐瞒了实情，表示适可而止，可以撤兵了。郑庄公这么做，给人以主动停止战争的印象。战争打到这儿，我觉得目的达到了，适可而止了，不会穷凶极恶，得理不饶人。作为强国，我当有强国风范。

郑庄公接着又把得到的宋国东部的两座城邑送给了与之接近的鲁国。既然这地远离我，没法接管，还不如做人情送人，不但拉拢了盟友，到时候天子问罪的时候还能嫁祸于人。

在卫国发生了内部政变之后，宋、郑两国成为了中原地区争霸的主角，这场战争无疑是双方军事实力和政治实力的一次比拼。这一次是郑国主动攻打的宋国，攻占了宋国两座城池，并且在之后的回军过程中大败宋军，在军事上占尽了便宜。但是在政治上，双方却旗鼓相当，都召集到了两个盟国，不过从盟友的质量上来看，郑国好像还是略占上风，而且鲁国之前还是和宋国一起攻打郑国的。由此看来，宋、郑双方的较量正朝着有利于郑国的方向发展。

繻葛之败

世上没有不透风的墙，更何况是如此大动干戈的战斗。作为对郑庄公的惩罚，在郑国假命伐宋两年后，即公元前715年，周桓王任命虢公林父担任朝廷右卿士职位，以分郑庄公的卿权；公元前707年，周桓王进一步免去了郑庄公左卿士职务，分阶段地剥夺了他在中央的政治权力。

在遭到这一番处置后，郑国和周王室的矛盾完全公开化了，郑庄公就此拒绝朝觐周桓王。

不过讽刺的是，郑国虽然失去了辅佐周王室的政治资本，但却在这十年中变得越发强大，不仅成功地突破了反郑联盟的围堵，还巧妙地将东方的主要国家都发展成了自己的盟国，其中甚至包括反郑联盟的五国！

除此之外，郑庄公还在周边积极进行区域整合，党同伐异，俨然成为天下的霸主，令一旁的周天子黯然失色。

在这种情形下，周、郑之间必须要有一个了结。郑庄公和自己爷爷交换质子，和天子平起平坐，周桓王劝退了他；郑庄公挑衅闹事，爬到自己头上，周桓王制衡了他；郑庄公假借自己的名义去打其他封国，把自己踢到了一边，周桓王开除了他；现在郑庄公在自己眼皮底下翻云覆雨，完全一副天子派头，周桓王再也忍无可忍了。新仇旧恨加在一起，一贯气盛的周桓王作出决定：打！

不过天子要作战，必须要拿出天子派头来，行使天子的特权——召集诸侯大军。这既是派头的体现，也是实力的保证。

既然你郑国冒牌我都能组织联合国军，我正版天子亲自出马，当然是召集起规模比你更大的诸侯联军来打你！

可是让人啼笑皆非的事情发生了：周天子自己来号令诸侯的时候，居然前后只凑到了陈、蔡、卫三个国家，而其他国家基本都被郑国给拉拢了。

而且即便这三个前反郑联盟的国家，也已经变得很不可靠。陈国不但早已同郑国和解，而且两国还正式联姻了。这次征兵恰逢陈国国君公子佗刚登基，其位尚不稳固，所以不敢得罪周桓王，只能再来当一次拉拉队。

而蔡、卫两国一直防备着近邻郑国，过去一直同宋国一起和郑国作对。结果宋国挨了打，蔡、卫两国明白早晚要和郑国再度交恶。前次为了救宋国，又和郑国二度交恶，并惨遭修理。现在宋国不行了，只能依了天子的顺水人情，与王师并肩再同郑国干一场。

不过卫国内部矛盾重重，参战军队也是临时凑成的。蔡国实力本就不济，所以这支杂牌军的战斗力是很令人担忧的。

总之这次周桓王征兵效果非常糟糕，战场表现则更加糟糕。陈国本来就是过来报到的，和郑国象征性地打了几下就溜了；蔡、卫两国也都是为自己而来，它们没有起到侧翼保护天子的作用，被采用曹刿战法和鱼丽阵的郑军一鼓作气地击溃了。

郑庄公打退了两侧的羽翼，天子的中军当然是不能伤害的，否则就没法向天下交代了，所以只是撵跑他们了事。

但是郑庄公手下大将祝聃还是想教训一下不识时务的周桓王，一箭射中了周桓王的肩膀。这一箭，结束了"礼乐征伐出于天子"的时代，而且象征意义也非同寻常——天子的肩膀受伤了，他还能挑得起天下这副重担吗？

从此之后，周王室更加衰微，越来越不受诸侯们的重视。而以郑庄公为代表，威震一方的霸主身份则成为具备实力的君主们竞相追逐的目标。

霸主挟王

这场于公元前707年秋，在郑国繻葛（今河南省长葛市，位于洛邑东方、郑国南方）。从地点来看，周桓王选择的是郑国经营相对较弱的南方，此地也便于附近其他诸侯的集结。这里恰好绕过了郑国西面的主要屏障嵩山，这次行动大有纵深迂回作战的味道，由此可见周桓王的战争决心。爆发的君臣之战，从周桓王当时的处境和所追求的目的来看，是一场赌上王室名誉的决战，志在一举击溃郑国，将之打回原形，一劳永逸地消除这个王室附近的地方豪霸，重新彰显天子之威。

只可惜长于深宫之中的周桓王无法像他爷爷那样了解王室和诸侯之间时移世易的力量对比。周天子的政治号召力没有其他力量的支撑，很难再号令天下了。而他的对手偏偏又是攻必克、战必胜的一代枭雄郑庄公。更糟糕的是，周桓王身边还有周公黑肩这个和郑庄公勾勾搭搭的内奸。

结果可想而知，在郑庄公高超的指挥和生死存亡压力下的郑军爆发出了强大的战斗力，让周桓王不得不接受耻辱的败局，接受悲惨的现实。

周、郑之间的斗争以霸主郑庄公的最终胜利而告一段落，不过其中的一个比较还是耐人寻味的。

郑庄公是当时周天子最大的威胁和敌手，但是到头来他反而能够打着尊王的旗号去攻打并侵占宋国城池。这一招之后也渐渐被其他各路诸侯所模仿，因为大家都看明白了什么是表象，什么才是本质。

对比伐宋之战和繻葛之战，从招兵的质量和作战的效果来看，郑国这个假天子的表现远远好于周桓王。为什么会出现这种怪象？这比劣币驱逐良币更可怕，完全是假币驱逐真钞了！

其实对比一下后世的汉献帝，这个问题不难解答。汉献帝本人坐镇的中央朝廷是没有任何作用的，但是一旦被曹操所挟持，中央朝廷才开始能够号令诸侯，虽然这个号令实际是由曹操发出的。

天子代表的是天下的权威，以天子的号令办事，就是合法的。但是合法的事情并不必须要做，须有足够的外部力量施加，才能产生执行力。法律的行使都是由暴力机器所支持的，没有强制力的法律不过是一纸空文而已。

在诸侯们看来，当时的郑国就有这个力量。一旦假借了王命，权威有了，力量有了，就有了号令诸侯的权力。这时候它其实就是真正的天子，所以它能够组织起强有力的联军；而在诸侯眼中，周天子却已经没有这个力量，任凭你的牌子再正宗，也只是一块牌子而已。

权威本身是在力量的基础上建立起来的上层建筑，一旦失去了力量的支撑，凭借品牌效应还能苟延残喘一段时间，但长久如此下去终究还是会垮台的。

周天子就处于这个垮塌的阶段，但是在它完全垮掉之前，谁有力量谁就能举起这把尚方宝剑。郑庄公就这么做了，之后齐桓公的“尊王攘夷”大旗更是将之发挥到了极致。“尊王”是引用了权威，而“攘夷”则展现了力量。

当然这里还有很重要的一点是，要看挟天子的是谁。没有能当天子的实力，挟了也是替别人保管，弄不好还要被扣一个反贼的帽子。举不动这块金牌的人偏要去举，回头还是被金牌压死。

在此我们不妨再回头看一下当年周平王的交质行动，就能够对此有更好的理解了。

用现代商业操作做个类比。周平王明白自己这块品牌是在不断贬值的，但是苦于自己手头没有资金来运营这个品牌，所以才和近亲郑国开设的地方强势企业共同经营，以利用郑国的资金和生产力。

但是他知道长此以往郑国必然会逐渐掌握核心生产技术，并一步步架空自己。与其眼看着这个国际上最大的家族企业品牌一日不如一日，存在着被下级合作商操纵的可能，他只得咬牙放弃一部分品牌价值，以明示的方式和郑国合伙经营，其效果就好像是既进一步确定了和郑国的合作关系，又向天下其他地方企业在招投标，以期在加盟者之间竞价以使自身增值一般。

谁承想年轻的周桓王上台后急切地想重振家族品牌，结果操之过急，没能很好地看清形势的发展，既怕郑庄公这位叔祖兼并自己的品牌，又觉得与之合作掉价，主动断绝了祖父和郑国的长期合作关系。结果其他前来投怀送抱的地方企业被郑国截流和打压，周桓王自己断了资金链，难以为继不说，反而被掌握了自己品牌核心生产技术的叔祖山寨了一把。

更可气的是这个有钱有货的山寨品牌居然还在市场上击败了自己。到了这时，周桓王心里的感受恐怕只有自己知道了，周天子这块金字招牌还剩几分成色呢？

郑庄公不仅仅假天子以令诸侯地玩起了山寨，还要击溃其他的竞争者，搞垄断山寨。这就是乱世的法则。每当中央力量委靡不振之时，强大的地方势力便会崛起并挟天子以令诸侯，利用他们的实力来掌握法统。每当有这样的枭雄出现，他们就会成为国际警察，横行霸道，党同伐异。但是如果此时没有这样的角色，那么天下就会出现军阀割据、各自为政的局面。

相比之下，挟天子以令诸侯的霸主还能够形成局部的秩序。一旦郑国这个小霸消失，天下一定会发生更大的动乱。这是天子的悲哀，也是黎民百姓的不幸。

但是这一切才刚刚开始，周朝天下正在一步步地礼坏乐崩，不过还是有人跳出来力图对这个时代做一番挽回的。

卫国的路线斗争

在世道变迁的时代，一贯的是非对错的标准不再能准确地衡量事物的价值。恶意或许能成善举，好心也可能办坏事，目的合法的，程序往往非法。时代的变易，将会让身在其中之人无论是角色还是行动都发生或多或少的错位。

州吁篡位

天下礼坏乐崩，制度法纪开始瓦解。郑庄公作为诸侯可以爬到天子头上，封国中的臣子自然也就可以爬到诸侯的头上来。

卫国州吁就是这么上台的，在他当了国君后不到一年的时间又被自己的臣下给做掉了。这前后两起臣子废黜国君的事件，在性质上却是截然相反的。究竟是怎么回事呢？还得从头说来。

州吁原本是卫庄公的庶子，但是却很讨父君的喜爱，所以对于君位一直虎视眈眈。但是卫国是最为正统的诸侯国之一，卫庄公死前还是按照周礼让长子姬完来继位，是为卫桓公。州吁和段一样只得在自己封邑内当大夫了。

不过现在天下好不安生，周朝连中央的权威都保护不了了，更不用说去维护诸侯国内的秩序了。这是野心家们的黄金时代。

州吁并不死心，他和他的心腹死党石厚一直在寻找机会弑君篡位，好自己当主公。

卫桓公在历史上并不突出，原本因为公子滑而准备对郑国发动战争，却最终被郑庄公巧言令色地给唬住了。州吁和石厚知道这位国君有多少能耐，不久就找到了机会。

卫桓公要前往洛邑吊唁刚去世的周平王，州吁和石厚为此准备了一场饯行宴。在这场鸿门宴上，州吁和石厚对卫桓公是百般热情，无微不至。跟你存在利益冲突的人忽然变得态度这么好，总是需要特别提防的。

果不其然，石厚借敬酒忽悠住卫桓公，州吁乘机解决了他，自己如愿以偿当上了卫国国君。

权迷心窍

州吁是春秋时代第一位成功篡位的公子，不过现在他才成功了一半。在州吁上台后不久，外界舆论就汹涌开了，既有贵族的反对，也有国人的抗议。

于是石厚便建议州吁发动对外战争，既可以转移国内的矛盾，又能宣扬自己的武力而树立威信，让自己跟军队一体，好有更强有力的武力支持。当然，借着国家战争的名义处死几个不听话的反对派怕是难免的。

除了国内的因素外，州吁的算盘是趁着周天子和郑国闹僵的时机，借此机会向周桓王献一番殷勤。于是才有了五国伐郑的战争，并且州吁还算是基本达到了既定目标，体面地回国了。虽然他这次去几乎什么也没有做，但是这本就是一场形式大于内容的战争，样子摆到位就够了。

可是国内舆论还是不平息，州吁总觉得自己的座位烫屁股。石厚自然知道州吁的担忧，而自己的父亲石碏是卫国上卿，在朝中德高望重，一言既出国人皆服。可是自从卫庄公去世后便告老归家了。石厚思忖如果能让老父亲出面力挺，不怕州吁坐不稳诸侯之位。

但问题是，石碏知道州吁素来野心勃勃，一向反对石厚和州吁来往，但是无论怎样都阻止不了。后来石厚帮助州吁篡位之后，石碏基本与儿子断绝了父子关系。但是这次石厚为了自己的主公兼死党，当然也是为了自己的地位，还是硬着头皮来求老爹了。

来见老爹，石厚是很紧张的，生怕老爹根本就不让他进门。可是出乎意料，石碏这次竟然好言好语和他说话，虽然没有答应他回朝从政的要求，却给石厚出了一个他做梦都想不到的方案：朝见周天子，让周桓王直接册封州吁，还用担心自己的合法性吗？

虽然州吁之前勤了一次王，在周桓王最需要的时候替他出了头，但是周天子能够册封一个弑君的反贼吗？这岂不是鼓励天下人造反，最终反到自己头上来吗？即便周桓王再对州吁有好感，当面还是不可能直接册封他的，不问他个乱臣贼子之罪已经是很好了。

石厚是聪明人，他不会不知道这么做会把这条路彻底堵上。石碏也知道儿子的顾虑，于是添加了一条补充条款：陈国国君是周天子最忠顺的臣子，我们又是陈国的友好同盟，先去结好陈侯，让他给你们到天子面前说个情，还怕事情不成吗？

太妙了！石厚激动得都要跳起来了，这可是最彻底、最完美的解决方案了！周天子能同时驳了两位替他出头的诸侯的面子吗？上次战争给积的德这次都能用上了。而且这样间接地求封，没有风险不算，即便失败了，之后还有回旋余地。于是石厚和卫州吁带了几车的金银财宝，开赴陈国去了。

石碏关键时刻还是帮了儿子一把，但是如果真要帮，他自己出山不就得了，还用得着又花钱又托人情，跑这么大老远周折一顿吗？

一个素来对你不满的人对你态度转变如此之大，考虑如此周到，切记一定要提防啊！不管他是你的兄弟还是父亲。

但是被喜悦冲昏头脑的人是不会有心提防的，何况还是自己的父亲，尽管石厚平时很聪明很能干。

就这样州吁和石厚兴冲冲地来到了陈国，毫无防备的他们一到陈国朝上就被束手就擒。原来石碏早就密送血书给了他的挚交陈国大夫针，借陈国之手诛除了两个逆贼。

陈国也就此卖给了卫国一个大大的人情，也是卫国新君的上台恩人之一，从此陈、卫两国关系更加密切。

卫国群臣皆叹服石碏，并为石厚求情，但是石碏不为所动，大义灭亲。卫国众臣无不敬重石碏的义举。

石碏妙计

卫国重新为卫桓公发丧，并从邢国召回了在那里避州吁篡逆之难的卫桓公的胞弟公子晋，扶立为卫宣公，厚尊石碏为国老，石氏一门世世代代奉为卿士。卫国与陈国的关系也更加亲睦。

石碏使用调虎离山之计，除去了逆贼。哄州吁前去陈国，将他的势力孤立开来，使他失去了还手之力。等州吁在陈国束手就擒，国内亲州吁的势力自然也就树倒猢狲散了。

无论多么有势力的人，一旦脱离自己的势力根基，就会变得脆弱不堪。这种情况下，调虎离山是当然的优选计策。但是调虎离山不是说调就能调的，关键还在于如何调，用什么方法和手段去调。

州吁和石厚知道自己的根基还不够稳固，一旦贸然离开，国内将可能有叛乱，自己身在国外也会有危险，所以他们是非常忌惮离开本国的。在这种情况下要想把他们调出本国，第一必须麻痹他们的戒心，第二还要有一个具有足够诱惑力的条件，对它的欲望能完全压倒他们的顾虑才行。

所以在这件事情上，石碏是最好的人选，他的天然角色和政治地位都能起到稳住两人的作用，而且他的诱饵对于州吁和石厚的吸引力是致命的，是梦寐以求的。石碏提出的方案又是如此的可行，由此才能调出这两只虎来。

我们再来看看州吁，真可谓是“其兴也勃，其亡也忽”。州吁篡位并没有太费周折，看似一帆风顺，杀了先君就可以了。但是之后虽然石厚帮他多方打点，出了很多的主意，费了极大的周折，但还是战战兢兢，如履薄冰，最终难逃覆亡的命运。

如果我们对比一下州吁和段这两人各自的造反经历就会发现，两人采取了截然相反的造反路线，但最终殊途同归。州吁采用的是易得手难固守的策略。一蹴而就地上台，但是上台后却几乎没有任何统治基础，就在他为巩固基础而努力的过程中遭到了灭顶之灾。

而段的路线则恰恰相反，是先期难于得手，因为事前要准备很多工作：建立根据地、培植嫡系势力、整顿武装力量、伺机谋反作乱等。任何一个环节有失就全盘皆输。若不是有母后撑腰，段等不到最后一个阶段就早被郑庄公收拾了。但是这样的造反一旦得手，就很容易固守住，只要清洗了先君的嫡系势力，然后自己的一班人马上来取而代之，就能稳坐钓鱼台。

但是不论是得手难还是固守难，总体来说，造反都是一个相对高风险的事情，困难不是在篡位成功前，就是在坐上君位后，只要一朝出错，便小命难保。

段和州吁是春秋时代最早的两位造反者，两个人一个依靠母亲，一个仰赖死党，造反的档次都还很低，只不过是造反个体户而已，最终都落得身败名裂。

但是现在周天子已经无力再主持国际公法了，弑君篡逆之辈必将前赴后继而来。

礼崩之世

郑国是凭着郑庄公君臣的集体谋略摆平段的，卫国则是石碏凭自己的谋略和权势除掉了州吁、石厚逆党。在这个旧有制度逐渐崩坏的时代里，石碏仍然是坚定的保皇派，他几乎凭一己之力捍卫了卫国的礼法。

因为作为保守的礼法捍卫者，石碏本人是清楚宗法分封制的层级结构的。一旦卫国最高层出现了制度上的崩坏，那紧接着将是自上而下的全面垮塌，所以对于这个裂缝花费再大的代价也要把它堵上。

但是石碏看似正义的举措真的对卫国是有利的吗？从个人素质来说，他所铲除的州吁有政治野心，有统治手段，有国际视野，各方面看都是一个不错的君主，特别在春秋开始大乱之时，这样的君主是能够建立一番功绩的。

实际上州吁几乎就要成功了，如果石碏能够帮助州吁坐稳国君之位，卫国或许真的能够率领反郑联盟击溃郑国，自己成为挟天子以令诸侯的当世小霸。不过对于周天子和整个周朝的局势来说，除了换了个人坐庄，没有什么实质的区别。周天子还是需要看诸侯脸色，小国一样要巴结霸主，中央之地的强国一样想要争夺霸权。

州吁攘外以求安内的冒险路线宣告破产，不过州吁的死，至少对郑庄公来说是一个好消息。

石碏所扶立的合法的公子晋其人如何呢？他能比州吁更优秀吗？在一个秩序发生重大变革的时代中，对的不一定是好的，同样好的也不必然是对的，因为评判标准和时代背景已经发生了错位。既定道义的捍卫者未必造福天下，而其破坏者却很有可能改变世界。如今宗法分封制度已经逐步瓦解了，各国都不再依靠制度来稳定国家了。国君的能力成为一个国家盛衰的重点之一，到底卫宣公能将卫国带向何方，我们拭目以待。

我们说石碏正义凛然，那是指动机和结果。从过程来看，石碏其实也是非法的，作为一名臣子，这种调虎离山后借刀杀人除掉国君的伎俩甚至比州吁的篡逆还要卑劣。但是这却很好地展现了中国人传统的正义观点，动机是第一位的，手段是次要的，结果是用来最终评定功绩的。还有一点是，对待不义之人和非法之徒，采取任何手段都是可以理解的。

石碏受到称赞的原因还在于他能够大义灭亲，对国家忠心耿耿，因为这些品质是宝贵的，尤其是在这个纲常沦丧的乱世之中。

但是，宝贵的事物必然是稀有的，权力滋生贪欲，政治斗争中剩下的多是狡诈奸邪之徒，像石碏这样能够一手遮天的权臣，为公废私的只是凤毛麟角，更多的则是祸国殃民之辈。

鲁隐公的悲剧

对于国君而言，高妙的手腕和狠毒的心肠是执政的两个重要因素，二者缺一，不仅难以玩转国政权术，甚至连身家性命都不能保全。

鲁国阴阳

卫国解决了州吁，反郑联盟的祸首没有了，郑庄公将矛盾对准了宋国，郑、宋两国再度交恶。

在郑国和宋国的两轮交锋中，我们注意到其中一个很诡异的角色——鲁国，之前和宋国一起攻郑国的是它，现在和郑国一起伐宋国的也是它。

按理说这样的墙头草角色，不是受到胁迫就是没有政治原则，总之通常是两边不讨好的。但有趣的是，它似乎两边都很吃得开。

鲁国位于今天的山东西部，淮河的主要支流泗水以东地区。而郑国和宋国分别位于今河南中部和东部，正是中原的要地（狭义的中原指虎牢关以东、泗水以西的黄淮平原）。位于远处山东丘陵地区的鲁国是郑国和宋国两个邻国都争取联合的力量。

鲁国又是一个大诸侯国，国君乃是周公姬旦的后代。鲁国是周朝意识形态的维系者，文化思想上最为正统，所以孔子才会诞生在鲁国。

不过从地缘格局上来讲，鲁国和宋国相近而远离郑国和卫国。所以出于鲁国战略环境的考虑，和同是最为正统的封国卫国合作无可厚非，更何况还拿了一大笔钱；而与同姓郑国结盟，共同压制异姓大国宋国，符合地缘政治的基本规律，这其中鲁国也受益良多。

因此鲁国前后在外交上的摇摆并没有偏离地缘博弈的游戏规则。但是如果我们将反郑联盟这个因素考虑进来，鲁国的问题还是值得商榷的。

反郑还是盟郑，在一国一战的角度看来，不过是鲁国为了自身利益最大化所作出的不同选择而已。但是如果将前后两次的选择带入到政治联盟的框架中去考量，我们就会发现，鲁国选择反郑还是盟郑，其实就是在保皇和倒皇之间站队。

一个如此正统的大诸侯国在政治立场上却表现得这样没有原则，这当然显示了周天子的式微和王统的沦落。忠君不过是一块招牌，如果对自己有益就毅然高举，而当它阻碍自己获利时便断然踢到一边。

不过外因必得内因才能起作用，对于这前后截然相反的选择，鲁国自身一定还有更多问题在里面。

权臣鲁翚

因为鲁国的国政军权都操纵在权臣公子翚手中，而宽仁贤明的鲁隐公却很少直接掌握政权。

鲁国是最坚定地贯彻宗法分封制度的封国之一，公族势力强大，通常都或多或少操纵政权，形成和国君相互制衡的贵族集团。但是出现像公子翚这样一手遮天的权臣贵族，在鲁国初年多少有点特别。

在权力的浸润下，公子翚贪婪跋扈。先是受了卫国的重贿而帮着其他四国攻打郑国，接着又在郑国许诺分赃的条件下回头和郑国讨伐宋国。这就是鲁国成为墙头草的内因。

所谓贪得无厌，权力越大，胃口也越大。公子翚并不满足于现状，自认为对外作战有功的他进一步向鲁隐公提出升任太宰的要求。

鲁隐公可以让公子翚一手操纵鲁国军政，但却一直没有让他担任实质的最高卿士职务，名义和实际上存在着一个明显的错位。但是在政治上这样的错位通常的情况是有名无实，而这样有实无名的错位是相对少见且奇怪的。

奇怪肯定有奇怪的原因，顺着奇怪的点顺藤摸瓜，往往能发现更多的信息。公子翚向鲁隐公提出了这个要求，鲁隐公的回答是：等公子轨上台了向他提这个要求吧。

公子轨是谁？为何要向他提？

原来公子轨是鲁隐公的父亲鲁惠公的嫡子。按周礼，国君去世后原则上立嫡子中最年长者，即嫡长子继位。但是鲁惠公死后这个第一继承人公子轨却过于年幼，难以为政。或者更加确切地说，这样的幼子难以对抗强大的公族势力，鲁国国政容易发生不利于国君的倾斜。此时鲁惠公的庶长子公子息姑已经成年，并且恭谨宽厚，颇得众心，群臣奉立他为国君，就是现在的鲁隐公。

但是鲁隐公是个厚道人，群情难却之下上台后，他坚持自己只是暂时摄政，并当众承诺等公子轨成年之后就将君位还给他。所以鲁隐公虽然摄政，但是只是坐在幕后，真正处理国家事务的是公子翚。

从这点来看公子翚可能是鲁隐公一手放权培养，日后作为公子轨继位后首席辅政的大臣，所以公子翚才能在鲁国如此权势滔天。

至于为什么只培养公子翚这么一个权臣，使其可以大权独揽，而不是多培养几个来相互制衡，恐怕是考虑到鲁国强大的公族的原因。只拉拢一个，他就能和国君紧密地站在一起，相互支持。但是如果培养多个这样的权臣，那就和本就存在的强大的公族集团无异，公子轨上台后将面临比他年幼时继位更不利的局面。

鲁隐公的打算是等公子轨当了国君后由他来亲自册封公子翚为太宰，年轻的轨就可以立即取信于重臣，在其他卿士面前树立足够的威望，为他今后的统治铺平道路。后世刘备至死未封劳苦功高的赵云，也是为了将此提拔功臣的机会留给儿子刘禅作为政治资本的。

而公子翚长期的政治实习经验也能马上辅佐公子轨进行执政，公子轨既不用操心自己的政治威信，也不用担忧自己的政治才能。

鲁隐公不仅为人厚道，而且安排周到，却往往会被人误认为是无能的老好人。

隐公之难

但是权迷心窍的公子翚是不会去想明白鲁隐公此话的含义的。即便他明白了，他也是不会相信的，反而以为这是鲁隐公对日渐年长的公子轨的担忧，是对自己的一种敲打。于是公子翚居然向鲁隐公建议早日除掉轨，好当稳这个国君。

公子翚原以为自己说出了鲁隐公的心里话，谁料鲁隐公闻言大惊，并责备他怎么会有如此疯狂的想法。鲁隐公告诉公子翚自己已经在菟裘造好了宫室，等不久传位给公子轨后自己去那里养老。

从这一点来看，鲁隐公是真的做好了禅让的准备了，前后的这么多工作都是围绕这一目标来进行的。

能为公子轨做的，鲁隐公都做了，完全没有为自己考虑。

但是在小人面前，纯粹的君子都是岌岌可危的。公子翚知道自己此言一出，必然会惹祸上身，不仅可能过不了鲁隐公这一关，而且即便鲁隐公宽宏大量不与他计较，未来公子轨上台知晓此事后也不会便宜了他。

出于这两点的考虑，公子翚索性掉转枪头下决心除掉鲁隐公。他找到公子轨，诬告鲁隐公为了避免还位于公子轨而准备杀了他。

公子轨听后自然又急又怕，求公子翚帮他想办法先下手除掉鲁隐公，并答应他事成之后封他为太宰。公子翚求的就是这个，不久便在鲁隐公祭庙的途中派武士秘密杀死了鲁隐公。这一年是公元前712年。

于是公子轨成功即位，是为鲁桓公。公子翚如愿当上了太宰，在鲁国说一不二。虽说弑君，但是鲁国群臣在权臣公子翚面前就和卫国群臣在石碏除掉州吁后一样，纷纷附和赞同。

为了公子轨之后的政治生涯能够启航顺利，鲁隐公一直都在致力为他打造公子翚这艘大船，就等着他上台后让他亲自启动下水仪式，好名正言顺地成功交接。但是这艘大船和下任船长却急于下水，把还没来得及退开的鲁隐公的救生艇都给掀翻了。

可怜鲁隐公，一心为公子轨的政治前途着想，为此养虎遗患，最后反身死于此。在政治上善良和无私的下场就是如此凄惨，纯粹的圣人在政治上永远都是难以生存的。难怪后世孔子作《春秋》由鲁隐公元年，即公元前722年起，又难怪孔子哀叹此礼坏乐崩之世。

马基雅维利在《君主论》中提到：国君要像狮子那样强悍，才能斗得过鬣狗，还要像狐狸一般狡猾，方可躲过陷阱。在古今中外的政治博弈中，国君要具备高超的手腕，才能披荆斩棘，还需要有狠毒的心肠，方可化险为夷。可惜鲁隐公只有前者，缺乏后者，一样下场悲惨。

这样的人在生活中几乎是完人，但讽刺的是他是高高在上的孤家寡人。

国君缺少其中之一，在春秋霸政时期很可能就有出局的危险。

这一点又切中了《君主论》中的那个著名的选择题：作为一个国君，究竟是该成为一个受人爱戴的贤君，还是一个令人畏惧的暴君？

这个选择题放在这里，答案就会非常明确——做一个令人畏惧的国君远比当一位受人爱戴的主公来得安全。当你高高在上处于明处之时，其实是非常危险的。受人爱戴的国君要想不受害，靠的是底下人的良心，想到害他会受到良心的谴责；令人敬畏的国君要想保证安全，靠的是底下人的恐惧，担心害他会受到可怕的惩罚。

这个世界上真正有良心的人并不多，但是却没有一个人不懂得恐惧。

圣人不灭，大盗不止。

郑鲁续盟

不过无论如何，鲁隐公的死虽让人痛心不已，但是他在政治上的安排还是很好地实现了，这多少也算是一点安慰吧。

公子翚可以压服国内舆论，但是州吁的失败告诉他仅仅搞定内部还是不够的，还得在国际上获得盟国的支持。于是鲁国派遣使臣来到了郑国，向郑庄公请盟求好。

双方上次一起伐宋分赃合作愉快，郑庄公乐得结交鲁国这个远方的大国，作为牵制周边国家的强力外援。于是同鲁国歃血为盟，互通信使。

政治友谊永远都是依靠利益基础来支撑的。当年郑庄公为了联合鲁国攻打宋国，除了贿赂公子翚之外，还将周平王当年为奖励郑国勤王所赐，祭祀泰山的飞地——祊地与鲁国一块靠近郑国的飞地——许地做了交换。

对于当时点状结构的封国形态，飞地是很常见的。在这一笔政治交易中，郑庄公在以地易地公平买卖的同时，还附送了属于郑国的祭祀特权。这在自视为王统守望者的鲁国看来是价值非常的，这意味着鲁国获得了实际的特权和地位，具备了号令东方的资格；但是在务实的郑庄公看来，实际可以控制的土地和由此而带来的强大实力才是称霸的基础。

当然这两种雄霸天下的路线选择其实都有各自的依据，不过其后还有高人将它们做了创造性的整合，建立了标准的称霸模式。

郑、鲁之间虽然进行了交易，但是当时由于战争原因，两地并没有实际交割。作为巩固郑、鲁关系的重要环节，鲁桓公上台后便派人落实了这一土地交换协议，双方皆大欢喜。

至此，鲁桓公和公子翚内外基本搞定，鲁桓公成功地坐稳了君位。在充分吸取了前辈段和州吁的失败经验后，为后来人示范了这起极其恶劣的成功案例。这件事偏偏又是发生在最正统的鲁国，不知道还有多少国家会前赴后继争相效仿。

前面卫国州吁篡位后希望周天子给他正名，这回公子翚篡逆后直接找到郑庄公为鲁桓公定位。郑庄公此时在盟国眼中的国际地位俨然就是天下霸主一般。不过这位给逆贼正名的霸主只能算是个邪主，他的存在是礼坏乐崩的结果，而他的行动又进一步加速了这一过程。

宋国的内外倒戈

内政和外交是一体的，攘外和安内也是同步的，两条线相互影响，彼此协调。如果处理不好，很可能导致两条线共同崩溃，尤其是在天下变乱的时候。

宋殇之患

鲁桓公和公子翚为了巩固篡位成果，与小霸王郑庄公结盟，使其受益颇丰。

在这样一个凭实力说话的乱世中，作为区域霸主，油水是很多的，否则大家也不会争先恐后争坐这一把交椅了。很快郑庄公的生意又来了，而且还是一笔更诱人的买卖。

当年宋殇公因为公子冯在郑国而和卫国等五国联合伐郑。这位引发宋、郑之间连续战争的公子冯到底是何许人也？

原来宋殇公的父亲宋宣公将自己的君位传给自己的弟弟宋穆公，而宋穆公也是个鲁隐公式的贤君，没有传位给自己的儿子冯，而是让宋宣公的儿子继位，就是宋殇公。

宋国是源于商王室的子姓公爵国家。按周礼，周朝的继承制度都是严格的父子相继制度。宋国这种兄终弟及的继承行为是商朝传统，东夷部族的遗风。

父子相继本质上是祖先崇拜，显示了华夏农耕文化对经验和权威的重视；而兄终弟及更多的是一种壮年崇拜，体现了东夷渔猎文化对力量和精神的重视。体现在群体性格上，周人是稳重的，商人是浪漫的。虽然此时的宋人已经完全农耕化了，但是这种遗风还是有所保留的。

两位父亲都是难得的谦恭之君，可惜到了两位儿子这儿这种乌托邦式的美好传统就不存在了。但是这也无可厚非，毕竟在权力面前争夺才是常态，天下有几人能抗拒权力和荣华富贵的诱惑呢？圣人的悲哀就在于他们以君子之心度常人之腹，没有他们，天下的罪恶本不会那么多。

公子冯嫉恨宋殇公，而宋殇公也对这个君位威胁者非常不安，因为宋殇公的反对者很多都跑去支持公子冯了。双方矛盾逐渐表面化后，公子冯无奈逃到了相邻的郑国。

公子冯有郑国这个强国撑腰，宋殇公当然更加忌惮他了。而郑庄公一直好吃好喝地招待着公子冯，其实也是等着机会找宋国这个强邻的麻烦，借由宋国国内的矛盾来对抗它，是再好不过的选择。总之这两个邻国彼此怀有敌意，公子冯就是它们之间的一根导火索。

最终还是宋国首先发难，和四国联合攻打郑国。虽然那次郑庄公将公子冯送往长葛城调开了宋兵，还让宋军攻破了长葛城，但是公子冯福大命大居然又逃了回来。郑庄公照旧厚待着他，因为在郑庄公眼中公子冯是一颗有用的棋子。

郑庄公果然没有等多久，在安定了鲁桓公之后，宋国也有使臣前来，说要迎接公子冯回国继位。

这是怎么回事呢？宋殇公想通了？学习起他父亲来了？还是只是找个借口把公子冯骗回去杀了？

华督弑逆

事情还得慢慢道来。宋国和郑国交手了三次，都没讨得什么便宜。第一次连公子冯都没抓到；第二次被郑、齐、鲁兵临城下抢去两座城池，靠着孔父嘉的围魏救赵方才涉险过关；第三次在围了郑国都城新郑得以自保后，回师的途中又被郑国狠狠地阴了一把，全军覆没。

宋国和郑国恩怨的初始是因为宋殇公出于个人的利益，要除掉潜在威胁者公子冯而引发的不得民心的战争，加上这样丧师失地的耻辱战绩，宋国军民自然怨声载道。

除此之外，处于四战之地且野心不小的宋国与周边其他国家的战争也连续不断，宋殇公在位十年中宋国前后一共参与了十多次大小战争。这令宋国国内普遍充满了厌战情绪。

主持宋殇公一系列对郑战争的是司马孔父嘉。话说这位孔父嘉没有太大名气，但是他的一位嫡系子孙却名扬天下，声播海内。谁？孔老夫子是也。

孔父嘉是宋殇公的第一重臣，对宋殇公忠心耿耿，坚决贯彻他的意图，打击国内外的公子冯势力。只可惜对外战争的不力让宋国军队对孔父嘉心怀怨言，在国内也树立了很多政敌。

对孔父嘉仇恨最深的是太宰华督，而且这种恨是全方面的。华督是属于公子冯一派势力的，和公子冯相交甚厚，对孔父嘉的对郑战争极为不满。但是对方有老板撑腰，华督敢怒不敢言；既然华督不是宋殇公的嫡系，尽管位居要职，但政权和军权却更多操纵于孔父嘉之手，华督被摆在这么高的位置，很大程度上是宋殇公对公子冯势力的一种怀柔而已；更气人的是，孔父嘉有一个美妾，把华督眼馋嫉妒个半死。

无论生活上、权力上还是派系上华督都被孔父嘉压着，对方又有国君为后台，华督一肚子恶气，但是却又只得憋着。华督要想抬头只有废黜宋殇公而迎立公子冯。但是这个目标难度太大了，华督必须要找到最易入手的突破口。

好在孔父嘉现在虽然是国防部部长，但是却深受军士憎恶，华督看准了这一点，他需要一次机会。

真正衷心效力的臣子，与主公绑定在共同的利益链上，为主公张罗起事情来往往不遗余力，很少虑及自身安危，因此华督的机会并不难找。公元前710年春，孔父嘉开展了一次大阅兵。感觉到又要对外用兵了，宋军中人心惶惶。

华督看出了军士们对战争的恐惧和厌倦，便趁机在军中大肆散布谣言：司马已经和太宰有言在先，宋国不久将再次起兵伐郑。

华督的话很机巧，是司马和太宰议定的事情，司马肯定是要打的，所以太宰是可以做工作来争取的对象，有困难就来找太宰吧。

从第二天开始，太宰府门前果然聚集了很多军兵，要参见华督。人既然都是华督诓来的，他自然早有打算。华督故意将门闭紧，只让家臣好言稳住大家。渐渐地，人越聚越多，火越积越大。在人群中，任何简单而激烈的情绪都是很容易蔓延的，身为政客的太宰很好地把握了大众心理，门外军兵们的情绪开始失控。

等到门口满是军士，个个吵嚷着宁愿和司马拼命，也再不去战场送死了，华督感觉到哗变的时机成熟了。

华督只需要点一把火，不怕烧不死孔父嘉。

但是仅灭掉孔父嘉只会让他骑虎难下，宋殇公是绝不会放过他的。

怎么办呢？华督蓄谋已久，自然早已考虑过这样的问题：军士们如果杀了孔父嘉，宋殇公必然要治他们重罪，只要到时候拿这个威胁他们，不怕军士们不就范。

于是华督顺水推舟，带着众军士一起杀进孔父嘉的府邸，诛杀他全家老小，同时还抢到了他的那位美妾。孔父嘉只有一个名叫木金父的幼子被家臣带出逃到了鲁国，这位就是孔夫子的先祖。

干掉了孔父嘉，华督按照事先准备好的说辞和布置，率军雷厉风行地除掉了宋殇公。

这招上屋抽梯的风险不可谓不高，操作难度不能说不大。要抓住一大群人的不满情绪，设法把他们聚在一起，令其相互传染，不断升温，等火候到了便引导大家共同行动。等大家都上了贼船，华督把他们的退路也都切断了，所有人只能和他一黑到底。也只有利用军队长期以来的积怨和无路可退的情形，这次难度极大的篡逆才能获得成功。

宋庄即位

如今华督终于可以出头了，在军士们的簇拥下来到朝堂，向百官宣布立公子冯为新君。

军队拥护着华督。凭着手中军队的力量，华督在朝堂上自然威风八面。众卿士们慑于华督的势力，即使心有不服，但无可奈何，只能默认现实。

华督在国内凭着自己的威势压住朝廷舆论，对外则用重贿讨好三个对宋国虎视眈眈的大国——郑国、鲁国和齐国。并派人到郑国要求迎回公子冯，于是才有了宋使臣朝见郑庄公的一幕。

郑庄公很痛快地答应送公子冯回国，还邀请齐、鲁两国国君在稷地会盟，帮公子冯正名，是为宋庄公，这一年是公元前710年。

内部改换门庭了，外部自然也跟着改弦更张了。宋殇公攘外同时安内的路线失败了。

枭雄郑庄公是从来不会白做好事的，他为宋庄公举行这样的正名仪式更多的是让齐、鲁两个大国帮他见证这个人情，一同在名义上牵制住公子冯，毕竟你的位置是我们扶你坐稳的，大家都看到了，小子你以后可别忘本！

可见郑庄公对宋国这个强邻始终是不放心的，以至于必须和齐、鲁两国形成政治同盟以共同遏制宋国。

郑庄公这次又赚了。公子冯是他的嫡系，不费一兵一卒，就瓦解了一个敌国，赢得了一个盟友。公子冯临行前的一番效忠更是令郑庄公喜不自禁，不过说这种话从来都是不用上税的。

结合公子翚的案例，我们看看这个时期臣子弑君另立的共同点：内部凭借军队，外部依靠盟国，前者确保了内部环境的稳定，后者则是外部安全的保障。这跟段和州吁这样的造反个体户不同，而是权臣、军队、盟国三位一体的立体行动，将安内和攘外有机地结合。

如果说段和州吁的出现是春秋初期天下始乱后野心家们的崛起的话，那么公子翚和华督的造反则是列国纷争大戏开幕后的必然后果。

战争的需要使得军队的重要性提升，成为左右政治局势的重要力量；列国征伐的现实令原本一心听候朝廷调遣的诸侯们形成对自己有利的同盟相互倾轧，在这种集团倾轧中拉拢和争取盟国就显得特别重要，所以才会有盟国在外部的照应。军队和盟国变成了主导的力量，统军和外交这样的治国技能很难为国君所同时掌握，所以帮助国君操持这些权柄的大臣开始做大，独当一面。由此才会形成权臣、军队、盟国三位一体的篡权结构。

随着列国争霸的升级，在君权发育到足够成熟、国家结构发生重大转变之前，这种弑君篡逆的情况只会愈演愈烈。虽说这种行为是非法的，但同时它又是符合时代发展规律的。

这种情况所带来的一个更糟糕的结果就是国家对外关系的混乱。鲁国在公子翚的主持下可以朝宋暮郑；宋国一朝易君，对郑国的态度立马就走向另一个极端。这无疑增加了各国政治的不确定性，今天你为了自己的利益可以支持他国的变乱，明天受害的说不定就是你自己。国内的不稳定会向外辐射到很多国家，造成国际局势的不稳定。

不过现在这两个国家都和郑国结盟了，在郑庄公的霸政破灭之前，这些国家的对外关系还能够维持基本的稳定。

郑庄破盟

郑庄公自从拆散了以卫、宋为首的反郑联盟后，之前反郑联盟中的其余四国，到现在为止，除了最北的卫国和最南的蔡国之外，其余三国都已经成了郑国的盟友。而内忧重重的卫国和技不如人的蔡国在宋国被郑国收服后转投了老大周天子的旗下，而当繻葛之战中周天子也败于郑庄公的手下之时，这两国就不得不也成为了郑国的小伙计。昔日的反郑联盟如今反而快变成亲郑联盟了。

所以说当初州吁如果真的坐稳君位，并多次率领反郑联盟击溃郑国的话，除了郑国和卫国地位互换外，天下的形势几乎不会有任何不同。

这就是小霸在这个时代的意义，它虽然是一个旧秩序的破坏者，但是在中原腹地区域，它还是以自己的力量形成了局部的新秩序，将它所及范围内的国家联系成松散的同盟。

在这两场篡逆中，郑庄公都扮演了外援的角色，他也是其中最大的受益者。为了自身利益支持他国弑君篡逆的感觉煞是不错，但是坏事做多了，难免是要遭报应的，不是不报，时辰未到。

如果说卫国的政变具有内在性，鲁国的政变具有偶然性，那么宋国的政变完全是由郑庄公有效的外部打击和策反所导致的内部质变了。

难怪郑庄公要会盟以扶立宋庄公上台，敢情他这么做还有很大的成分是在炫耀自己的实力，显示自己的霸主身份。

要知道按照周礼，诸侯外部的事务的最终裁量权是归属于周王室的。而郑庄公公然支持宋国政变不说，竟然还绕开了周王室，直接把宋庄公送上了君位。这在周天子看来，不但是郑庄公无视周天子法统的存在，而且是天下诸侯已经更认同强有力的霸主的明证。

这就不难理解为什么周桓王在不久后撤销了郑庄公的卿士职位，而郑国又是经历了怎样的发展，才最终让周桓王忍无可忍发兵讨伐郑国的呢？

郑庄公的外交战略

一国的外交战略是错综复杂的，要视他国的实力强弱、地缘形势以及战略格局而定。在此确立了对各个国家外交战略的基础上，进一步组成有既定战略目标的同盟是构建长期战略格局的重点。

郑霸中原

郑庄公对内对外斗争都是好手，战争外交软硬兼施，战略战术左右开弓，对下能收拾逆弟，对上敢挑战天子。他的目的无非是想将自己和郑国的利益最大化。在他一系列叱咤风云的行动中，最能体现他才略的就是他应付平级的诸侯国的不同策略。

周朝天下本是一个大家庭，但是现在这个大家庭的家长周天子年老体弱，而这个家庭的孩子们——各诸侯国，却是处于生长发育期，精力旺盛，思想叛逆。这位上了年纪的家长已经管不住这一大家子小孩了，处于发育期的他们个个爱动好斗，没有了家长的管束，互相间吵吵闹闹，甚至大打出手也是不可避免的。

现在出了个孩子王——郑国，在家里横行霸道。一大家子孩子都有个高矮胖瘦、亲疏远近，诸侯国亦然，所以这个孩子王对付他们的态度和方式自然各有不同。

但是与我们家庭观念不同的是，在国际关系的舞台中，近的往往不亲密，远的往往并不冷淡。

近吞小国

对于自己身边的小国，因为对方国小力弱，在国际上也没有什么发言权，对其下手的军事成本和政治风险都很低。所以只要有合适的机会和理由，郑庄公便对其采取最直接的手段：吞并。

公元前714年，宋、卫、蔡三国围郑救宋，郑庄公回师救援。三国担心被郑军回来后里外夹击，腹背受敌，所以早早就撤退了。既定目标完成了，宋军司马孔父嘉心情如释重负，回师途中路过戴国（今河南省兰考县）。这是一个只有一个城池的小国，附庸于近旁的郑国。于是便想着三国一起玩把顺手牵羊，把郑国这个跟班给搞定，便对戴国实施了攻城。

郑庄公得知这一消息后，当然不愿看到地处郑、宋之间的戴国落入宋国之手，于是也紧急开往戴国。

通常而言，隔岸观火，让对手鹬蚌相争，等到两败俱伤再上前一网打尽是最佳选择。但是精明的郑庄公居然这么急于赶去戴国，可见戴国是一个极其弱小的国家，根本扛不住宋军一打。这样的芝麻小国在国际上当然没有地位，生死存亡没人关心，因此宋军才敢如此大胆地连个借口都不找便去攻打戴国。这种情形在讲究"道义"的贵族政治时代是很少见的。

郑军到达了戴国城外，并没有直接与三国大军交战，而是绕到了未受攻击的一侧，要求戴国放他们进去帮着一起守城。这是一个让求救心切的戴国君臣无论如何也不能拒绝的合理要求。宋、蔡、卫看见郑国大军进入了戴国，担心两国兵合一处一起冲杀出来，所以格外提高了警惕。

但是出乎所有人的意料，这时城头却竖起了郑国的旗帜。

原来郑庄公在进入了戴国之后，趁戴军守城之际，乘虚驱逐了戴国国君，收编了全部的戴军，反客为主，吞并了戴国。

妙！实在是妙！这一招后来由晋献公和他的谋臣荀息将之发展成了一组连环计，得名假道伐虢。

宋军司马孔父嘉看到自己辛苦了半天，到头来却当了一次强盗，反而给郑庄公提供了见义勇为的机会，让郑国不费一兵一卒就得了渔翁之利。想到这里，孔父嘉真可谓气急败坏，被戴国挡住回家去路的他仗着有卫国和蔡国盟军为伴，打算集中兵力，和郑庄公正面硬拼，争取杀出一条血路。其实他也只能硬上，一旦绕城撤退，三国联军人多势众的优势反而会成为移动缓慢、调动不便的劣势，被郑军趁机出城从后掩杀。

郑庄公依旧使出了他惯用的忍术，在城中按兵不动，只派遣两队疑兵前去轮番骚扰位于宋军两翼的卫国和蔡国军队。若两翼不稳，中间的宋军自然心神不宁。但是对方的小股部队惹了你就逃，撩拨得宋军打也不是守也不是，军心逐渐混乱起来。

这一疲敌之术非常狠毒，自己只出一小部分力量，却搅得对手周身不宁，心神难安。这时候的郑国像极了一只缩在壳里的乌龟，一会儿伸出左脚挠一下对手，一会儿探出脑袋咬一下敌人。而被堵住去路的对方只能忍受这种煎熬。

终于，宋军司马孔父嘉忍无可忍了，决定亲自带着中路大军前去左翼收拾郑军。在城中以逸待劳的郑庄公看准时机，来了个射人先射马，擒贼先擒王，直捣宋军的中军大营。本已无心恋战的宋军被打得丢盔弃甲，几乎全军覆没，而不胜其扰的蔡、卫两军见宋军惨败，也都抱头鼠窜。

吞并了戴国，同时又狠狠收拾了宋国，顺带教训了一直反对郑国的蔡、卫两国，郑庄公此役好不得意。

得意的郑庄公想挟此余威，再大干一场。他要对当初假命伐宋时拒绝和他一起攻打宋国的两个小国郕国和许国秋后算账。在当时对郑国抗命的后果可比对周天子抗命的后果严重得多。

但是做坏事，一来要师出有名，二来最好拖几个重量级人物一起去干。于是郑庄公拉上了和他一起攻打宋国的大国齐国。

许国在郑国南方（今河南省许昌市附近），郕国在位于齐国南方（今山东宁阳一带），都是可以并吞的对象。所谓将欲取之必先与之，郑庄公和齐僖公约定先帮他打下郕国，再回头让齐国来帮自己收拾许国。

许国，姜姓，子爵，在春秋时期因为地处大国之间，所以多次搬迁，这也是当时很多小国常有的现象。此时的许国位于颍水北岸，其地理位置正好位于郑国和蔡、陈两国之间，是蔡、陈两国对郑国的天然缓冲。郑国如果能拿下许国，是对陈、蔡两个近邻的有力威慑和牵制。

为了更容易得手，到时候也方便分担国际舆论压力，齐、郑两国又拖上了鲁国一起攻打许国，反正公子翚只认钱不认理。风险平摊，利益均沾，郑庄公既充实了自身实力，赢得了声望，又牢牢抓住了几个可靠的盟友。

公元前712年，郑、齐、鲁三国联军攻打许国。但是此役却打得相当艰苦，许国防守顽强，郑国攻城花费了很多力气不算，而且还发生了极其不和谐的一幕：大将公孙阏为了和颍考叔争锋抢功，在攻城过程中暗箭射死了颍考叔。所谓“明枪易躲，暗箭难防”就是由此而来。

颍考叔当年向郑庄公提出了黄泉见母的妙计，被提升为大夫，与郑庄公的堂弟、公族子弟公孙阏共掌兵权。公孙阏字子都，是当时天下闻名的美男子，郑庄公的男宠。他和颍考叔的矛盾由来已久，二人在此役之前还差点为了争夺战车和帅旗而大打出手，幸好被郑庄公及时制止，但是郑庄公也没有做任何处置。

公孙阏和颍考叔的矛盾背后是郑国公族和异姓大夫之间的矛盾，精于政治的郑庄公对他们二人不做处理是因为他知道这也是难以解决的问题。春秋时期的政治不像后来的官僚政治，当时参政的都是贵族集团，官职和爵位是一体的，而且是可以世袭的，一人的地位荣华是关系到整个家族后裔的，所以当时政治斗争的激烈程度比之后世有过之而无不及。

世道的变迁让颍考叔这般出身的异姓大夫也能够享有和公族一样的权位，这在西周之时是很难想象的，显示了宗法分封制度的崩裂。

无奈根正苗红的郑国公族势力强大，颍考叔成了最后的牺牲品。在郑庄公时代，这些矛盾还能被暂时统一在这位雄主的掌握下。一旦有一天郑国易君更主，底下激烈的政治斗争很可能给郑国带来政治动荡。

回到战场，最终三国联军还是攻下了许国都城，国君许庄公逃到了卫国。狡猾的郑庄公第一时间派人前去向周天子报告胜利的喜讯，以说明郑国这次攻打许国是因为上次许国抗拒了伐宋的“王命”。

看来郑庄公是假借王命借出了心得，上一次伐宋是先借后伐，而这次攻打许国索性是先伐后借，来个先斩后奏。既成事实，又是送捷报喜，你周天子只得拍板。

到了分赃的时候，郑庄公假意客气一番，说要把许国分给风马牛不相及的齐、鲁两国。而齐、鲁两国也不是傻子，这种把戏它们当然明白，婉拒了郑庄公的“好意”。

许国出逃的许庄公没有子嗣，他的弟弟许叔便向郑庄公要求继承君位。郑庄公顺水推舟，答应了他的要求。把许国一分为二，许国新君许叔驻在东部，让郑国大夫公孙获驻在靠近郑国的西部，帮助新君管理许国。

郑庄公巧立名目，名保护而实控制，名正而言顺。但是郑庄公为什么要把许国一分为二，只独领一半控制，而不是直接控制或吞并整个许国呢？

如果那样做的话，这种带有侵略性质的外来统治势必会引起许国上下所有人的一致反对，而且没有任何政治根基的外国人前去统治，在对国家的控制力上肯定不如他们本国的统治阶级，实际统治效果会很差。加之这样公然的入侵行为在国际上的压力会更大，可以想见这种做法很难长久。

而现在这样一分为二的做法，靠近郑国一边的国土有着郑国的力量做靠山，实际控制力很强，俨然就是郑国的一个海外省，通过长期的统治可以最终吞并这一半。而且这样许国的君臣所实际掌握的力量减少了一半，对抗的力量更小了，即使对抗，也仅限于他们所在的那半边领土。所以说，郑庄公采取的是一个更加稳妥、长期效益更佳、外部环境更理想的策略。

许国体量相比戴国更大，郑国如果一口吞下很可能导致消化不良。春秋时期人口密度低，如果要占领整个许国，郑国势必需要派出大量的军队驻军和平民去掺沙子，这么一来郑国国内的人力资源压力怕是非常巨大，严重削弱其自身国力。这种情况下，扶立代理人来间接控制一个国家的效果和成本就更为理想。

而且代理人政治的另一个优势在于风险控制。一旦形势不妙，可以果断换人或者放弃，而不用承担太多的经济和政治风险。把这一手玩得最好的就是美国，看看英、法的殖民地战略和苏联的直接吞并战略，结果都没有玩过美国的代理人政治。

力压旁邻

对于近处的与自身实力接近的国家，郑庄公采取的手段是压服。这方面，郑庄公最突出的表现是在处理与他不相善的陈国和蔡、卫两国的关系上。

郑庄公先是用了割麦还麦的打击拉拢之法，迫使实力稍逊于自身的陈国接受了郑国的结盟。接着郑国世子郑忽得到了郑庄公的同意，迎娶了陈国宗女。自此，郑国和陈国化敌为友。

而对于和自己隔黄河而望的同宗卫国，郑庄公对其始终是心怀芥蒂的。虽然在卫宣公卫晋即位后，卫国的反郑态度有所减弱，但是这个和自己实力相差无几，政治资本也不在自身之下的大国并不能让郑庄公放心。

不过郑、卫之间相隔黄河天险，要跨河去攻击卫国不是一件容易的事情。而卫国当初方便集结多路诸侯攻打位于中原核心地带的郑国，而郑国却不容易调动诸侯跨过黄河去协同讨伐卫国。

因此郑庄公对卫国主要采取的手段是：极力将其势力范围压制在黄河以北的区域内，一旦超出这一范围，进入了郑国的核心区域，就对其进行猛烈的打击。

卫国这块黄河“几”字形最后一个转角所围成的区域位于太行山以东、漳河以南，称为“河内”地区，主要是现在河南省位于黄河以北的地带。

在此必须提下一黄河，这条孕育了中华文明的母亲河实在是性情多变。从春秋到现在，黄河下游累计发生了7次重大的改道，向北可流进海河流域，由天津注入渤海；向南则会侵夺淮河河道，从江苏盐城注入黄海，南北相距七百多公里。这段距离甚至超过了改道的黄河下游自身的长度，由此可见黄河的个性。

这条母亲河之所以会发生如此剧烈的改道，进而长期影响中原地区人们的生产和生活，与其堪称世界第一的含沙量有关。

黄河发源于青藏高原的雪山之中，在上游汇集了巨大的水量，积累了惊人的势能后，在中游流经了土质松软的黄土高原，冲刷出了晋陕大峡谷。在这里，黄河的含沙量不断升高，达到了惊人的60%，要知道，通常而言河水的含沙量达到30%已是极其罕见了。

黄河的河道在孟津以西被夹束在山谷之间，因此很少发生变化。但是过了孟津，也就是在郑州附近，黄河进入了华北平原，再也没有坚固的山谷能够固定住这条奔涌的狂龙了。

而且黄河的流速从此因为土地平坦而放缓，过量的泥沙不断沉淀淤积而抬高了河床，黄河下游便形成所谓的“地上河”，也就是悬河。

面对这一局面，人们只能通过人为加高河堤来防止黄河泛滥。于是河床越垫越高，随之河堤也越筑越高。但是这样一来，河水的势能便越大，而河堤的强度却越低，如此下去，河堤早晚要决口。

黄河一旦决口，倾泻而出的河水必将沿着周围地势低洼的区域，分作几支流入附近其他河道中。巨大的含沙量将使黄河淤塞大多数小的河道，并侵夺最宽的那一支河道形成新的黄河下游河道，同时也将泥沙一并带入，垫高这些新的河道，酝酿下一次的改道，由此周而复始。

当时的黄河下游河道与今天大不相同，在郑国和卫国交界处转向东北，斜向穿越河北省，在邢国（今河北省邢台市）以北地区，这里已经是蛮夷出没之地，黄河的河道没有人为的修葺，因此便分为几支漫流汇入今天海河流域，最后注入渤海。这条北线黄河河道最初是由大禹治水所固定下来的，因此被称为“禹河”。

而现在的黄河河道，在当时是一条叫作济水的河流。这就是为什么现在明明位于黄河南岸的济南会得到这个名字的原因了。

济水是中原重要的河流之一，其地位仅次于黄河和淮河。济水发源于河南省济源市王屋山。黄河和济水围出的地区被称为“河济平原”，大致覆盖今天河南北部、河北东南部和山东西北部地区。

河济平原地势平坦，水量充足，便于耕种。但是由于河水的分割以及黄河的不稳定性，该地没有实力出众的国家，只有零星几个小国。这里便成了周围齐、鲁、郑、卫等强国争夺的重点区域。而河济平原的西部正是郑、卫两国的博弈地区。

位于河济平原西部的姬姓的南燕国（坐落在今河南延津东北，区别于位于燕山脚下的姬姓的北燕国）就是郑、卫两国争夺的重点，也是郑庄公压制卫国的第一线。

公元前717年，南燕国在卫国的指示下向郑国发难，结果被不按常理出牌的郑庄公来了个诱敌深入加包抄袭。结果南燕国在擅长打歼灭战的郑庄公面前全军覆没，不得不转而依附了郑国，并且将宗室之女嫁与郑庄公以结为同盟。

在郑国的压制下，卫国的势力范围难以扩张。在此情况下，卫国不得不采取更加直接的方式与郑国对抗。

但是卫国军队在郑庄公面前胜算不大。为此，卫国采取的方式是长期与远方的蔡国结盟，南北两面对郑国施加压力。同时再联合郑国东西两面的强大势力共同对抗郑国，起先是宋国，在宋国最终被郑庄公制服后，又转投了周天子旗下，只可惜周天子最后也被郑庄公击败。卫、蔡两国终究没能斗过当世枭雄郑庄公。

在和宋国的共同行动中，卫、蔡两国在戴国城外被郑庄公好好收拾了一顿，丢盔弃甲地狼狈败走。

而在和周桓王的共同行动中，由于又有陈国的参与，其过程更加耐人寻味。陈、蔡、卫三国同时出兵，陈国国君公子佗篡位不久，不得不讨好周桓王以取得支持，对郑国的态度依旧是希望与之相善，所以不过是来报个到。而蔡、卫两国表面上还是要和郑国继续作对，借天子之威报上次兵败之仇，并最终消除郑国这个心腹大患。

而郑庄公在发起总攻时对三国的动作也说明了一切：对左路陈国只是驱赶了事，原本就无心与郑国交战的陈军也心领神会地退散了；而对右路的蔡、卫联军则狠打猛揍，力图赶尽杀绝。

从此之后，失去了可以联合的强大势力，卫、蔡两国对郑国也再没有硬起来过。卫国和蔡国与陈国关系紧密，在陈国的调解下，蔡国和卫国最终也向郑国投诚。

遭遇同样命运的还有蔡国南方的息国，这同样是一个姬姓侯爵封国。不知轻重的息侯贸然顶撞郑国，发动军事挑衅，结果被郑庄公一顿狠揍，损兵折将不算，还不得不南迁至淮河北岸（今河南息县），以退避郑国的锋芒。

郑国是不会允许实力不如它的近邻挑战它的霸权的，陈、蔡不得不合作，而息国惹不起也只能选择躲得起了。

近攻宋国

但是前述这几个国家还不是郑国最大的威胁。对于身边的大国，郑庄公想尽一切办法予以削弱和打击。

宋国和郑国的交恶源于公子冯这个导火索，而且两国关系也是围绕着他而展开的。

郑庄公把公子冯收留在身边其实就是想着借机给宋国添乱，引起宋国内部的权力斗争。没想到宋国先下手为强。宋国国君是公爵，爵位比郑庄公高了两级。面对这个大国，郑庄公不是鲁莽地直接与它交手，而是一方面瓦解宋国纵向的和陈、蔡、卫的联盟，同时建立自己横向的同齐、鲁的联盟。

在双方外围实力的此消彼长之下，郑庄公方才采取了行动，通过假命伐宋获得了它的两座城池，一并送给了鲁国。

将敌国的土地肢解后并入其邻国国土，一来可以削弱敌国的实力，二来能够赢得盟友，三来致使敌国和盟友之间因为领土争端而产生长期的仇恨，更好地维持这种有利的局面。这是列国争霸常用的对抗手段。

郑国在回师过程中同宋国又进行了戴国之战，不仅将宋国到口的肥肉给赚来不算，又把宋军打了个全军覆没。

正是因为郑国持续的外部打击，才引发了宋军的内讧，致使孔父嘉和宋殇公倒台。郑庄公由内而外地挫败和颠覆了宋国，亲郑的公子冯和华督上台执掌宋国大权。但是即便这样，郑庄公依旧不放心宋国，还是通过了会盟来让齐国和鲁国以居高临下的姿态帮着他一起看住宋国。

远交齐鲁

其实从郑庄公对宋国的行动上，我们也看到了郑庄公对于远方大国的外交策略。

五国兴兵伐郑时，宋、鲁两个大国一起进攻郑国，但是郑庄公对这两国的态度却完全相反，对宋始终是打击报复，而对鲁却反而送礼贿赂。这种差别待遇由何而来？

从两国兴兵的主观动机来看，宋国是出于自身安危利益，而鲁国则只是为了一些政治贿赂。因为宋国和近邻郑国是有着密切地缘利害关系的，而鲁国如果不是为了好处，也不会和风马牛不相及的郑国扯上边。

既然鲁国只是为了利益，那郑庄公就用利益来拉拢它，好在远方给他以照应。偏偏宋国又夹在郑、鲁之间，所以郑庄公积极贿赂鲁国反过来和他一起伐宋，共同从宋国身上渔利，并把宋国的城池作为重礼送给了鲁国。

帮助宋国攻打郑国只是帮宋国和卫国打工，而帮着郑国打宋国却是自己捞大头，而且更加符合地缘政治的规律，鲁国的方向性转变是迟早的事情。公子翚自此以后就明确地掉转枪头，一心和郑国结盟了。郑庄公也投桃报李，以事后追认的方式支持了公子翚的弑君篡逆。

郑国和远方的大国，双方共同利益远远大于相互矛盾，所以结盟是最符合双方利益最大化的。

郑国对齐国采取了和对鲁国一样的方法，一起讨伐宋国，一同侵占郕国、许国，一道会盟稷地。除此之外，这一对好兄弟之后还一起抗戎兵，约婚姻，当然这是后话了。

一起干好事说明不了什么，而一起干坏事则需要默契和信任。如果一起干过很多坏事，那关系就更不一般了。

至于远方的小国，既没有利益冲突，也没有什么合作的交集。但是郑庄公也还是要发挥一下它们对于自己的战略价值。

自己身边的小国可以吞并，那远方的小国也可以作为人情，鼓励远方的强大盟国去吞并它们。这就是郕国的悲剧。齐国在郑国的策应下，首先通过武力迫使郕国成为其附庸国，在将郕国渗透得差不多后，齐国进而于公元前686年攻下郕国，一举吞而并之。

三驾马车

由郑庄公对于远近强弱的诸侯国的态度和战略上，我们看到他的所有行动都是依据各方的地缘政治格局和强弱态势对比，围绕着自身利益最大化和外围环境安全稳定的目标因势利导而展开的。

郑庄公之所以能够在春秋初期成为第一个小霸，他的远交近攻战略起了首要作用。这是后世秦国吞灭六国统一天下的指导战略，而郑庄公已经开始采取这一手段谋求自身的国家利益了。

不过这个战略明显不应该在家族兄弟之间使用，倒是非常适合于职场博弈。这说明了什么？西周时代各诸侯国之间共拥天子的协作关系已经转变成了分崩离析的竞争关系了。

如果结合地缘形势来对郑国的对外战略作一番解读，我们会对郑庄公的战略思维有更加清晰的认识。

前面我们分析过郑国的地理位置，西邻洛邑，北濒黄河。所以郑国要想做大做强，它的主要活动空间和发展方向在东方和南方。

郑国的东方是中原的核心地带，再往东则是富庶的山东丘陵，这一区域耕作发达，强国林立，因此是郑国称霸的中心舞台。

而郑国的南方则是汝水和颍水等淮河支流，相比东方地区更加靠近黄河，此地距离淮河更近，属于淮河流域。加之西端有秦岭余脉耸立，因此这一地区相对东方而言国小力弱，正是适合郑国扩张的目标区域。

所以郑国的对外战略正是由此而展开的，郑国或吞并或控制或制服的戴国、许国、息国等都位于这一地区。此地是郑国眼中的门庭后院，其中没有一个国家有实力与之相抗衡，因此郑庄公采取了最直接的方式：用武力将之纳入其有效控制的范围以增强实力，消除后患。

相比南方，富足强盛的东方就不那么容易搞定了。面对鲁、宋、卫、齐四大强国以及陈、蔡这样与自己实力差距不大的国家，如果还是采取简单粗暴的武力途径来争霸于此，无疑是自寻死路。

于是郑庄公对东方诸国实行了两套截然不同的外交策略，而这两套策略的实行对象和方式也在地缘形势上一目了然。

在郑国东面这六个主要的国家中，与其邻近的，由北至南分别是卫国、宋国、陈国和蔡国。这四国最初无一不对郑国充满敌意，并形成了弧形的包围圈。对这四国郑国采用的是打击加遏制的战略，最终通过武力威胁、儿女联姻和扶立代理人即位等方式陆陆续续收服了这四国，形成了亲郑同盟。

而助力郑国挟制这四国的正是远方分布在山东丘陵东西的齐、鲁两国，而对这不相邻的两国，郑庄公始终是以最大的诚意进行积极的拉拢，形成密切的战略同盟关系。

郑国在东方经营的亲郑联盟和战略同盟的排布格局非常有趣。亲郑联盟在东边绕郑国南北展开，形如一张欲吞下郑国的大嘴。而战略同盟齐、鲁两国在远方东西向排列，正与亲郑联盟形成近九十度的夹角，好像一支箭在背后射中的这张大嘴，让这张原本反郑的血盆大嘴变成了亲郑的巨型盾牌。

门庭后院、亲郑联盟、战略同盟共同构成了郑国驰骋中原的三驾马车。门庭后院是郑国称霸实力的保障，亲郑联盟是它的主要势力范围，而战略同盟则是维持这一势力范围的外援助力。

这样的三驾马车是绝大多数区域大国和世界大国争霸的标准装备。门庭后院是它们攫取利益的主要场所，亲近联盟是稳固周边强国的政治工具，战略同盟则是保障自己霸权优势的武装利器。这三者分别对应的是经济汲取、政治羁縻和军事助力三项目的，所以在这三驾马车中，每一驾的班组成员之间很少或尽量没有交集。

我们不妨拿现实的例子作一个比较，对于美国而言，门庭后院是拉丁美洲，亲近联盟是加拿大（北美联合防御体系），战略同盟是北大西洋公约组织；而对于俄罗斯，门庭后院是独联体各国，亲近同盟是东欧各国，战略同盟是印度；而中国呢？门庭后院是东盟？亲近联盟是东亚共同体？战略同盟是上海合作组织？这个便不好说了。

郑庄公在两千多年前便实践了当代地缘政治的基本规则，从各方面来看，他都是一位当之无愧的战略大师。正是因为有了他，当年的中原大地才会如此精彩纷呈。

不是说山高皇帝远，越远越难管吗，为何现在的周朝却是天子眼皮底下最热闹呢？当统治者强有力的时候，确实是这样的。但是当统治者变得外强中干的时候，在他身边的人们更能看清实质。而且离统治者越近，身边的政治资源和经济资源往往越丰富，斗争通常也越激烈。

面对如此不可一世的郑庄公，周桓王最终不得不赌上王室的荣耀与郑国一战，也难怪周桓王最后折戟沉沙，天子的光环消退殆尽了。

郑庄公的远交近攻战略将由周王室东迁造成的国家震荡，逐步由中原腹地扩散到了周朝的其他角落，引起了整个天下的共振，也把他的声威向四方远扬。

辞婚引出的问题

一国对另一国外交战略的调整不仅是这两国间敌友形势的转变，而且还会影响到一国整体的外交战略的定位和走向。战术上的微调也许就是战略上转折的前奏。

败退北戎

郑国依靠它的远交近攻战略小霸一时，其中它最依赖的是它的铁杆盟友齐国。

公元前706年，齐、郑、鲁三国在稷地会盟扶立宋庄公。齐僖公回国后不久，接报得知北戎大举入侵齐国北部边境，齐僖公一方面紧急前去救援，一方面派人去向郑国、鲁国和卫国求援。

北戎是散居在河北北部和山西北部部落的统称，在西周时期也屡屡骚扰齐国、卫国和邢国等北方边境的诸侯国。但是当时遇到外敌入侵，周天子还会召集诸侯联军共同讨伐，所以这些夷狄之国并不敢动作太大，只求占点便宜，抢些东西便逃，使天子不至于对这些小打小闹兴师动众前来征讨。

但是现在情况不一样了，原本由中央联军承担的边境安防压力落到了各个地处边疆的封国头上。北戎不用再担心会被周天子率联军前来征讨了，也就敢对齐国大打出手了。

霸主并不是那么容易就当得起的，权利和义务是对等的，齐国有难郑国必要来帮忙，这既是铁杆盟友所应尽的义务，更是中原霸主展现其威望和实力的机会。郑庄公带着世子忽和大将高渠弥赶忙前去齐国助战。

齐国，姜姓，吕氏，侯爵，位于今山东省北部地区，国都临淄（今山东省淄博市）。远方的郑国已经赶到，而更近的鲁、卫两国却迟迟未来。在这里，地缘的因素又一次发挥了重要作用。虽和齐国相隔泰山和沂蒙山而望但鲁国虽然此时同是郑国的盟国，这样紧邻的两个侯爵大国相互之间的明争暗斗是少不了的，双方都想在山东丘陵独霸一方。所以鲁国恐怕是有意姗姗来迟的。

至于卫国，同样受到北方蛮族威胁的它似乎并不想掺和齐国的救援行动，以免引火烧身，还不如让齐国独自承受北戎之患呢。

想明白这层道理，加上北戎这次入侵来势汹汹，战况紧急，郑国世子忽一到齐国便与齐僖公商量对策，着手应战。

郑忽根据戎兵多以骑兵为主，前进速度和后撤速度都比较快的特点，决定采取败兵诱敌深入配合前后伏兵堵截的战术，让戎兵的优势无法发挥，以包饺子的方式歼灭对方，以期北戎长时间内不敢再来进犯齐国。

看得出来，郑忽的战术和其父的套路如出一辙。齐僖公对郑忽的战术表示同意，于是按照既定战术布置，让郑国大军在北边北戎退路上埋伏，而齐国军队一分为二，一支在北戎的进兵路线上伏兵，另一支则作为诱敌之兵，与戎兵交战后诈败，将之引到预设的埋伏圈内。

战事进展非常顺利，一切按照郑忽的计划展开，北戎被前后夹击，主帅被斩，死伤被俘无数，齐郑联军大胜。

小霸郑庄公此役算是为中原诸夏的共同利益作出了贡献。他不仅对列国每战必胜，抗击外族也是一把好手。

郑忽辞婚

得胜归来的齐僖公大摆筵宴招待郑国君臣，尤其再三嘉奖世子郑忽，称赞他少年英雄，智勇兼备。

齐僖公一直都非常喜欢郑世子郑忽，早在多年前周桓王把郑庄公赶回封地的时候就准备把自己的女儿文姜许配给他。但说那文姜，美貌绝伦，且文采出众，是个不可多得的绝色美女。有这样的女儿，郑国又是自己的铁杆盟国，何况自己又是大国公主屈尊下嫁，齐僖公自觉这桩美事必成。

但是出乎齐僖公的意料，他的第一次请婚却吃到了闭门羹。齐国毕竟是大国，郑国可不敢高攀。这是当时郑忽给出的理由。郑庄公本想促成这桩可以加固齐、郑关系的婚姻。但是郑忽却表示要靠自己的实力来增强郑国的实力，不愿意依靠婚姻吃软饭。郑庄公也便没有勉强郑忽。

齐僖公当时考虑到女儿还年幼，并没有放弃联姻的企望。这一次正好犒赏郑忽和郑国众臣，但怕郑忽万一又推辞，自己下不来台，就让自己的弟弟，大夫夷仲年去向高渠弥提起此事。

高渠弥是郑庄公幼子郑亹的死党，原本就不是郑忽的嫡系势力。当年公子吕去世，郑庄公想提高渠弥为正卿，就被郑忽劝止，郑庄公于是换上了祭足当正卿，高渠弥只能屈居亚卿。

高渠弥想找个机会好好亲近一下郑忽，希望等将来郑忽即位后自己能够混得更好些。于是满心欢喜想帮助郑忽成了这桩皆大欢喜的美事。

但是，郑忽又一次拒绝了，任凭高渠弥再三撺掇，郑忽只是一再推辞：如果娶了文姜，天下都以为郑国是邀功求赏，岂不遭人耻笑？

郑忽的理由真是令人哭笑不得。对方是大国，屈尊主动请婚，公主又是绝色，照理说没有理由辞婚。而世子忽却一连两次辞却齐僖公的美意，搞得齐僖公非常不悦。连高渠弥和祭足都劝他成婚，尤其祭足的理由更充分：有了齐国这个靠山，世子忽就不用再担心几个弟弟们的潜在威胁了。

但是世子忽偏偏听不进，他的理由很明确：对方是大国，我们并不门当户对。

大国请婚，很多诸侯国都巴不得，为何世子忽还偏偏用此作为辞婚的理由？

政治联姻

如果循着郑忽反复强调的这条理由，我们也许可以猜到郑忽的顾虑，或许郑忽没有忘记他的爷爷和姑姑。

正因为齐国是大国，世子忽认为齐国的势力一旦由于婚姻而介入郑国，郑国必然难以安宁。至于祭足的劝婚的理由，他似乎很自信，并不将他的几个弟弟视作威胁。毕竟作为长子，又是屡立战功、声威显赫的世子，他认为自己足够摆得平他们。当年父亲环境那么恶劣，还不是搞定了叔叔，虎父焉有犬子乎？

在这一点上，世子忽似乎并不具备他父亲的战略眼光。齐国虽然是实力强大的大国，但是和郑国之间相距甚远，双方共同利益远大于矛盾；况且即使齐国一定程度上介入干预，也不会对郑国造成严重的实质性伤害。为了这么一个并不成立的担忧而失去齐国这个强援，郑忽可是亏大了，他也将为此付出惨重的代价。

郑忽不仅在这一点上想错了，他还遗漏了另一点：他会以辞婚防止他国势力介入郑国，而他的弟弟们却会利用他国的力量来捣乱，一起分赃，反正这蛋糕本就不属于自己。

齐国这边，齐僖公满怀诚意的请婚再度遭拒，这令他怒不可遏。郑忽实在是太不识抬举了！有这样的女儿，谁家不能嫁！

当年在稷地的会盟中，鲁桓公就向齐僖公二度提婚了，当时齐僖公为了再争取一下郑忽，拒绝了鲁桓公。一个世子两度求而不得，一个国君两度求之而不得，可见郑国在齐僖公心中的分量。

但是现在齐僖公也没有更多顾虑了，把文姜许配给了鲁桓公。或许是为了安慰一下后来命运惨淡的郑忽，文姜给鲁国带来了十足的大麻烦，当然这是后话了。

而这门婚事也没让齐僖公省事，他不顾周礼，亲自将女儿送到了鲁国。要知道，除非周王室公主下嫁诸侯，才可能由另一国的主婚诸侯护送公主到下嫁之国。除此之外，诸侯因为嫁女而送入他国国境的，一律视为非礼之举。

这里顺带提一下周朝的诸侯结姻。周朝的宗法制度为了使诸侯保持团结和维护天下秩序，姬姓诸侯通常和异姓诸侯的女儿通婚。而异姓诸侯除了可以和姬姓诸侯之女通婚外，还可以娶周王室公主，只要周天子看得上你。

一个堂堂大国诸侯，居然会为此犯忌，一则此举表现了齐僖公对爱女文姜的疼爱程度，真可称得上是掌上明珠一般，由此也间接说明了郑国在齐僖公心中的分量；二则这也反映了齐僖公对于齐、鲁关系的重视程度。

齐、鲁两大国一衣带水，但是却貌合神离，时常暗中较劲。齐僖公亲自送爱女到鲁国，表达的是对女儿前途的不放心。但是为了齐国的前途，他如此忍痛割爱却是值得的，这门婚事对于齐国而言是一根很好的“松紧带”，可以将鲁国不软不硬地兜住。

战略收缩

郑忽错失了一桩看似稳赚不赔的婚事，郑忽身边的重要人物几乎都对他这次辞婚提出了反对意见。但是唯独郑庄公这一次却依旧没有劝郑忽从婚，反而再次肯定了他这种不肯吃软饭的硬汉态度。

就算郑忽的眼光太浅薄而糊涂辞婚，为何清楚前因后果的郑庄公却也对他表示了默认呢？按照郑庄公理智而又冷酷的个性，他理当力劝郑忽答应齐僖公的请婚，兴许郑庄公真是尊重儿子的选择呢？为了国家他连弟弟都能杀，母亲都能放逐，儿子的选择又能算什么呢？

难道是因为他老糊涂了？郑庄公是老了，但是他并不糊涂。

所以郑忽的一再辞婚，很可能就是郑庄公授意的，即便不是如此，也是父子所见略同。

如果是这样的话，问题就来了，极力同齐国构建深厚国际友谊的郑庄公，在如此重要的对齐邦交事务上居然拒绝了齐国的主动请求，他究竟是出于何种考虑？

既然放弃，就必有选择，我们且先看看郑忽以与齐国的联姻为机会成本，换来的是哪门子亲事。

在祭足的牵线搭桥之下，郑忽娶了和他“门当户对”的陈国宗女。陈国乃侯爵之国，国君妫姓，是舜帝的后裔，属于东夷系统，位于郑国东南，实力上稍逊于郑国。

之前因为有着郑国这个共同威胁，陈国和相邻的蔡国关系紧密。同卫国方面，卫国现任国君卫宣公就是陈国帮助其除掉了州吁后上台的，因此陈、卫关系相当不错。由此，这门婚事在加固了郑、陈盟好的同时，等于是帮郑国同时争取了卫国和蔡国，使郑庄公终于完成了对当年反郑联盟五国的整体收编，也算是一个不小的胜利。

如此，郑、陈联盟能够拉拢卫、蔡两国可成鼎足之势。但是这个联盟在实力和传统友谊上都远不如郑、齐联盟，郑忽可以依赖的资本很有限。

作为一名战略大师，郑庄公不会参不透其中的奥妙，也不会看不清两者的利弊。

那么郑、陈联盟和郑、齐联盟对于郑国而言究竟有着怎样的不同，又分别如何衡量其利弊呢？

我们对照一下前面所述的三驾马车的类比，就会发现郑、陈联盟和郑、齐联盟对应的分别是周边的政治稳定和远方的军事支持。换句话说，前者走的是收缩巩固路线，后者走的是扩张称霸路线。

通过持续的远交近攻，郑庄公将郑国的国家潜力发挥到了极致。但是郑国有多少分量他不会不清楚，长期的对外战争已经快要透支郑国国力了，而且也引起了周边国家和周王室的敌意。所以远交近攻战略虽然收益颇丰，但却是不可持续的，消耗郑国国力的同时也在蚕食郑国的政治资本。

所以郑国此时必须要做一番战略调整了。针对远交近攻战略所产生的两个弊端，郑庄公首先需要停止进一步的扩张和渗透，改为巩固已经取得的战略成果；随后郑国应该积极修复和周边国家的关系，以强者的姿态进行安抚，让那些仍然心怀敌意的邻国不得不接受盟好。

地处天下中心的郑国，是标准的四战之地，要在乱世中安然生存，就不得不巩固外围的战略缓冲区。郑国的这次结盟就是以此为指导目标的。西边郑国扼守虎牢关，防备周天子的发难；南方让半殖民的许国帮自己挡子弹；东方则是通过新拉拢的陈国和蔡国阻隔宋国的锋芒；北面，交好黄河以北的劲敌卫国。

再看陈、蔡、卫三国所处的地理位置，就能更好地理解郑国的战略重心了。郑国最主要防备和压制的是宋国，而所联姻的陈国就位于两国之间，是主要的缓冲区。所以郑、宋关系如何，陈国在其中起到了关键性作用，结好陈国是郑国经营的重点；反观蔡、卫两国，位于郑、宋两国的南北，在两国的争斗中起到了侧应的角色，虽然也很重要，但却是次于陈国所起到的作用的，因此在郑国的对外关系中，蔡、卫两国也是从属于陈国的间接盟友而已。

通过这样既对抗又合作的抱团式经营，郑国才有可能在后郑庄公时代有机会保住既得的有利格局。

一次看似简单的婚姻选择，其背后所隐藏的其实是一个国家战略走向的三岔路口。

郑忽之局

郑忽的婚姻充满了政治色彩，他的父亲郑庄公同样如此。郑忽的弟弟郑突，是郑庄公和宋国豪族雍氏之女所生。雍氏是宋庄公的亲信宗族，郑庄公的这次婚姻是他和当年继位后的宋庄公结盟的一个重要的基础。

既然哥哥可以通过婚姻争取到陈、蔡、卫三国，那么郑突通过自己母族的关系，更应该能拉拢宋国这个强邻作为靠山了。

内政和外交是一国最重要的两条线路轨迹。对于国君而言，同国内臣下的关系和同其他诸侯的关系一样重要。郑忽的婚姻选择不仅改变了郑国对邻国的态度，也同样影响到了他和臣下的关系。

原本想借机向郑忽表现一下的高渠弥被郑忽拒于千里之外，加之高渠弥又因和郑忽的幼弟郑亹来往甚密而屡遭其排挤，使得高渠弥决心和郑忽彻底决裂，一心扶助郑亹；而一直支持郑忽的祭足也对郑忽所选择的婚姻并不看好，对其当政的前景缺乏信心。

郑忽的婚姻选择使得自己所处的环境潜移默化地发生了巨大的改变。对外他失去了远方的强援齐国，却和邻近的陈、蔡等国形成了松散的联盟；对内他失信于大将高渠弥，使高渠弥死心塌地地跟着弟弟郑亹干，让祭足对自己信心不足。这些改变在日后都对他的命运和郑国的前途产生了重大的影响。对此他在当初作出选择时是始料未及的，甚至在他作出选择后也很难预估。因为这一切都只源于一次婚姻的选择而已，在这样一个秩序重组的年代，本来就没有什么事是能够确定的。

在家国一体的时代，私事即是公事，家事即是国事。国君任何一方面的活动都会影响到国家命运和国际动向，之后的事实会慢慢印证这一点。

一代枭雄，影响几何

任何一位乱世枭雄，他的离去总会对时局产生或多或少的影响，对其所在的政治单元来说尤甚。从其身前的功业中，我们也能窥见些其身后的改变。

郑庄遗虑

公元前701年，五十六岁的郑庄公召集齐、卫、宋在恶曹(今河南延津西南)会盟，标志着其霸业达到了顶峰。

郑庄公之所以敢冒天下之大不韪，如此明目张胆地会盟诸侯，那是因为他知道自己的时间不多了。同年，老迈的郑庄公病重卧床，气息微弱。

到了该交代后事的时候了，但是郑庄公并没有召集群臣，也没有叫任何一个儿子，只是唤来了祭足。

郑庄公对祭足说，自己的十一个儿子中，除了世子忽，郑突、郑亹、郑仪都是有君主之相的人。其中又以郑突才能最为出众，最为接近自己，有意想传位给他，想听听祭足的意见。

郑庄公在对郑忽的婚事上的授意，与此或多或少地存在一些关系。他可能并不看好郑忽继位，当然也不希望他太强有力，因为郑庄公最喜欢的是最像他的，外部资源最丰富的郑突。

难怪郑庄公只叫来了祭足一个人。

郑忽是嫡长子，当然的第一继承人，又早早被立为世子，且屡立战功，为了国家政治的稳定考虑，祭足当然不会同意郑庄公的意见。还有很重要的一点是：祭足一向和郑忽关系密切，他今天的位置还是郑忽帮他搞定的。

郑庄公一声慨叹，他知道郑突野心勃勃，留在国内的话可能和当年太叔段如出一辙。出于无奈，郑庄公只能让人把郑突送到母国宋国，免得留在国内兴风作浪。

郑庄公对于自己的继承人的选择是左右为难的，他一直培养世子郑忽，但是又留了一手，因为他认为郑突更适合。其实这正是当前这个时代的困惑，立嫡还是立贤，这是个问题。合法的不一定合适，合适的不一定合法。

按照周礼规定，当然是立嫡，这是适应西周形势的规定，因为西周时代能够保证这一制度不出问题。国内出现叛乱了国君可以请求天子派人来援助；和他国闹矛盾了也能去天子那里进行国际仲裁。君主的能力并不重要。但是现在这些重任都压到了国君的肩膀上，老国君当然希望挑选最贤能的儿子继位。

郑庄公知道郑国是处于四战之地的夹缝国家，没有一位强悍奸猾的国君坐镇，这个国家很容易为他国所入侵和控制。鉴于这些原因，务实的郑庄公非常希望传位给各方面跟自己最相近的郑突。

但是如果考虑到了外部威胁而改立郑突，那么等于破坏了礼纲，这很可能对郑国的内政产生长期的影响。礼纲虽然虚幻，却是天下秩序的重要依托，任何时代的崩溃都是伴随着纲纪的垮塌而来的。

另一个更实际的问题是，换一个人接班，依附于这些公子的大夫班组和内外联姻也要一同变动，形成新的公子党和公子联盟。要被替换的大夫和外戚势力当然也不会束手待毙，激烈的权力斗争在所难免，郑国很可能陷入内部动荡。远的不说，和陈国形成的联盟以及与蔡、卫的关系就将不保，郑国的整个战略布局将被打破。

这就是郑庄公的矛盾，换，内忧；不换，外患。

郑国隐患

不久后，一代枭雄郑庄公便带着矛盾和不安去世了，伴随他一起走的还有郑国的辉煌。

郑庄公的担忧是不可避免的，他的几个儿子们、手下的一拨骄兵悍将、四周虎视眈眈的邻居们，这一切在他看来都不是郑忽和他的朝臣班子所能轻易摆平的。

毕竟留给郑忽的是一个强大的国家，看看现在那些父亲们，即使是把一个小型家族企业交给自己的孩子们都无比紧张，郑庄公再怎么忧虑也不过分。

郑庄公对郑忽担心，并不是认为他能力差，而是郑国先天条件一般，要想在这个险恶的时代纵横捭阖非得有超凡的能力才行。

郑国位居周朝天下的中央，四面强敌环伺，需要依靠过人的外交手腕团结可能的盟友，分化潜在的对手，但是这并不是嘴上说得那么简单，因为这些诸侯国之间本身就有着复杂的关系，更何况极少有国君能够看清楚自己的敌人和朋友。

即使有完美的外交，也不能保证郑国的安全，必要的时候还必须有足够的武力来解决问题。但是春秋时期的军队和现在并不相同，国君虽然是封国军队的最高司令，但是在郑国这样一个公族势力强大的国家，他自己直接掌握的军队通常非常有限。

春秋时代的军队都是贵族们封邑内族人所组成的私人武装拼合而成的，大夫在自己的封邑中组织武装力量，国君集合众卿大夫的武装，加上部分自己所辖土地内族人和民众所组成的直属部队合并为国家军队，天子又召集各诸侯国的军队加上自己王畿之地内的御林军组成中央联军。所以国君的军事力量大多来自手下的大夫，如果没有足够的能力和威望统领和控制众臣，国君的对内统治将堪忧，而内部的统治不力又会直接导致国家对外行动的被动。

郑国的军队在一次次的战争历练中培养出了一批悍将，如公孙阏、祝聃、公子元等。公孙阏在郑庄公时就暗箭射杀郑庄公的红人颍考叔，虽然现在他已经死了，但是这件事情暴露出了郑国大夫之间的内部矛盾；射伤周桓王肩膀的祝聃既然胆敢箭射天子，这样的悍将不是一般国君能够拿捏得住的，幸好他现在也过世了；在对周作战中表现出色的公子元被郑庄公分封在了郑国大邑栎城，几乎就像一个独立的封国一般。这样一群和郑庄公一路打拼出来的骄兵悍将，还有他们之间复杂而激烈的派系斗争，没有了郑庄公强大的表率和统领，后生郑忽怎么能轻易控制得了？

其中最危险的就是高渠弥，论能力、论军功、论狠毒他都是这些将领中最突出的，而且他已经对郑忽失去了信任，从而倒向了他的弟弟郑亹。他的另外两个弟弟郑突和郑仪也都非等闲之辈，早年一直在和弟弟斗争的郑庄公对此是很有心得的。这恰恰是郑忽上台后第一个槛，不能过这一关，其他的那些问题他根本连遇到的资格都没有。

郑庄之业

从这里我们看到要治理好这样一个郑国是多么的艰难，郑庄公的担忧恰恰从反面突出了他的杰出才能。

这个春秋时代人称小霸的枭雄，早年凭借自己缜密的心思和过人的智谋解决了造反的弟弟，为郑国的图强奠定了内部稳定的基础。接着又凭借实力迫使周平王与之合作，从此成为诸侯们关注的焦点。然后软硬兼施地对其他诸侯国进行一步步的打击拉拢，为身处四险之地的郑国创造了稳定的外部环境。他在一系列的战争过程中将自己手下的军队打造成一支劲旅，内可战列国，外可抗戎狄，并在人生的巅峰之战中击败了周桓王，终结了礼乐征伐出于天子的时代，也达到了自己人生的顶点。

后世常将郑庄公与之后的春秋五霸相比，甚至有人认为郑庄公应该被算作春秋时期的第一个霸主。

诚然郑庄公身上有着霸主的影子，但是他和之后的五霸并不一样。春秋五霸是在部分吸收和改进了他的很多做法的基础上，采取更多迎合时代需要的政策和措施后逐渐建立霸业的。郑庄公和他们的差别主要体现在以下几个方面。

第一，春秋五霸都或多或少地进行了自上而下的政治改革、经济改革和军事改革。争霸是以实力为基础的，在此之前不下一番功夫苦练内功是不行的。必须根据时代有针对性地进行各方面的改革和制度化建设，才能确保在列国争雄中占据主动。

郑庄公只是依靠着先期的政治资本及之后自己的军事和外交谋略才能使郑国独领风骚的，但是这种建立在外部保障和个人能力上的强盛是无法像制度化的改革一样持续发挥作用的，郑国的强大只能是昙花一现。

第二，春秋五霸都形成了长期的联盟和庞大的势力范围。这些霸主们都团结和控制了自己身边多个国家，具有统一的盟约和行动纲领，并且定期会盟，具有强大的战斗力和政治影响。

而郑庄公不过是打压了周边的几个反对郑国的主要国家，拉拢了齐、鲁两个主要的盟国而已，这不过一种建立在利益和冲突基础上的临时联盟，不仅影响有限，而且在郑庄公去世后随即土崩瓦解。

第三，春秋五霸主观上或客观上都是王道的维护者。春秋五霸所建立的联盟中的各成员国相互之间形成了攻守同盟，起到维护区域安全和稳定作用的，五霸都是联盟中各国内外问题的协调人和仲裁者，他们在一定程度上替代和拓展了天子的作用，成为时代转型的过渡性角色。联盟的军事行动虽然连年不断，但是一定程度上起到了以杀伐止杀伐的作用。

这一点是郑庄公和春秋五霸最重要的一点区别，郑庄公的外交只是自身安全的保障；他的战争都是为了自身安全和利益而发动的；他的影响范围也小于之后的春秋五霸。最重要的是，郑庄公是王道的破坏者，而非维护者。他破坏了旧有的秩序，却没能建立起长期的新的秩序。郑国的小霸之业虽然精彩，但却是不可复制和不可持续的。

或许这样一个比方能很好说明问题：周朝的家长年迈体弱，郑国是他所倚重的孩子，所以让这个孩子帮他一起管理这个大家族。起先这忙帮得还算凑合，但是帮着帮着大有爬到家长头上的架势。终于有一天这位家长觉得自己屈尊求助孩子有失家长的尊严，所以也就把他丢到一边了。

郑国看出了家长现在已经无力管束他了，索性和他闹了几回，不但没受到什么惩罚，反而还挺出风头。虽然后来有几个和郑国关系不好的孩子想讨好家长，联合起来群殴他，但是几乎都被他叫上齐、鲁两个大个子兄弟一起给打服了，如果有机会还对这些不服帖的兄弟们洗个脑。渐渐地其他孩子也都不听家长话了，反而都和这个孩子王站在一起。这个家就这样彻底被闹翻了。

郑国严重地破坏了旧有的秩序，使原本就一蹶不振的周王室雪上加霜。随着郑庄公的小霸之业的落幕，原本由郑国形成的那点秩序也宣告崩塌，周朝彻底失去了维系各国的内外力量，进入了天下大乱的时代。各国都或多或少地借鉴了郑庄公的模式企图独霸一方，但是这样的群雄争霸的局面却将使各国纷纷陷入混乱的泥沼，而首当其冲的，就是郑国这个始作俑者。

第三章 乱象纷纭

郑国示范了如何称雄于中原，各路诸侯随之跃跃欲试，纷纷希望能够逐鹿中原。但是在一个礼坏乐崩的时代，内部的骚动加上外部的争斗，让整个天下乱象纷纭。

宋国的野心

颠覆敌国的政权几乎是所有国家的主要目标之一，如何根据实力、筹码、形势、时机制定出成本最低、预期效益最高的颠覆策略是实现这一目标前必做的功课。

陈蔡弑乱

公元前701年，一代枭雄郑庄公驾鹤西去。世子郑忽即位，是为郑昭公。

郑昭公要走的路不会平坦。他所倚重的盟友是陈、蔡等邻国，选择的国家战略是和这些邻国抱团，以保持郑庄公为其留下的霸业。

守业从来不是容易做的。郑昭公要想实现这个目标，除却其本身的能力外，陈、蔡两国之间的关系也是重要的影响因素之一。

不过在这样一个天下始乱之际，国与国之间的关系是错综复杂、朝夕变化的。而外交和内政又是相辅相成的，外部结构的改变往往是由内部环境的变动而引发的。

在郑昭公上台之前，他的大舅子陈国国君公子佗杀兄篡位，引来了蔡国的嫉恨。

人家在自己陈国篡位，怎么会惹到蔡国呢？原来陈佗上面还有一个庶兄，是蔡侯和蔡国公族大将蔡季姐姐的儿子。如果能够除掉弑君的陈佗，那蔡侯的外甥便能荣登陈国国君的宝座，这对蔡国是一个很大的政治诱惑。

当年陈、蔡一起随天子伐郑的归途中，素来不服陈佗的陈国大夫伯爰诸告诉了蔡季陈佗在国内摇摇欲坠的统治，以此试探蔡国的态度。蔡季也心领神会，顺水推舟地提出了里应外合除掉陈佗的计划。

两人一拍即合，利用陈佗狩猎的爱好，由伯爰诸将陈佗诓到陈、蔡边境狩猎。早已接应到位的蔡季率一支军队在边境设伏杀了陈佗。蔡季的外甥公子跃继位，是为陈厉公。

先且不说陈佗贸然势单力孤地冲到和他有嫌隙的蔡国边境去打猎。当然，古代狩猎通常是军事演习的主要手段，政权不稳的陈佗此举或许是在演练军队和向对自己充满敌意的蔡国施压。实力一般的蔡国居然敢进入他国境内直接杀害对方国君，这又开了春秋时期一个混乱的先例。

这样的闹剧追根究底，还是因为王室的衰落。周天子的式微是自下而上产生的，其瓦解效应却是自上而下呈现的。郑国祝聃敢于箭射天子，诸侯爬到了天子头上；公子翚、华督不惧弑君恶名另立新君，大夫跟诸侯也变得没大没小。宗法分封制下，原本这种纵向支撑社会结构的上下尊卑的严格等级秩序被冲破了。

原有的主导因素没落了，新的关系就会代之而起。既然纵向的结构减弱了，那么横向的作用就会凸显出来，各国与盟国之间的关系变得越来越举足轻重，作用显得越来越至关重要。

这一纵横关系的转换是有着血缘基础的。随着一代代的婚姻繁衍，纵向的直系等级关系逐渐被稀释，而横向的旁系宗族关系却在不断增强。

各国之间的关系有天然的盟友关系，比如郑庄公时代齐、鲁和郑国的关系，彼此之间有着共同的地缘利益；各国间也有人为的盟友关系，主要由联姻产生。

蔡国之所以主动介入陈国的弑君活动，就是由于公子跃的母亲是蔡侯的姐姐，扶立陈跃上台就和陈国成为了舅甥关系，陈国可以更好地对蔡国俯首帖耳。

但是陈国不止蔡国这一个亲家，郑国和陈国也有着姻缘关系。

郑昭公外交的盟国基石松动了，很快，同样的麻烦也找到了他。

祭足受胁

郑昭公登基后不久便派使臣出使各国。权力的交接通常会导致国家基本战略的部分调整，由此也会影响与各国之间的关系，所以需要派使者出访进行适当的沟通和协调。这一点和现在如出一辙。

宋国作为郑国最棘手也最重要的邻国，郑昭公自然派出了最重量级的卿士祭足出使。祭足此行还有一个目的就是窥探郑突在宋国的状态。

祭足来到宋朝朝堂，才见到太宰华督和宋庄公，却不想被宋大将南宫长万带领的武士给拘押了起来。

劫持使臣，两国交战这尚且是禁忌，更何况现在郑、宋之间关系还算不错，此举显然预示着重大变故的发生。

宋国要直接玩大的了，因为它手中就有这么一个重量级的筹码：郑突。

郑庄公之所以把本就麻烦的郑突送到如此棘手的宋国，并不是想给郑突一次造反当国君的机会。他虽然偏爱这个儿子，但也不会拿国家命运开玩笑。只是因为郑突的母亲雍氏是宋国豪族，雍氏一族在宋国朝政中具有举足轻重的地位，郑庄公想借着郑突舅舅这边的关系让他太太平平地在宋国当个贵族大夫。

但是这终究不是个甘居人下的主，郑突向宋庄公要求帮助他造反得国。两人过去就熟识，郑突母族的关系更让宋庄公坚定了要助郑突谋反一臂之力的决心。

各国之间这种由联姻造成的盟好是从国君的私人关系出发，进而影响到国家的。其中不可避免带有很多国君的私人情感因素。所以由此产生的结盟关系往往并不成熟，不一定和国家的长期利益合拍，这是家天下时代的特点之一。

但是为了政治利益，各国内部父子兄弟都能骨肉相残，这种外部联姻的作用通常都比较有限。

当年郑庄公扶立了宋庄公，如今宋庄公要帮着郑庄公最喜欢的儿子去废掉他的合法继承人，这究竟是报怨还是报德？发生变革的时代似乎总是出现这种德行的脱节。

在政治上，个人情感都是微不足道的，尤其是对方的恩情，只有利益才是第一位的。宋庄公知道，郑国和宋国终究是相互算计、彼此打击的。除此之外，让他最终下定决心帮助郑突造反的是郑突开出的酬劳价码：三座城池、上百珠宝，外加每年三万钟谷物。这点东西是多少小诸侯国顶上一家一档都拿不出的啊，如果得到这些资源，对宋国国力是一个极大的加强，对郑国却是一次显著的削弱，一进一出，宋国将具有能够争霸中原的实力，这是让宋庄公难以抗拒的。

郑突是个精明人，不会平白无故地不顾国家利益而对他国慷慨许诺。

此时国家是他哥哥的，慷他人之慨，成我之大业，又有何妨呢？现在抠门儿，到时候宋庄公不答应帮他出兵造反，什么都捞不到，那才是真傻呢。

其实现在的情形很像当时周平王为了夺位对诸侯们进行贿赂。整个春秋时期这样利用他国的君位之争介入渔利的事件屡见不鲜。

虽然贿赂非常诱人，但是现在郑突只不过是开了一张巨额的空头支票而已。这种许诺和贿赂绝非小数目，总是有赖账风险的。天子作为天下共主表面上要做足信义的文章，而且刚上台的他也没有实力和诸侯抗争，所以当时郑、秦、晋三国和周天子的利益交割相对顺利。与此不同，诸侯与诸侯之间的平行关系注定是谁都不服谁，一旦对方赖账，宋庄公唯一的办法就是与郑突兵戎相见。

这时的天下怎么会不乱呢？在重利之下谁都无法抗拒帮助对方篡逆的诱惑，但是无论成功与否，两国最有可能的结局就是战争交恶。

虽然这样的事件在春秋时期一再上演，但是这样的烫手钱却没有一次是好拿的。但是现在的宋庄公早就被这些贿赂给打垮了。

直接依靠武力击垮对方并扶立亲本国的代理人是比较可靠的选择。不过这需要行动方相对对手具备压倒性的军事优势，比如郑国对许国。

所以当两国实力相差无几的时候，例如陈国和蔡国，那么要颠覆对方政权，通常采取里应外合的政变手段。首先在其内部约定候选代理人。同时为了更好地控制代理人，通常同时还事先约定一个具有足够牵制力和忠诚度的执政班组。最后再在外部施以军事压力，迫使其内部发生变革，由此里应外合实现政变。

这样做的步骤相对烦琐，效果当然也不如直接的武力征服。但这是根据彼此力量对比和成本收益对比后的权衡之选，这样做的好处在于难度更小，成本也更低。

宋庄公按照既定的方略行事，让郑突和祭足一起商量好内部接应的事宜，并让祭足立字据为证。这字据可不是留给宋庄公备案用的，而是预防祭足回国后反悔的。如果那样，宋庄公就可以把这字据给郑昭公看，不怕祭足到时候不就范。

在威迫之下，祭足也只好答应卖主。宋庄公自己就是权臣华督扶上台的，他也深谙篡立之道，不仅要有强大的武力保障，还得有权臣的协作。这样里应外合，不怕拿不下郑忽。

紧接着宋庄公便进一步拉拢和控制祭足，他安排了郑突的表哥雍纠娶了祭足的女儿，双方约为儿女亲家。同时和郑突谈妥了执政条件：由宋国做外部担保，郑突上台后以祭足为内外一把手，总揽内政外交大权。

祭足本不是郑突的亲信，更何况两人又是被宋国逼着合作的，还附加了主弱臣强额外条款，一旦日后事成，那郑国高层的嫌隙必将不断。这一切都是宋国所喜闻乐见的。

里应外合

祭足回国之后，一直称病不朝，直到约定共同举事的那一天。

南宫长万和郑突，领着车马六百乘兵临郑国都城新郑城下。六百乘车马是多少军队呢？春秋早期的军队都是贵族的私人武装，配以一定的国人部队，所以人数相对较少。每乘是三十人，车上三人，左边弓箭手，中间御手，右边戈手。车下步兵十二人，辎重兵十五人。到了春秋中后期，随着战争的愈演愈烈，国家力量的增强，军队国家化使平民进入军队，人数大大增加，每乘车上三人，步兵七十二人，加上二十五个辎重兵，差不多正好一百人。

如果这么算的话，那宋国此行的军队差不多有两万人，这在当时可是一个很庞大的军队数了。在地广人稀的春秋初期，能凑出两万贵族武装，基本上是倾国之军了。

祭足提前就把众卿大夫哄到家中开会了，屋子四周藏了很多武士，祭足做好了两手准备。

祭足把事情前后经过都说了一遍，想试探一下众位大夫的反应。此时高渠弥第一个跳了出来，他早就不满郑昭公了，带头表示支持郑突做国君。

如果此时高渠弥不跳出来，众大夫一致反对郑突的话，照当时祭足这种模棱两可的暧昧态度，他很可能就会和所有人一起同宋军据城一战。但是现在这已经是不可能的了，有了重臣高渠弥的表态，又慑于屋内半藏半露的武士，大家只好纷纷妥协了。说到底，祭足不够坚定，他还是在见风使舵。

祭足和大家写下了联名表章，劝郑昭公退位。祭足私下嘱咐郑昭公，让他先去卫国避难，并保证只要有机会一定帮他复位。

城外大兵压境，朝内群臣劝退，郑昭公只能含泪告别妻子，逃奔卫国。

公元前700年，郑昭公才继位不久，很多国家还不知道他呢，就这样被宋国大军给逼下了台。

郑国在当时是这么一个横行天下的强国，居然如此轻易地就被长期处于下风的宿敌宋国给换了国君，除了宋庄公这次内外协调的行动外，还有其他的原因吗？

宋国的外因很重要，但是郑国本身的内因更为关键。郑昭公的执政根基实在是太浅了，国家权力交接之际往往就是重大变故发生之时。

而郑国在权力交接时所表现出的脆弱还和郑庄公脱不了干系。越是英明神武的君主，通常他生前对国家权力的把控越强，因此他死后留下的权力真空也越大。

危机升级

这个世界越来越不太平了。难道说当时郑忽的战略选择是错误的吗？如果当时选择了和齐国结姻，那郑忽的命运将会完全不同吗？我们且继续往下看。

郑突如愿以偿地当上了郑国国君，是为郑厉公。但是郑厉公这么上位，没有任何统治基础，所有大事小事都由祭足接手，雍纠则作为郑国朝臣的二把手。到此为止郑国的这次风波算是基本平定了，国家也慢慢回到了正轨。

郑厉公的两个兄弟公子亹和公子仪知道这位兄弟不是郑昭公那般仁厚之君，早晚要对他们下手以除后患。所以不久后公子亹就逃奔蔡国，而公子仪也到陈国去避难了。这样一来，陈、蔡、卫三国再度和郑国相互敌视，郑国不得不重新选择外交战略。

不过郑国在这一点上似乎身不由己，郑厉公现在无论是内政还是外交，基本上都被宋庄公牢牢捏在手中呢。

通过此事我们可以看到当时国君的艰难处境。当天子强大时，诸侯只要对天子恭顺，与平行的其他诸侯以礼相待，对手下的大夫以臣礼相待，只要天子还能号令天下，国君是不用太担心自己的位子的。

现在天子衰微了，诸侯们看似都解放了，但是结果呢？诸侯要解放就都解放，相互之间开始倾轧攻伐。更可怕的是诸侯底下的大夫们，他们掌握的实权往往比国君更多，这两股力量结合起来，没有哪个国君能安坐君位。并且这种威胁对任何国家而言是都存在的，最终导致国际关系的颠倒和混乱，引起全局性的危机。

相比之前的两次成功谋反，无论是公子翚还是华督，其本源还是来自该国国内，国外势力只不过是在事后进行一个追认而已，要说配合的话也只能算是消极协助。

而蔡国和宋国却把谋反升级为与对方的国内反叛势力相勾结，积极采取军事行动更换他国国君的主动出击。

一国内部原因造成的谋反，无论如何大逆不道，既然能够成功，自有其内部的趋势和原因。公子翚之所以得手，他的实力和地位本就是鲁隐公安排的结果，事实上除了鲁隐公被害，其余的一切政治过渡都是按照鲁隐公的计划发生的；华督也是抓住了宋国军民对宋殇公和孔父嘉对外强硬战争路线的厌恶，不失时机地发动政变，调整国家战略路线，客观上也是迎合宋国军民的意志的。

但是蔡、宋武装干涉他国内政的行为使篡逆在对方国内失去了合理性。尤其宋国兵临城下的逼宫，这种违背他国本意的政治强奸就算既遂了，也是激化该国内部矛盾，加重政治危机，随时又有发生叛乱的可能。郑国之后的情况会一次又一次说明这个问题。

再从外部来看，会有越来越多的国家学会采取武力来更换别国的国君，使得军事上处于弱势的国家在政治上也失去独立，小国的处境会越来越战战兢兢，国君的日子也会越来越提心吊胆。小国附庸、大国兼并的时代就要到来。

不过退后一步看问题，或许能看得更清楚，也更客观。一国采取武力直接改变另一国政权，无非是使得原本只能由一国国内力量引发的政变，现在可以受到国内、国外两股力量的共同影响；之前只能通过交战和结盟才能控制他国，如今又多了一种里应外合胁迫易主的手段。

最终的影响就是，国与国的斗争更加激烈了，相互影响更广泛、更密切了，国内国际矛盾更加突出了。内政外交更为紧密地联系在一起，而各国国君要想玩好手中的牌，必须要内外兼修，否则很有可能被淘汰出局。这些既会加剧天下的动荡，又能促进时代的进步。

通过这些动荡，各国能够更好地看清这个时代，发现潜在的问题，加强自身的力量。虽然这个过程中会有很多国家付出沉重的代价，但是历史的进步总是需要有人来埋单的。

不过各国要想完成这个过程还有很多路要走，很多弯要绕。在此之前，天下还要乱很久，一切才刚刚开始。

七国混战的乱局

国与国之间的利害都是以基于地缘格局为基础的盟约关系所绑定的。任意两国间的争斗都会由利害的链条向外传导出去，形成连锁反应，并进而引发更大规模的冲突，直至形成新的局部战略平衡。

宋庄催债

郑厉公借宋国之力成功上位，可惜他没当几天国君，宋庄公就来要债了。

当初为了哄他出兵，郑厉公狮子大开口，现在这些东西都是自己的了，怎么能兑现这么多。况且自己刚刚上台，就要割让三座城池，他要是这么干在国内也别想混了。郑厉公只把许诺的珠宝打了个折扣送去，城池、谷物都没给。

郑厉公是明白人，珠宝、粮食、城池三者中，他将战略价值最低的珠宝送了去，而事关战争潜力和综合国力的粮食和城池他却紧握在手。

宋庄公也一样是明白人，看到郑厉公送来的这些打发他的东西，立马派人再去催债，态度也更强硬了，毕竟他就是为了这些东西才帮助郑厉公上台的。

郑厉公这边无奈，眼下和陈、蔡、卫三国关系不佳的他是断不敢再去得罪扶立自己上台的宋国的。迫不得已，他只好再向宋国送去不少粮食，以缓和宋国这边的压力。

郑厉公知道这样不是个办法，就请求足智多谋的祭足设法处理危机。

还是祭足老谋深算，当年郑庄公在稷地把宋庄公扶稳，宋庄公还欠郑国一个人情。虽然眼下郑厉公不能向他提这事，但是当时让齐、鲁一起会盟的目的，不正是预备着这种情况的吗？现在该是让齐、鲁两国出面去求情的时候了。

齐、鲁之异

郑国使者先到齐国，将郑国的国君更替事件告知了齐僖公。齐僖公的态度很有趣：郑突本就不是合法的国君，靠宋庄公的功德，才得到君位，不知道感恩，竟背弃自己的承诺，这样忘恩负义的人，别说宋国，连我们齐国都看不过，必须讨伐他。

和郑国关系向来紧密的齐僖公的态度居然会有如此巨大的变化，难道他真是为了自己一贯看好的郑忽才这么表态的吗？

再看鲁国一边，鲁桓公知道了事情的前因后果后，满口答应去讲这个人情。当年郑庄公安排稷地会盟的苦心，现在起作用了。

齐、鲁两国态度立场截然相反，这一点很有趣，当年和郑国最铁的齐僖公居然还要帮着宋国打郑国。如果分析一下地缘格局，或许很多问题就容易理解了。

齐、鲁、宋、郑四国由西南到东北的排序依次为郑国、宋国、鲁国、齐国，四国两两接壤，形成一串链。郑、鲁两个盟国之间夹着宋国，因此宋国是它们共同压制和渔利的对象；而郑、齐两国的情况就不大一样了，名义上当时郑国和宋国都是齐国的友好盟国，两国和齐国都有一定距离，郑国更远一些。而齐、宋之间却有着鲁国这个需要共同防御的对象。所以单纯从地缘格局来说，郑国和宋国都是齐国可以远交的对象，相比而言，宋国的位置反而更加适合于齐国与之结盟。

当年小霸郑庄公叱咤中原，其实力让远方的齐、鲁两国为之瞩目，与之结盟共同打击宋国。鲁国在共同行动中直接从宋国身上获得了两座城池，而齐国却没有在此地捞到一点好处，当然其他方面还是受益良多的。齐国帮着郑国伐宋很大程度上是为了搭小霸的顺风车，扬威于中原，不落在老邻居鲁国身后。

从郑国方面来看，鲁国这个盟友是天然的，而齐国却不一样。凭郑庄公的战略眼光，他一定能看出齐国在地缘上和宋国结盟的可能性以及由此对自己和鲁国联盟产生的威胁。

基于对抗的原则，敌人的敌人是朋友；基于合作的原则，敌人的朋友也可以是朋友。如果拉拢对手的盟友，让渡给其足够的利益，使其左右逢源，于己于人都要比各自站队剑拔弩张来得划算。第一次世界大战前的德国就是这方面一个经典的案例，德皇威廉一世积极拉拢了死敌法国的盟友俄国。俄国也乐得在法、德两边捞取红利，积极配合德国的外交战略，为德国巩固实力基础争取了足够的时间和空间。

但是这样的合作是有期限的，因为地缘形势决定了在如此格局下，两国对抗才是主基调。当德国集聚起足够的军事力量后，继任的威廉二世抛弃了俄国，选择了和更弱的邻国奥匈帝国抱团，对英法联盟发起冲击，由此欧洲局势急转直下，并最终引爆了第一次世界大战。

这一切都很熟悉吧，郑庄公之后，郑忽在郑国外部战略环境基本稳固的情况下放弃了和齐国的长期合作，转而跟身边的陈、蔡等国抱团，不正是如出一辙吗？

如今后小霸时代的郑国开始显现出疲态，郑国的联盟内部也已经出现了裂痕。齐国是时候根据强弱态势的对比重新调整对外战略了。

一国实力强弱及其对外的政治辐射和万有引力颇为类似，实力越强，辐射范围越大，作用效果也越明显，甚至能够完全扭曲周围的重力场，让周边国家无不唯命是从。这一幕在之后的历史中将会不断上演，当然美苏争霸很大程度上就是这一幕的现代版。

根据此时的地缘形势和实力对比，随着郑国联盟的衰落，齐国看到了自己的机会。如果联合宋国抗衡身边的鲁国，齐国很有机会能够成为中原的主导力量。

所以外交上很多冠冕堂皇或者荒诞不经的理由，其实都是些掩盖真实利益博弈的借口罢了。

面对当前的形势，鲁国就更需要加强和郑国的盟友关系，共同钳制宋国。为郑国救急，更为自己解压。

祭足确实是老到的政治家，陈、蔡这些依靠婚姻拉拢的人为盟友是不足为恃的，这本就是政治羁縻的产物。只有鲁国这样的基于地缘格局形成的天然盟友才是关键时刻的保障，虽然两国之间没有结姻。当然也不能结姻，不然就犯了同姓不婚的大忌。

由此看来，如果选择和齐国结姻，郑国也难保和齐国持续盟友关系。国际棋局中，根本上还是格局和自己的实力说了算数。

鲁国调停

应郑国的请求，鲁桓公约请宋庄公在两国之间的扶钟会面，想着这个当年自己同齐、郑两国国君一同扶立的后生该给自己一个很大面子。但他没想到却碰了一鼻子灰回来，宋庄公寸步不让。

宋庄公如此不念旧情，鲁桓公很不高兴，派公子柔到郑国说明情况。郑国又加了些珠宝，还拿出了一座商彝，一并给了公子柔让他转交给宋庄公。

这商彝就是鼎，乃商朝的国器。作为商王后裔，宋国保留有商彝。当年宋庄公为了感谢郑庄公扶立之恩，将之作为礼物送给郑国，也算是恩情的见证。现在郑国把这个送还宋庄公，其实就是想借此提醒他欠郑国的人情，这次就算两厢扯平了。如果宋庄公再不肯作出让步，那所有人就会认为宋庄公忘恩负义，贪得无厌。同时宋庄公也欠鲁国这份人情，让鲁国代送商彝也是借着鲁国的威势给宋庄公施压，把鲁国拖下水，所谓树上开花是也。

帮郑国就是帮自己，鲁桓公这回自己亲自前去宋国求情。当宋庄公看到他把商彝抬出来时，既羞且恼，但是又不便当场发作，左右为难。

其实在此场合各方都心知肚明，但是在面子上谁都不会直接点破各种利益要害，更多的只是推说人情世故。这样可以通过更为人性的方式来进行博弈和化解矛盾，为谈判留下更多的回旋空间，至少不会因为利益之争在斡旋过程中当面撕破脸皮，引发直接的政治冲突。这都是外交的智慧所在。

鲁桓公在宋国期间，南燕国正巧也派来使者求见宋庄公。原来南燕国连年被齐国侵犯，边境不宁，想请宋庄公帮忙向齐国求情。

南燕国应该看出了齐、宋两国渐渐走近的趋势，才来宋国求助的。齐国要对南燕国进行侵扰，必须先进入河济平原的东部，也就是今天山东西北部和河北南部地区。

齐国初期地处山东北部，靠近今黄河三角洲一带，其西南通往中原的道路被鲁国堵截。齐国要想进入中原，就只得跨过济水，向西北方的河济平原扩张。在这个过程中，强大的齐国在河济平原不可避免地会和其他国家发生冲突。

齐国势力如果在河济平原站稳脚跟，等于在北面给鲁国头上加了道天花板，鲁国将处于齐国的半包围之中，如果东面再不能联合郑国压制住宋国的话，鲁国将处于三面包夹的不利态势之中。

齐僖公将女儿嫁给了鲁桓公，或许就是稳住鲁国的一步棋，以减少鲁国在自己扩张过程中的阻碍。

所以鲁桓公这回必须要行动了，不仅对宋国，他还必须对齐国采取必要的外交活动。

于是由鲁国倡议，鲁、燕两国国君共同托付宋庄公约请齐僖公，就宋、郑之争、齐、燕之争进行外交斡旋。达成一致后，鲁、燕两国国君各自回国。

显然鲁国希望齐国能有一个明确的外交表态。但是这样的斡旋完全是迎合了鲁国的利益，宋庄公当然不会帮鲁国去办这件事，鲁桓公对宋庄公也只能是不满而已。

事实上，就算鲁国和燕国亲自前去齐国交涉，恐怕也是无济于事的。河济平原是齐国进入中原舞台的唯一通路，它绝不会因为鲁国的压力而轻易放弃这条通途。因为正是因为鲁国的存在才迫使它这么做的。

而对于宋、郑之争，齐国的表态是站在了宋国一边的。如此形成了郑、鲁、宋、齐两两相扣的均势。这样一来，宋国在西边纠缠，齐国在东面发难，鲁国便首尾难顾，这是齐国所乐见的。

不过齐国虽然嘴上说要攻打郑国，但是却没有任何实际的行动。齐国的表态造成了鲁国进退两难的尴尬，而它按兵不动，却是还有着自己的盘算，显然它是在等着视鲁国的反应而动。

东面还是西边部，这是个问题，鲁桓公对此很伤脑筋。

东西开战

宋庄公对鲁桓公阳奉阴违，对郑厉公却是始终如一的，他依旧持续向郑国催债。

鲁桓公约宋庄公在两国之间的虚龟碰头，要尽快帮郑国了结此事，以缓解自己两方受困的为难局面。

宋庄公知道鲁桓公的打算，不仅在约定的时间爽约，而且完全不顾鲁桓公之前的调停努力，坚持郑厉公一定要交出三座城池。

这一次鲁桓公可真是再也坐不住了，他约了郑国，决定一起讨伐宋国，首先解决西边的威胁。

促使鲁桓公对宋国采取军事行动的，可不是宋庄公表面上的强硬。宋庄公咬定了要郑国的三座城池，一旦真正交割，郑、宋两国在实力对比上将发生决定性的逆转，到时候连鲁国都将受到宋国的强大威胁，只能在宋、齐两大强邻之间做个小伙计了。

郑、鲁两国联军直逼宋国都城睢阳，宋庄公发现情况不妙，一面派南宫长万出兵抵挡，一面又遣公子游前去齐国，一来通报郑、鲁两国的行动，请求齐国派兵援助；二来为燕国求情，争取燕国的支持。

南宫长万这边在城下与郑、鲁联军作战，勉强抵挡住了一波进攻，双方各自回营，等明日再战。

宋国使者公子游那边，齐僖公之前就对鲁桓公明确表态要讨伐郑突。但是现在宋国和郑、鲁真正开战了，宋国前来求援，他却丢开宋国不管了。

但是齐僖公不管宋国是有原因的，眼下他正在积极备战，准备出兵攻打纪国，报自己祖宗之仇，并且答应只要灭了纪国，他回头一定帮宋国征服郑国。

究竟是什么样的世仇，让齐国能坐视鲁国和郑国合攻宋国，冒着区域战略平衡被打破的威胁而去报仇呢？原来齐僖公的八世祖被纪国先祖在周天子面前奏了一本后惨遭处决，这其中当然少不了邻里间的纠纷，但是最根本的原因恐怕是周天子在当时真的不放心天高皇帝远的齐国吧？所以这个战争理由想想其实非常可笑。

更可笑的是，八世祖的旧仇，两百年左右的老账了，那么多代、那么多年，你早不算，晚不算，偏偏在这个周边格局对自己发生不利威胁的关节点上避重就轻，信誓旦旦前去报仇，简直可以说是搞笑之至。

可笑之事多有可疑之处。齐僖公也算得上是一位有分量的国君，这么小儿科的事情他能做出来，其背后不会没有更深的考虑。他能放着天然盟友宋国被围殴不帮而去攻打纪国，显然意味着攻打纪国的收益比宋国被郑、鲁压制的损失要大。

更深入地分析此事，齐僖公为何偏偏选择在这个时间点进攻纪国？为何他事前对鲁国表态要讨伐郑突？为何宋国使者告诉了齐僖公三国开战，齐僖公当场就说要报世仇？

这些疑问都指向了一个目标：鲁国。

齐僖公攻打纪国，就是极力避开鲁国；而为了能支开鲁国，齐僖公在鲁、宋斡旋时就极力将水搅浑，让鲁国面临左右的压力而迫使其行动；在确认鲁国对宋国动手后，齐僖公旋即启动了征伐纪国的战车。

这一切是齐僖公一套漂亮的组合拳，而那个搞笑的战争理由不过是一个幌子而已。

我们不妨了解一下纪国的基本情况，便能对此有一个清晰的了解。

纪国，姜姓，虽然和齐国同姓，但是纪国却和商人同出一脉，属于东夷部族。纪国地处胶东半岛，渤海莱州湾西南岸（今山东潍坊市附近），位于齐国的东方。

不管从地缘局势还是世代恩怨，这两个同处渤海湾西南的国家少不了你争我夺，而齐国当初被分封在山东东部的很大一部分原因就是鼓励其扩张以压制东夷各部。要对付强大的齐国，纪国最直接的外交战略就是和齐国西方的鲁国长期结盟，对齐国形成包夹之势。

从东部的纪国到西部的郑国，纪、齐、鲁、宋、郑五国形成了一条相邻抗衡、隔空结盟的博弈链条，这是远交近攻格局的一个非常典型的案例。只要其中一点的均衡被打破，整根链条都将被牵动，东方强国间的激烈竞争可见一斑。

郑国和纪国，是鲁国制衡宋国和齐国两个强邻的双翼。现在齐僖公趁着郑、鲁在西线和宋国交战的时候在东边同时发难。虽然宋国面对郑、鲁两国的攻击几乎没有什么胜算，不过这三国都属于同一体量的大国，宋国被一顿暴揍是难免的，但是还不至于伤筋动骨；但是纪国就不一样了，齐国的实力要比它高出一级，如果没有后方鲁国对齐国的牵制，纪国的前景很不乐观。

在齐僖公看来，此役如果能在没有羁绊的情况下一举攻灭纪国，不仅可以大大扩充齐国的疆域，完成其对胶东半岛大部分区域的整合工作，更重要的是齐国从此将不再有后顾之忧，战略形势得到极大的优化，能够对鲁国形成非对称的地缘优势，并且可以全力以赴地西进中原争霸了。

在鲁国眼中，齐国能对纪国所造成的威胁相比宋国能对郑国造成的威胁要严重得多，对其战略利益的损害也要大得多。所以退一步讲，即便齐僖公不能一鼓作气拿下纪国，那持续的围攻也会让鲁国不得不放弃对宋国的围攻转而前来救援纪国，这是对宋国最好的间接帮助。

七国混战

东线，郑、鲁两国联军正在宋国睢阳城外驻军，安排进一步的对宋作战计划。此时纪国派人来向鲁桓公求救，齐国已经兵临城下攻打纪国了，和齐国一起来的还有齐僖公的外孙卫惠公，以及慑于齐国军威的燕国。

果然不出齐僖公所料，得知齐国进攻纪国后，鲁桓公不得不立马收兵，拉着郑厉公一起赶往纪国救援，齐国以围魏救赵的形式帮宋国解了围。

当鲁、郑联军终于从宋国刚赶到纪国后，疲于奔命的鲁桓公还是首先采取外交手段，希望以谈判来化解这一场战争，他并不想同以逸待劳的强大齐军正面交锋。

纪侯是鲁桓公的侄女婿（一说妹夫），齐僖公则是他的岳父泰山。凭借这层亲缘关系，鲁桓公的谈判可以避重就轻，以姻亲纽带来化解战争冲突。

但是在国家利益面前，齐僖公哪里会吃这一套，坚持要灭了纪国报仇，完成自己的战略目标。事已至此，外交手段已经宣告无效，那只能以战争方式来解决问题了。齐、燕、卫一伙，郑、鲁、纪一帮，双方开始了群殴。

南燕国本就是迫于齐国的压力才勉强前来参战的，这下面对的又是曾经暴揍过自己的郑国和试图拉拢以帮助自己防御齐国的鲁国，根本无心恋战，打了不久就撤兵了；卫国也是刚刚经历了新老国君的政权交替，国内政局不稳，矛盾严重，所以卫惠公很快也兵败撤退了；剩下的齐国一国难以抵挡三国武装，只能吞下这口恶气回国了。

齐、燕、卫三国刚撤，宋军姗姗来迟前来为齐国助阵，被郑、鲁、纪一通痛打，不得不又逃回去。这一年是公元前699年。

这一战以鲁、郑、纪三国的完胜而告终。宋、齐两国虽然拉上了卫国和南燕国两个盟友，但是它们在这条博弈链上没能突破其他三国的共同挟制。

齐国之所以在整体实力占优，对阵形势也处于上风的情况下败北，除了宋国后知后觉的驰援之外，很关键的一点在于卫国和南燕国这两个问题盟友。

先看卫国，当时处于河内地区的卫国和齐国相隔黄河和济水，表面上看两国有着“远交”的条件。不过“远交”是建立在需要“近攻”的基础上的，中间没有共同的威胁，“远交”的基础就会被大大削弱。

齐、卫两国之间是河济平原，此地没有需要共同对付的强敌。相反，这里有的只是小国弱国，正是齐、卫两国扩张的主要方向，所以说两国的竞争其实是大于合作的，卫惠公能给外祖父一个面子过来参战已经是不错了。

至于对手那边，此时的郑、卫关系已经不像郑庄公时代那么紧张了，而卫国和鲁国的关系一直不错，所以卫国的撤兵也在情理之中。

再看南燕国，这个位于河济平原的小国，此战面对的盟友齐国、卫国，和对手鲁国、郑国，都是位于河济平原四周的强国，在战略上都有向自己这边扩张的趋势，可谓是四面楚歌。

身边有一只老虎是可怕的，不过有一群老虎时，问题反而有了转机。这样一个夹板国家要生存，必须巧妙地在周围大国之间玩转平衡术，借一方之力对抗另一方，通过其相互间的战略平衡来为自己争取生存空间。

所以南燕国此役第一要做到谁都不能得罪，第二还要见机行事，将双方的胜负导向最有利于自己的一边。所以齐国让它来，它也就硬着头皮乖乖来了，但是来了后它也不会对任何国家发起实质性的攻击，所以它早早收场，体面地出卖了对自己威胁最大的齐国。

依靠自身产生的威胁而获得的盟友，远没有因敌人产生的威胁而获得的盟友来得可靠。前者只要有强有力的第三国出现，往往就会乘机叛变。齐国虽然在战争形势上占据优势，但却在政治结盟上过于自信，以致最后功败垂成。

难怪齐僖公兵败回国后不久便抑郁成疾，临终前只嘱咐世子吕诸儿两件事，一件是一定要灭掉纪国，另一件是好好照顾自己的侄子公孙无知。临死都要再三嘱咐的事情，可见齐僖公对此的无奈和懊悔。

这场七国之战暂告一个段落了，东方诸侯的博弈形势发生了变化：郑国没落，霸政东移，代表着周天子的余晖也让位于霸主的朝霞。

形势虽然不一样了，但整体的战略平衡却还没有被完全打破。

各国之间的冲突和骚动根本上还是源自宗法分封制崩坏所产生的系统危机，外部的战略平衡在力量制衡的情况下得到了暂时的控制，但各国内部的政治稳定能否禁受住这一系统性风险的冲击呢？

蝴蝶效应引发的卫国悲剧

蝴蝶效应是一种非常有趣的连锁反应，最初些微的骚动通过中间一系列的传导机制，最后引发巨大的冲击效果。家——国——天下的金字塔结构是蝴蝶效应非常理想的传导媒介，且看其中一个小乱子如何引发一场大骚动，一起小事件怎样闹出一幕大悲剧的？

三代通吃

卫国国内，石碏大义灭亲除掉了州吁和石厚之后，从邢国迎来了公子晋。公子晋继位为卫宣公，虽然相比州吁，他是合法君主，但是此人不但没有州吁的野心和勇谋，反而是一个荒淫无耻之徒。

当年周幽王姬宫涅还是太子时，秽乱父王的后妃，结果产出了所谓怀胎四十年的“妖女”。所谓上梁不正下梁歪，连王室都出现了这样的丑闻，各诸侯国不久自然也会跟上。卫宣公还是公子时，和父亲卫庄公的小妾夷姜私通，生了一个儿子，名为公子伋，幼年藏在民间。卫宣公上台不久就将公子伋接回宫，交由右公子职来辅导。因为宠爱夷姜，卫宣公考虑着立公子伋为世子。

公子伋成年后，卫宣公想为儿子谋取一桩理想的婚姻，借此也给卫国结交一个可靠的盟友。在周边的异姓诸侯中做了一番选择后，卫宣公向齐僖公为儿子请亲，齐僖公同意将他的长女宣姜许配给公子伋。

郑国、卫国、鲁国、宋国这些彼此之间明争暗斗的大诸侯都不同程度地和齐国联姻或者结盟，齐国的强大是很大的一个因素，同时也反映了齐国地处边疆的得天独厚的地缘优势。

齐僖公的两个女儿宣姜和文姜，都有着倾国倾城之貌，卫宣公在得知这一点后，色向胆边生，竟然决定把宣姜纳为自己的姬妾，就在淇河边上修建了新台，直接把宣姜接到新台，整日淫幸。将旧爱夷姜撂在了一边。

父妾子妻都不放过，卫宣公吃遍三代，也算色胆包天了。老子反正已经死了，但是儿子还年轻力壮呢，给儿子扣了这么大一顶绿帽，卫宣公岂不是为自己埋下隐患吗？

好在卫宣公本人无耻至极，但公子伋却温文尔雅、仁厚恭敬，虽然自己的妻子被父亲霸占，对父亲却没有丝毫埋怨，视宣姜如自己的庶母。一位公子哥能做到这样，卫宣公该庆幸和自豪了，尤其是想到自己的嘴脸时更是如此。

想形成蝴蝶效应，需要两个基本的因素：第一，要有一个环环相扣的因果关系链条；第二，要有基于这条因果关系链条上的逐级放大的传递机制。

我们且看当时的社会结构是如何支持蝴蝶效应产生的。

储位之争

三年后，宣姜为卫宣公生了两个儿子：大儿子公子寿、小儿子公子朔。

一树瓜果有酸甜，一母所生有愚贤，两个孩子渐渐长大，本性也就显露出来了。公子寿品行个性与大哥公子伋相似，两人关系也非常密切，兄弟情深；公子朔则阴险狡黠，仗着母亲的宠爱横行霸道，整日打着两位哥哥的主意。

作为国君，乱伦本身除了影响国君声誉外，负面效应还算有限，不会造成更大的危害。但是由乱伦引出的子嗣问题，可绝不是小事。

卫宣公没有好好修身，现在当然也就无法齐家了，一共乱伦出来三个儿子，究竟该立谁为储君呢？

如果是以正常程序出生的儿子，那就按照嫡庶长幼的顺位来继承。但是这三个儿子出生都不正规，尤其是公子伋。但偏偏他是长子，风华正茂的年龄和长期以来的良好品行和口碑，使他具有最强政治资本来继承君位。

但老国君在世时，是子以母贵。现在卫宣公心思都在宣姜身上，他把公子寿托付给左公子泄，嘱咐日后立他为储君。

毕竟宣姜和她的两个儿子的背后是齐国的势力，卫国和齐国的距离不远不近，关系也是相当微妙。所以通过储君的定立来拉拢一下齐国，在国政上也算是一个不错的选择。

话又说回来，等老国君去世后，那就是母以子贵了。在宣姜眼中，公子伋现在是她富贵的最大障碍；加上自己本该是他的妻子，后来却被他的父亲所霸占，始终觉得自己在公子伋面前抬不起头来。

宣姜完全陷入一个错位的感情空间中。在原始情感上，她是倾向于公子伋，憎恶卫宣公的。但是当卫宣公的霸占成为了既成事实，宣姜和他有了共同的后代后，她的情感发生了错位。羞耻心和自尊心、现实的富贵和可能的威胁、女人的天性和母亲的本能，这一对对矛盾始终在纠缠着她。

诡谲的公子朔察觉到了母亲的纠结，整日在母亲面前搬弄公子伋的是非。

这位被父亲作为政治筹码嫁出的女儿，被公公看作天生尤物收纳的儿媳，被幼子当成晋升阶梯利用的母亲，在男权世界主导的命运面前始终是失败的弱者。

发生在周幽王身上的废长立幼的悲剧当时在卫国看来是不可避免了。

公室悲剧

为了尽可能地激化矛盾，公子朔在母亲和父亲面前可谓是使出了浑身解数。一次他大哭着来到宣姜面前，称公子伋与他共餐中戏谑他，让公子朔喊他爸爸，因为宣姜本是公子伋的妻子。

公子朔此话切中宣姜内心的忌讳，既刺痛了她的羞耻之心，又让她感到了现实的威胁。宣姜自此下定决心要除掉公子伋，便和公子朔不断在卫宣公面前搬弄是非，而且都是挑卫宣公最担心的话说，谎称公子伋将来要将宣姜和卫国江山一同从父亲手里收回去。

虽然公子寿总是在父亲面前帮着大哥公子伋辩护，怎奈何卫宣公一日为贼，终生心亏，总是觉得心里有鬼，但是又不便直接对公子伋发作，所以只是训斥失宠的夷姜，让她好好管教儿子。

失宠的夷姜本就抑郁已久，又被卫宣公莫名其妙一顿怒斥，一气之下上吊自杀了。

公子伋看到母亲寻了短见，想到自己的处境，整日自闭哀伤。公子朔和宣姜看到了机会，向卫宣公毁谤公子伋暗地里在培植势力，准备为母报仇、弑君夺位。卫宣公虽然还是将信将疑，但是毕竟心魔作祟，又受不了妻儿的反复挑拨，何况公子伋本就是卫宣公眼中立储君的障碍，国家未来的不安定因素，便答应找机会除掉公子伋。

事情发展到这里，一场悲剧已经不可避免，卫宣公必须要为自己的荒淫付出代价。但是结果似乎比预料的更为糟糕，而究其原因居然是因为人性的善。

齐僖公邀约前任亲家、现任女婿卫宣公一起讨伐纪国。卫宣公便安排公子伋带着外交仪仗白旄，前往齐国订立出师日程，并在沿途埋伏好杀手，要求其对持白旄的人下手。

宣姜得知安排后非常高兴，无意中吐露给了公子寿。公子寿知道父母是一定要除掉大哥而后快的，并且此事已经安排完毕，劝阻也没有用了。

出于对大哥一向的敬爱，而且内心始终觉得自己和弟弟对大哥有所亏欠，公子寿作出了一个感人肺腑却又令人痛心的决定：代大哥送命。公子寿想以这种极端的方式劝说父母放过自己的哥哥，拯救这个危机重重的公室。

想必面对对自己地位威胁最大的公子寿，公子伋这位大哥平时没有少对他进行感情投资，借以拉拢这位好弟弟。

公子伋临行前夜，公子寿安排了一桌酒席为公子伋饯行，准备灌醉他后自己代他前去受死。两人喝得半醉，公子寿失口说出了父亲的阴谋。

对于公子伋来说，父亲这一安排其实是早晚的事情，他心中虽然悲愤难当，但更是感念弟弟的情谊，依旧坚持自己去领死，可惜此时公子伋已是心有余而力不足，醉倒在了席上。

等到第二天公子伋醒来，发现手边的白旄不见了，他知道大事不好，赶紧带着手下沿着预定的路线往齐国方向赶去。果然在卫国边境，黄河岸边看到公子寿的船，船上还有不少人，公子伋赶忙冲了过去。

但是一切都已经晚了，公子伋上船后看到的是地上的白旄和弟弟的人头。悲痛欲绝的公子伋向船上的贼人们说出了原委，让他们杀了自己。

父亲、母亲、宣姜、公子朔，这些家人们已经让他对人生绝望，何况他本就是来求一死。公子伋就这样死了，带着一个弱者最无奈的反抗和控诉。

呜呼哀哉，这是春秋时代贵族中最感人也最悲哀的一幕，在尔虞我诈的权力场中，怀有如此纯真亲情的兄弟俩也注定与权位无缘了。

朝政危机

两位公子的人头很快被带回了宫。公子朔看到公子寿的人头，这一意外收获不禁让他喜出望外；宣姜虽然悲恸公子寿的死，但是好歹终于除掉了公子伋，也算喜忧参半；但是卫宣公却几乎昏死了过去，他知道这是自己的报应，没过半个月他就过世了，公元前699年，公子朔继位，是为卫惠公。

卫宣公乱伦的结果就是生出了三个在嫡庶长幼甚至辈分认同上都存在问题的儿子。由此牵出了一场权力斗争，并最终以悲剧结尾。但是一朝淫乱，后患无穷，卫宣公的债还没有还完。

国君生活的天地，我们可以用一间房来打个比方。这间房一共有四面墙，天子、诸侯、朝堂、宫闱，国君的活动全部都是通过这四面墙来展开的。

在西周时代，天子这一面墙便能支撑起整间屋子，和天子这面墙相邻的诸侯和朝堂这两面墙也不会倒，所以国与国的战争、国内的叛乱都不容易发生，因为有天子镇着。

至于宫闱这最后一面墙，摇了倒了都不会对这间屋子的整体结构造成危害，当时的诸侯即使私生活不检点也不会有太大麻烦。

但是现在的情况不同了，天子摇摇欲坠，成了危墙，国君的天空都要依靠剩下的三面墙来支持了。原本最无关紧要的宫闱变成了连接诸侯和朝堂的关键，如果它一倒，国君就麻烦了。

这是为什么呢？因为宫闱之事牵涉了两方面：国君的女人们和这些女人为他所生的儿子们，他的女人们的背后往往是他诸侯的力量，而他的儿子们背后则是各位大夫的力量，乱伦引起的错乱会随着他们逐渐影响到国内朝政和国际邦交。这就是这一蝴蝶效应中的传导链条，以及它的放大机制。

现在这个家彻底不齐了，国也就难治了。卫惠公的君位是他从两位哥哥手中巧取豪夺而来的，他的上台是不得人心的。加上他也没有任何的统治根基，所以一上台便感到自己的君位摇摇欲坠。为了缓解自己的执政危机，他需要和自己的叔叔州吁当年一样，发动对外战争来树立自己的威望。

不久后他的机会就来了，外祖父齐僖公让卫国出兵帮着他去攻打纪国，结果后院不稳的卫惠公不敢全力以赴作战，被郑、鲁联军击败，偷鸡不成蚀把米。

不久后祭足发动政变把郑厉公驱逐到了蔡国，上一回在战场上遭到郑厉公羞辱的卫惠公想争取一下郑国对自己的支持，便配合祭足把流亡在卫国的郑昭公送回郑国复位了。卫惠公自认为帮了郑昭公大忙，到头来却没有得到太多好处，心中对郑昭公非常不满。

郑、卫这样两个实力相近、野心同等的邻国，战略格局注定了它们之间不会存在真正的友谊，相互算计才是主旋律。卫惠公的态度显示了其政治上的不成熟。

正巧此时利令智昏的宋庄公再度被郑突重新许诺的重贿诱惑，趁着郑国内部高层动荡之时出兵攻打郑国。当时东边的齐、鲁两国出现了微妙的纠葛，为了能够对郑国形成压倒之势，宋庄公约请了卫国和蔡国共同行动。卫惠公一来要借此教训不领情的郑昭公，二来想获取一场胜利来巩固自己的君位。公元前697年，宋庄公和卫惠公组成联军一同攻打郑国。

卫惠公显然只是个贪淫暴虐、少有政治智商的小娃娃，他光顾着发动战争树立威望，既认不清郑国和自己真正的战略关系如何，也不知道自己真正的隐患来自哪里。

攻打郑国并不顺利，祭足在要道大陵（今许昌市临颍县）成功阻挡住了四国联军。卫惠公前进不能，又接到了后方来报，得知自己又后退不得了。

原来公子伋和公子寿的党羽公子泄和公子职趁卫惠公出兵在外，与大夫宁跪一起约上了公子伋和公子寿的一班从人，这个卫惠公所造就的既得利益受害集团合在一起，共同拥立卫惠公的庶兄、周王驸马公子黔牟为君，并且立即派遣使者向周王禀报，第一时间为公子黔牟取得了合法地位。

卫惠公上台本就不服众，公子伋和公子寿虽然都去世了，但是凭着他们生前良好的政治基础，加上卫国强大的公族势力，公子泄和公子职的政变获得了多数朝臣的认同。而且公子黔牟的上台已经获得了周天子的认同，变为了既成事实。兵败丧师的卫惠公就别想再回国了，只得逃到了齐国投靠他舅舅去了。

公子黔牟上台后，宣布废黜公子朔的君位，痛斥其忤逆行径，陷害兄弟，气死父君。这看似只是在对公子朔进行道德攻击，而实际是否定他即位的合法性。中国古代讲究父子、君臣的纲常伦理，子要孝敬父，臣要忠顺君，这是家天下时代的伦理秩序。在王公家庭，父即是君，子即是臣，所以在这里，忠孝是一体的，不孝就是不忠，逆子必是反贼。这一条就够公子朔受的了。

卫宣公乱伦导致了儿子手足相残的悲剧，而君位继承人之间的斗争又牵扯出了他们背后的支持势力，众位大夫的力量，引发了这起朝堂政变。

乱及旁邻

一国不治，天下难平。这一切还没有完，蝴蝶效应还在继续，卫国的悲剧还要升级。

公元前686年，在齐国政治避难了十年的公子朔请求舅舅齐襄公出兵卫国帮助其复辟，许诺事成之后将卫国府库的宝物悉数献上。

对于齐襄公而言，这是一个介入卫国内政的好机会。他不仅有能力、有意愿，而且还有充足的理由，这样的好事自然不能错过。齐襄公发兵五百乘，纠集了宋、鲁、陈、蔡，一共五国军队前来攻打卫国。

卫国国君卫黔牟和齐襄公吕诸儿都是当时周王室的驸马，对于齐国这次伐卫的行动，周王室不可能袖手旁观。而且在此之前不久，成周地区的周王室大小宗，即东迁的周王宗族和地头蛇周公宗族的矛盾再次爆发。

冲突的导火索是时任天子的周庄王的弟弟王子克，这位颇受其父周桓王宠爱的王子一直觊觎哥哥的王位，并且和周公黑肩关系密切，企图依靠周王室小宗的力量与王兄作对。而土地主周王室小宗也一直希望能够完全控制周天子，既获得挟拥天子之利，又重温控守洛邑之便。所以王子克这样一个造反派是他们理想的代言人选。

既然双方一拍即合，内乱也便一触即发。周天子毕竟名正而言顺，虽然过程惊心动魄，但最终还是镇压了反叛，除掉了周公黑肩，驱逐了弟弟王子克，王子克逃往了燕国。

刚刚平定了内乱的周庄王，为了震慑亲王子克的宗族势力，重振天子之威，派出了二百乘军队来为卫黔牟助阵。在联军面前，这点可怜的王师只是杯水车薪，如果周庄王真想靠这点军队来为卫国解围，那就是螳臂当车，不自量力了。

当时的周王室在内耗后根本无力出兵，这点军队差不多是大部分的家当了，所以对此合理的解释是：周庄王这点军队的到来，其真实用意是进行调停的。两位连襟在王师联军的“天威”面前退师，如果齐襄公吕诸儿能给周庄王这个面子，对当时困窘的周庄王来说真可谓是雪中送炭了。

可惜周庄王对天子的地位还是估计过高了，在利益面前，齐襄公根本没把他放在眼里，将挡路的王师揍了个屁滚尿流，率联军攻进卫国都城，杀了拥立卫黔牟的公子泄和公子职。好在齐襄公也知道自己做得有点过分了，还算为周庄王保留了一丝颜面，没有杀害卫黔牟，只是放逐了事，大夫宁跪出逃秦国。

事到如今，周天子出面，诸侯们根本不把他放在眼中。司马光在《资治通鉴》开篇就提出：天子之职莫大于礼。如今礼制到了这步田地，周天子出马无非是自取其辱。

卫惠公复辟，如数将许诺的宝物贿赂进献给齐襄公。卫国经历这样一次动荡，军力财力都遭到了重创。不得人心的卫惠公因为有齐国的军事力量撑腰，极不和谐地继续当他的国君。

系统崩溃

想当年石碏为了捍卫周礼，不惜大义灭亲，断送卫国的小霸前景，除掉了州吁和石厚，扶立了公子晋上台。讽刺的是，这个依靠周礼上台的继承人却成了周礼的践踏者，他一手从内部搞垮了卫国。

曾经正统而强大的卫国自此内忧外患，成为了小丑般的角色。更不幸的是，卫宣公一朝乱伦，这个债还要由他的子孙继续偿还。

石碏虽然忠心可鉴，但是他却没能明白当时的大势。或许他已经感觉到了这种趋势，但是仍然想凭一已之力力挽狂澜，做一番力所能及的抗争。

诸侯国内部的稳定被摧毁了，由此产生的震动也将向外蔓延，继而打破国际间的战略平衡。周朝的礼坏乐崩是一个全方面系统崩溃，绝不是一人一事所能遏止和改变的，所以说换了一个合法的国君也不能保证卫国和周朝的礼法，否则卫宣公一个人的荒淫不可能引起卫国的震荡和天下的骚动。卫国的悲剧只是当时整个制度的雪崩中滚起的一个大雪球而已。在这样的大趋势下，个人的反抗都是无力的，甚至还会恶化局面，就和当初的周宣王一般。

从卫国这一连串的事件反映出了周朝家—国—天下的社会结构在面对危机时所产生的系统性风险。没有一个相互传导逐级放大的正反馈系统机制，蝴蝶效应的产生只能是极微概率事件。在过去周王室处于上升期的时候，这种正反馈机制促成了级级发展的正面效果，而当周王室进入衰落期时，同样的正反馈机制又造成了层层垮塌的负面效果。

我们不妨再回头说一下公子伋，如果他也心狠手辣、野心勃勃，当初能够果断除掉自己的弟弟登上君位，对内可以服众，对外也不会受齐国挟制，本人的治国经验也更丰富，对卫国各方面来说都来得更有利，更别说对他自己了。

比公子伋更可叹的是公子寿。如果公子寿假装不知道父母对公子伋的陷害，他什么都不用做便可以坐收渔利，成为当然的继承人。虽然他执政条件不如公子伋优越，但是对内对外都能避免公子朔给卫国带来的悲剧。

政治就是一个你死我活的角斗场，纯粹的仁慈和友爱只能给自己带来灭顶之灾，到头来却成全了虎狼之辈。虎狼之辈兽性大发，又不知道会带来多少麻烦。而且在这样的世道下，虎狼之辈往往更有市场。

如果说乱伦带来的恶果都是由于儿子们所引出的，那也就不会有“万恶淫为首”一说了。在没有形成严格法制的中国古代，礼教德行是主要的社会管理力量，随便跨越本身就是对社会秩序的挑战，其结果不仅是个人的身败名裂，对于国君来说，家破国乱的灾难可能并不远。

齐襄公之死

对于国君而言，过度地透支自己的政治资本都是自取灭亡的道路，无论是出于荒淫暴虐的个人享乐，还是为了深谋远虑的国家战略。身处乱世，即便是国君，明哲保身也是第一位的，其余的所有东西都是建筑在这个基础之上的。

手足之爱

卫国的悲剧由于齐襄公的介入达到了最高潮，不过齐襄公在放大卫国的蝴蝶效应的同时，也推倒了导致自己灾难的多米诺骨牌。

齐国是当时的超级大国，地位显赫、国力强盛，国君自然也相对尊荣。齐襄公吕诸儿又是周天子的驸马，齐襄公可谓是四围俱全，生活本该高枕无忧。可是谁料想就是这样优越的条件，同样因为自己的一朝淫乱，最终招来了身死国乱的惨祸。

齐襄公乱伦的对象不是别人，正是自己同父异母的妹妹文姜。两人相差两岁，都生得貌美出众。年少时正好同时情窦初开，关系又非常亲密，兄妹俩不知不觉逾越了道德的红线。

渐渐地，谣言开始在齐国贵族中流传，父亲齐僖公虽然对此有所耳闻，但却没有确凿的证据，所以也没法过多地细究，何况他已经为这对儿女都选好了亲事。

吕诸儿在父亲的安排下娶了元妃，而文姜呢？齐僖公早就帮她盯上了郑国世子忽作为夫君候选人。

可是之后文姜却两度遭到了郑忽的拒婚，想自己如花绝色居然被人再三拒绝，文姜郁气积胸，大病了一场。

不久鲁国公子翚来向齐僖公下聘礼了，第二度为鲁桓公向文姜请婚。齐僖公正想着如何排解女儿的郁气，这一次很痛快地答应了公子翚的请婚。文姜也算是久旱逢甘霖，对父亲的安排欣然接受。

齐僖公隆重地准备了车驾，亲自送文姜前往鲁国。公主出嫁其他诸侯，按理君父本不用亲自送行，齐僖公这一举动至少有三个原因：其一，齐僖公对女儿文姜疼爱呵护备至；其二，想以此向郑忽示意；其三，最重要的是，齐僖公希望通过一次隆重的婚姻来稳住鲁国这个和自己有着一样大胃口和野心的邻居。

齐国和鲁国的先祖太公吕尚和周公姬旦都是我国历史上大名鼎鼎的重要人物。周朝建立前，两人是革命战友，周朝建立后，两人又成了一朝同事。两人后代的封国也毗邻而居，是当时东方最强大、文化经济最为发达的两个诸侯国。这一次联姻自然是强强联手，共续先祖之好。

鲁桓公也非常领情。一个绝色的妻子，外加一个大国盟友，鲁国为了接待好齐僖公，动用了最高礼仪，请出了金国的贵族来迎接齐国公主。

总的来说这场婚姻大家都很满意，但是只有一个人很不满意，就是吕诸儿。但是碍于现实和父亲的压力，他也只能被迫接受，但他对文姜的念想却始终没有断绝。

兄妹乱伦

一晃十五年过去了，公元前694年，已是齐襄公的吕诸儿向周王室公主请婚，此举也显示了齐襄公的雄心，希望加强自己大诸侯的地位。这时周桓王已过世三年，他的儿子周庄王明白天子现在的尴尬处境，齐国这样的大国主动来请婚，对于周王室而言是求之不得的好事。周庄王同意了和齐国的联姻，委托周礼的代言人鲁侯前去齐国主婚。

齐襄公听到鲁桓公要来齐国，要求使者请鲁桓公带上文姜一同前来。鲁国那边，文姜得知哥哥请她过去，便向鲁桓公提出要和他一同回一次父母之邦。虽说按照礼制文姜本不该回齐国，但鲁桓公对文姜向来百依百顺，还是依允了。

鲁桓公夫妇来到了齐国，齐襄公一来马上就要当上驸马了，二来见到了分别十五年的文姜，当然喜出望外，盛宴招待了妹妹和妹夫。

款待宴饮完毕，齐襄公对鲁桓公称说要和文姜叙叙旧，便带着文姜到了后宫。鲁桓公虽不乐意，但也不便直接表露。

“小别胜新婚”，兄妹二人已经十五年没有见面了，借着酒劲旧情复燃，不顾伦理地私通乱伦。

鲁桓公见妻子一夜未归，想起自己曾经听到过的有关文姜和吕诸儿的风言风语，便派人打听了一下齐襄公目前的私生活情况。

原来齐襄公为了娶周王室公主，正宫之位始终空着。只有一个失宠的偏宫连妃，是齐国大夫连称的妹妹。

鲁桓公顿觉事态不妙，一急之下也顾不得礼仪了，准备前往齐国宫殿一看究竟。可鲁桓公刚走出不远便撞上了文姜。

鲁桓公盘问文姜前一夜的动向。文姜毕竟做贼心虚，支支吾吾半天没能说清，更别提说服鲁桓公了。

文姜的表现印证了鲁桓公的担忧，虽然满心怒气，但是看到自己妻子在那儿哭哭啼啼，想到自己又身在齐国，不好发作，鲁桓公只能是敢怒不敢言。

乱伦之所以受人唾弃，有着它自然的繁殖劣势在里面。但是在道德层面中，它也有遭人嫌恶的原因。

乱伦通常的恶果就是家族辈分的混乱，进而导致家族内部继承和权力的混乱。而中国古代家天下的社会结构会将这种混乱不断放大，这就是之前我们看到的卫宣公的悲剧。

至于不构成生育的乱伦，这问题虽然看起来没有卫宣公的情况那么严重，但是这种淫乱是违背生物本能和生育目的的。而且它通常意味着通奸，虽然不一定会祸及后代，但是在当事者之间难免要爆发家族矛盾。如果是在国君身上发生的，国家矛盾也将接踵而来。

所以要从道德上对乱伦行为口诛笔伐。道德在某种程度上就是社会秩序的一种高级体现，其根本目的还是为了维护社会的稳定，尤其是对于没有严格意义上的法制的中国古代而言。

刺杀鲁侯

齐襄公得知鲁桓公责备文姜，感觉自己的丑事已经败露。为了探明鲁桓公的态度，同时也算一种道歉补偿，齐襄公请鲁桓公夫妇出城宴饮游玩。

鲁桓公急着要结束这次糟糕的齐国之行，推脱了齐襄公的要求。但是在齐国宫人软磨硬泡下，鲁桓公很不情愿地答应赴宴。

席间虽然齐襄公热情招待，还安排宫女起舞助兴，但是鲁桓公一直闷头不语，借酒浇愁，喝得酩酊大醉。

看到鲁桓公的表现，齐襄公相信他回国后不会善罢甘休，两国间一场外交风暴在所难免，便决定就在齐国除掉鲁桓公，同时还能留住文姜。

宫闱这面墙倒下了，引发了和邻国的危机，齐襄公没有像卫宣公那样任其延伸放大，而是采取积极的行动来斩断蝴蝶效应的链条。

齐襄公安排公子彭生在送鲁桓公下山的路上杀死了鲁桓公，用上好的棺材装殓起来送回鲁国报丧，只说是醉酒后被歹人所害。

鲁国大夫扶立鲁桓公的儿子鲁同继位，是为鲁庄公。鲁桓公夫妇在齐国的遭遇鲁国国内早有耳闻，鲁桓公的庶长子公子庆父要求讨伐齐国，但是被施伯所谏阻。毕竟鲁国在军力上并不占优，这样的丑闻传出去对鲁国也不是光彩的事情，何况鲁国也没有确凿的证据咬定是齐国谋杀了先君。

但是这样的大事总得向齐国讨一个明确的说法，鲁国派使臣来向齐襄公请求处置罪魁祸首。

齐襄公看到了这个台阶，发现事情容易化解，立马召来了公子彭生做替罪羊。

彭生还以为齐襄公召他上殿是奖赏他杀死鲁桓公的，没想到听到的居然是要把自己拖出去斩首的消息，在朝堂上大呼齐襄公奸淫妹妹杀害妹夫，如今又过河拆桥。

虽然彭生还是被拖出去斩了首，但是经他当朝对齐襄公的控诉却让全世界都知道了他的丑行，齐襄公的丑闻成了公开的秘密，不仅齐国尽人皆知，其他诸侯也都有所耳闻。

齐襄公最初只是和妹妹乱伦了一夜，宫闱这一面墙出了些问题。他本想找个借口除掉鲁桓公，以将此事平息了，结果却适得其反，招致了鲁国的发难，宫闱之祸蔓延到了盟国这面墙上。

为了不让事情进一步蔓延和扩大，齐襄公只好继续拆东墙补西墙，拿公子彭生当替罪羊以谢鲁国。彭生的下场让所有朝臣都心寒。西墙没补好，东墙又要倒。齐襄公的三面墙都摇摇欲坠。

齐襄公为了避免蝴蝶效应的举措，却触动了敲响自己丧钟的多米诺骨牌。

更立郑君

齐侯原本是天下最有威势的诸侯之一，但是因为一件糟糕的绯闻导致了诸侯、朝臣、嫔妃都或多或少地疏离了他，他更多地依靠周围一伙群小，渐渐有了孤家寡人的味道。

更糟糕的是，周王室公主嫁给齐襄公以后，也得知了他的不伦行为，郁郁寡欢，不久就去世了。天子这面靠山也不稳了。

齐襄公也认识到了自己的危机，所以他准备采取行动来扭转这种不利局面。

齐襄公当时最大的威胁有两点：其一，耿耿于怀的鲁国；其二，一落千丈的君威。

好在这个多事之秋是不缺事端的，齐襄公的机会很快就来了。

公元前695年，祭足在赶走郑厉公、迎立郑昭公复辟后，与郑昭公一向不和的高渠弥趁祭足出使齐国的时候作乱杀害了郑昭公，扶立其弟郑亹上台。

这件事情对于齐襄公来说可谓是借题发挥的绝佳文章。如果能够除掉高渠弥和郑亹这对乱臣贼子，扶立一个新君上台，不仅能够为自己在国内外重新树立凛然君威，而且能够借此将鲁国最重要的战略盟友郑国拉到自己这边来，一箭双雕地化解两大威胁。

如此大好的文章，焉有不做之理？齐襄公很快就以结交郑国新君的名义把郑亹和高渠弥诓到齐国，当庭数落二人弑君篡逆之举。郑亹被就地正法，高渠弥更惨，遭到了五马分尸的酷刑。在齐襄公的外部操作和老上卿祭足的主持下，郑庄公的幼子郑仪上台继位。

采用这样的外交诡计，毫无理由地干涉他国内政，居然还被用来给自己脸上贴金解围。反正这时候也没有人不做坏事，因为安分守己的好人都只有被干掉的份儿，所以是非对错全凭自己的一张嘴和一副拳头。

通过更立郑国国君，齐襄公在外交上取得了对鲁国的优势。但是谁都清楚，这种依靠代理人所获得的合作关系在郑、鲁两国基于地缘格局而形成的天然盟友关系面前是非常脆弱的，要真正解决鲁国之患，还得增强自身力量，用实力抗拒鲁国。

吞灭纪国

齐襄公不会忘记父亲临终前所嘱咐的一定要灭之而后快的纪国。这个位于齐国东方的国家是鲁国借以掣肘自己的主要对象，吞灭了它，不仅能够大大增强自身的体量和实力，而且将一劳永逸地解除后顾之忧，从此一心向西发展。

齐僖公当年功亏一篑，在有利的条件下没能完成这一战略目标。而如今齐襄公的情况显然要比父亲当年更加有利，主要干预者鲁国的盟友郑国如今被拉到了自己这边。如果齐国再次攻打纪国，郑国即便不帮着齐国，至少也会保持中立，而齐国还有宋国这个盟友在鲁国后方加以牵制。所以齐襄公当时有了足够的条件发动灭纪战争，为自己在国内赢回应有的声望。

齐国军队持续性地对纪国边境进行骚扰，借以疲敌。在齐国不断的攻击下，纪国内部出现了分裂，部分纪国的城邑成为了齐国的附庸。公元前690年，眼看时机成熟的齐襄公对纪国发起了最后的攻击。战争进行得相对顺利，郑国果然保持了中立，鲁国实在没有劳师远征和齐国单干的实力和决心，只能眼睁睁地看着纪国被齐国吞灭。齐国的版图也随之向东扩大到了今天山东烟台地区，除了胶东半岛最东端的东夷部落的一支——莱夷之外，齐国几乎统一了胶东半岛，有了强大的势力和战略纵深。

如此一来，齐、鲁两国的战略形势立即发生了巨大的改变，优势的天平开始向齐国一边倾斜，从此出现了齐攻鲁守的态势。

通过齐、鲁两国战略形势的转变，我们可以看到，地处边缘地带的国家有着更多的区域整合的机会。一来它们对外扩张的空间非常大；二来它们面对的对手通常是更加落后的边塞部族，相对容易征服和消化；三来它们往往只有在朝向中央之地的一面国土有着劲敌，在整合的过程中战略形势相对处于四战之地的中央各国更加有利。

区域整合通常是向着外围边缘方向进行的。一者这是封国拓殖的传统；二者外围的扩张潜力更大；三者对外整合能够在战略上消除后顾之忧。

完成区域整合后，吸收了周边的开发地区，经济实力和人口有了保障，军事上获得了较大的战略纵深和相对简单的战略环境。拥有了这些原始积累，这些边缘国家才有资本进行称霸，进而向着更高的地缘整合进发。

当然，这样的区域整合不可能是任意的。首先，战争发起国自身的国力必须要远强于对方，如此才能有足够的把握战而胜之，一战定乾坤，彻底拿下对方；其次，在用武力控制对方后，还要能够以政治控制对方，做到征而服之，快速消化对手，否则消化不良往往让自己得不偿失。这就要求自身在人口体量上或者在政治、文化上也要远超对手；最后，所征服地区必须具备相对成熟的文明和发达的经济。要知道春秋初期人口密度是相当低的，各国主要的城与城之间本身就有大量的未开发地区，如果仅仅是为了土地，组织人力对这些地区进行开发未必比发动战争进行征服的成本高到哪里去。在人力资源极其宝贵的春秋初期，开发或攻占蛮荒之地无异于被倒吸血。所以说地缘整合的目的有很大一部分是为了获得人口和已开发的土地，增强自己的经济实力。其次是为了获取具有战略意义的要地和增强自身的战略纵深，改善地缘战略环境。

由此我们可以看出，地域整合带来的利益要远大于局部称霸。前者的风险低于后者，而且可持续性方面也有很强的优势。这就是为何齐国不惜抛弃盟友的求助而趁机出手吞灭纪国的原因，这也是为什么鲁国宁可放弃联郑制宋的大好时机也要前去救援纪国的由来了。

除了在一国外部所产生的益处外，区域整合在内部让各国打破了过去那种按照宗法分封制，基于家族和血缘扩张的拓殖路线，进而走向了同一经济区域内的跨血缘的横向社会连接，为后来各国旨在称霸的封建化改革打下了基础。

地域整合的这一属性让那些恪守宗法分封制的保守诸侯国故步自封，加之这些正统诸侯大多位居重要的中央之地，进一步抑制了它们在新时代的发展潜力。

与之相反，那些边缘的非主流国家却借此异军突起，后来居上，成为新时代的主宰，过去的非主流即将成为今日的生力军和明日的主流。

从内部的文化角度看，区域整合需要一个统一的国家意志。那些意志分散的正统的宗法分封制国家，如鲁国和卫国，国内公族势力强大，相互制衡掣肘，制约着对方的实力，同时也让国君难以取得统一的国家力量对外扩张或称霸。这一悲剧的典型代表就是卫州吁；而从外部地缘的角度看，居于齐、宋、卫几个大国之间的鲁国没有齐国这样的边缘大国进行地域整合的机会。

所以齐、鲁形成今天这样的战略态势是有着文化和地缘的内外双重作用因素的，这一切可以说是迟早要发生的。最讽刺的是，从齐、鲁两国当年在分封时的安排，鲁国明显是占了便宜的，其正统的政治文化让它获得了代管天子礼仪的无上权力。而位于泰山以西，又使其成为了沟通中原和东夷的文化纽带，而艰苦的武力收服蛮夷的工作，就让地处边鄙的齐国去干吧。

可谁想三十年河东三十年河西，当年的便宜如今却都成为了绊脚石。时代变了，天下大势也跟着一起变了；剧目不同了，主角也将随之而不同了。

胜败始因

齐国灭纪表面上看并无什么悬念，但是如果考察一下这两国的历史，其实齐国灭纪这一幕也是当时天下大势的一个缩影。

纪国和活动于胶东半岛的莱夷同为东夷之后，本着共同的血源和文化认同，对莱夷有不小的号召力。而且从纪侯敢于在周夷王面前谗杀齐侯来看，纪国本身也应该是个和齐国相当的大国。因为如果纪国本身是个无足轻重的小国，那么它肯定会忌惮齐国在事后的打击报复而默不作声；但事后齐国非但没有打击纪国，反而把国都迁到了更西面的临淄，远离东夷的腹地，纪国也有恃无恐地把都城从今江苏省赣榆县迁到了今山东省寿春县，这足以见得纪国本身是个和齐国不相上下的国家。

但在齐哀公被烹杀九世后，齐国为什么强大到有能力独吞纪国呢？而且要不是鲁国再三牵制齐国，齐国灭纪应该更顺利。毫无疑问，齐襄公时齐国的国力已经远远超过了当时的纪国。

那在齐国迁都临淄后的时间里，是什么原因使得齐国和纪国之间的差距一下子拉大了呢？

在外部整体战略格局未被打破的情况下，能够对此起决定性影响的只能是齐国的农业发展速度在这段时间里远超过了纪国的发展速度。而在农耕时代，农业的发达就意味着国力的强大，齐国就是凭着强大的综合国力来消灭纪国的。

纪国无论是早期还是后期，国土都位于滨海之地。而一般海边的土地盐碱化都是很严重的，不适宜耕种，就算种了也产量不高。

再看纪国后期所在的山东丘陵，由于地质构造的原因，当地的土壤渗水严重，土质较中原的黄土坚硬，所以此地的开垦并不容易。

齐国初期在营丘的时候肯定也遇到了相似的问题。在此种种不利因素下，纪国的农垦发展一定较为缓慢，其经济发展也会更多依赖东夷的老本行——打鱼、狩猎。

但这两种生产方式的不确定性又是很大的：狩猎往往长时间跟踪猎物而不得，并在和野兽的搏斗中容易造成人员伤亡；而出海打鱼的危险更大，风高浪急会翻船，海港封冻更使生计无着落。

所以纪国的经济还长期停留在先周阶段，并没有跟上春秋时农业大开垦的步伐。而没有稳固的经济基础，政治、军事、文化等事业的发展是无法保障的，久而久之在同齐国的竞争中就被甩开了。

反观齐国，迁到了更靠近中原的济水下游，那里的土质更接近中原地区，属于黄河冲积平原，易于开垦。更重要的是此处水资源更丰富，不仅有淄水，还有济水的滋润。

今天山东境内的大清河和小清河就是当年的济水故道，临淄正好在南边的小清河旁不远处。济水一路上很少有支流汇入，所以流量不大；济水的补充主要靠沿途地下水的汇入，所以水流清澈、盐碱少；济水从发源到入海都是在地势平坦的黄河冲积平原，所以水势平缓，便于引导。济水以上的特点都非常有利于农垦灌溉渠的建立，所以当齐国定都临淄后，一定利用了当地的有利地形进行了农业大发展，齐国经济得以振兴；而这为齐国的政治、军事、文化大发展提供了有效保障，否则的话，管仲的政治、军事改革就无从谈起了。

所以齐国和纪国此消彼长，正是当时的周朝范围内经济生产从西周时代的农、牧、渔、猎、采集等多种混合经济模式逐步向以农耕为主的单一经济模式过渡的趋势的一个微缩写照。

历史的趋势不可阻挡，顺之者昌，逆之者亡。农业的发展增加了人口、财力和集权程度，赋予各封国更加强大的综合国力。

但是纪国的经济条件虽然不如齐国，却也有着其特有的战略资源——盐业和渔业。

盐的重要性自不待言，时至今日依然是国家垄断资源，民间不得私自买卖，而且盐是百姓日常生活必不可缺但又无法自给自足的物质，谁掌握了盐谁就掌握了源源不断的财源。而东夷很早以前就掌握了煮盐的技术，纪国肯定也掌握了这门技术，山东省寿光地区就有古代盐场的遗址。

另一项战略资源就是渔业。渔业本身相较于农业并无优势可言，但渔业的一个副产品却是冷兵器时代重要的战争物资之一——鱼胶。

在冷兵器时代弓是重要的远程杀伤武器，大量的弓箭是争霸必需的战略物资储备。而在制作弓的“六材”中，别的材料都容易就地解决，唯独“胶”的原料必须用上好的鱼胶，而胶又是决定弓韧性的关键一环。

鱼胶是由黄鱼膘熬制而成，必须通过大量的捕鱼才能获得。在明、清时期一张复合弓的寿命也不超过2年，因此反推春秋时弓的寿命会更短。而东夷部落能很容易地得到鱼胶，这为弓的大量生产提供了重要的物质保障，所以我们可以看到上古有名的神射手后羿、逢蒙等都出自东夷部落，好射手是无数张断弓堆积起来的。

齐国在得到纪国的造弓资源的同时，也得到了善射的东夷弓箭手，这大大增强了齐军的战斗力。所以在掌握了盐和鱼胶这两大战略资源后，齐国靠盐鼓了钱袋子、靠鱼胶强了枪杆子，为日后的争霸打下了坚实的基础，至此齐国才真正尝到了“渔盐之利”所带来的巨大收益。

称霸东方

看到舅舅终于解除了心腹之患，齐国在东方势力正盛，已经在齐国避难了十年之久的卫惠公卫朔意识到自己的机会来了。卫朔请求舅舅帮他打回卫国复辟，许诺事成之后将卫国府库内的宝物悉数赠送给齐国。

这一幕和当年郑突要求宋庄公扶立他为郑国国君何其相似。只不过在国内人心不服的卫朔可不敢忽悠自己国威正盛的舅舅，到时候赖账不给钱。

齐襄公此时信心爆棚，觉得这是一次送上门的将齐国的霸业推向高峰和逆转自己名声的大好机会，便答应了卫朔的请求。公元前689年冬，齐襄公约了宋、鲁、陈、蔡，四国一同伐卫。

齐国此次联合的四国，包括就要争取到的卫国五国，之前都是围绕小霸郑庄公的一个松散同盟。齐国可以通过这次行动联合这些国家，可见齐国当时的实力是很强的，其影响力由东向西一直辐射到中原腹地郑国。如果齐襄公能够妥善经营，齐国完全能够成为诸侯霸主。

很有趣的是，齐襄公这次行动是拖上了鲁国的。对鲁庄公而言，齐襄公虽然是自己杀父淫母的仇人，可同时也是自己的母舅。文姜在鲁桓公被刺后长期留驻在齐、鲁边境靠近齐国的一方。哥哥和儿子，齐、鲁两国的矛盾对于她而言非常微妙。作为国母，她回鲁国将十分尴尬，而如果长期待在齐国，更是不像话。所以她就采取这种折中的方式，维持一下两国邦交上的平衡，也便于随时和儿子或哥哥见面。

当然文姜在这其中也只能做些表面工作而已，真正让鲁庄公协同齐国作战的原因是齐国当时对鲁国的压倒性的战略优势。这次配合行动的其他三国宋、陈、蔡帮齐国在鲁国后方形成了一个包围圈，而鲁国所倚仗来对抗齐国联盟的郑国和纪国，前者被齐国策反，保持了中立，而后者则直接被齐国吞了下去，成为了齐国的一部分。

孤立无援的鲁国在齐国强大的压力之下，不得不老老实实就范了。不过凭借齐国当时的实力，这次行动即使没有鲁国参加也不会有太大的影响。齐襄公拖上鲁国，不仅是为了给它施加压力，其实也算是一种同盟友好关系的表示。

得知五国联军来袭，卫国大夫宁跪赶往周王室请求支援。因为当时的卫国国君黔牟也是周王室驸马，方才结束内乱的朝廷可怜巴巴拼凑了二百乘兵车前往卫国助战。

结果周庄王的这点军队就像蚂蚁一般被五国联军碾死。卫国城破，卫惠公成功复辟，驱逐了黔牟，诛杀了他的党羽。齐襄公如愿以偿得到了重贿，并且还将很大一部分分给了鲁庄公，想以此来笼络这位和自己貌合神离的外甥。从这一点不难发现，齐国借此次行动对鲁国是既加打压又行拉拢的。

当年周桓王败给郑庄公的时候，好歹还有陈、蔡、卫三个拉拉队，可是现在这些国家基本都一边倒地到了齐国这边来和天子的军队作对，周王室的威严彻底扫地。

在搞定了卫国之后，东方重要的国家中，卫国、宋国、鲁国、郑国、陈国、蔡国，基本上都不同程度地听令于齐国了，齐国俨然成为了东方的老大，此时的齐襄公真是不可一世，颇有当年郑庄公的派头了。

驻防葵丘

现在齐襄公虽然风头正劲，但实际上却并不像表面看起来那么光鲜。齐国内部，频繁的对外用兵让国内压力和矛盾骤增，军事上的胜利也未能彻底掩盖他道德上的不检点；而在外部，齐国的区域霸权主要是依靠着代理人政治来实现的，郑国、卫国，甚至鲁国无不如此。在地缘上，这三个国家本来是自己的对手或者至少不是自己的盟友，因此齐国的区域霸权其实是很脆弱的。

齐襄公更大的困境在于，他的穷兵黩武实际上透支了他本就所剩无几的政治资本。

周天子本想通过解救驸马卫黔牟的行动挽回一下周王室的尊严。内乱初定的周王室派了二百乘军队来过过场的，周庄王本希望齐襄公能够给他一个面子，放过连襟卫黔牟，也让自己在成周和诸侯面前争个光。

但是齐襄公为了权力和贿赂，鲁莽地歼灭了朝廷军队。孱弱的周天子虽不能直接讨伐齐国，不过如果和其他诸侯合作，周天子还是能够给齐国非常大的压力和威胁的，尤其是被齐国压制的郑、鲁两国。郑、鲁两国现在处于困境之中，如果周天子能挑头反对暴戾的齐襄公，那么郑、鲁两国很有可能依附到周天子的大旗之下重新结盟，反对齐国。

如果真的如此，那么陈、蔡这样的墙头草也会很识趣地掉转枪口，而且一旦国外出现反对的声浪，齐国内部的利益受害者恐怕也将群起而攻之。外强中干的齐襄公所构建的霸权将很快土崩瓦解。

齐襄公的三次行动，无一不是国际暴行，虽然对于齐国来说是利大于弊的，但是就齐襄公本人而言，却是得不偿失的。特别是第三次的抗王伐卫行动，齐襄公是想借此修补其他三面危墙的，结果却把天子这面他好不容易争取来的墙也弄倒了。而现在所有这一切的最初起因，还可以追溯到他向天子请婚，这是多么讽刺啊！

齐襄公可谓是春秋时代的拆迁办主任，更无语的是他拆的还都是自己的墙。

天子这面墙一倒，齐襄公的四面墙基本都快倒了。只要再轻轻一摇，天就塌下来了。

所以这一切的担忧并不是空穴来风，齐襄公是一个行动派，他必须采取新的行动来阻止危机的爆发。

要解决眼前的危机，就要从齐国当时的战略格局的最薄弱关节入手，看住郑、鲁这两个不安定因素，切断周天子与东方大诸侯国的联系。

鉴于此，齐襄公在位于郑、鲁两国之间的，南临济水的葵丘（今河南省民权县东北）派军驻防。

齐襄之死

齐襄公一向拆东墙补西墙，如今天子这面墙也倒了，已经没有别的完整的墙给他拆了，他只能去拆那本就是危墙的朝臣这一面了，这下大祸必然临头了。

齐襄公派去驻守葵丘的是大夫管至父和连称，连称就是他失宠的连妃的哥哥，这不是自留隐患吗？没办法，连年用兵的齐襄公手里也没什么牌了，不派他估计也没人去了。而且把这样对自己心怀不满的人送去前线驻防也不失为一种安全策略。

葵丘远离齐国本土，大军孤悬在外生活艰苦、任务繁重，连称前往驻守前要求齐襄公给个明确的换班时间。当时正是瓜熟季节，齐襄公与其约定明年瓜熟之时给连称的军队换防。

一年时间过得很快，又到了瓜熟之时，连称看到齐襄公这边没有反应，便派人入国都讨要说法。但是连续多次的大规模用兵，使齐襄公手头的军力捉襟见肘，他实在是没有部队可以用来换防了，便回绝了连称的要求。

这下连称和管至父不干了，手下军队也埋怨齐襄公，出现了哗变的趋势。

连称想到了自己失宠的妹妹，看到齐襄公现在的处境，他发现这倒不失为自己的一次机会，于是决定和管至父一同谋反。

谋反的动机有了，理由有了，实力也具备了，就缺一个谋反的着落了。

什么着落？谋反后拥立谁为君主。弑君不能白弑，还得重新拥立一个，这样不仅自己解了恨，脱了罪，还是新君的功臣。还是那句话，玩政治的都懂得一举多得的道理。

拥立谁呢？最好是一个和齐襄公对立的，而且又没有自己势力，便于控制的人。当然，此人还必须有权当国君。

两人很快想到一个人：公孙无知，当年齐僖公临终前让齐襄公好生照顾的堂弟公孙无知。

为何齐僖公临终还不忘提此事呢？一来齐僖公非常疼爱这个侄儿，二来因为齐襄公从小和公孙无知不和，所以才要特别关照一下。

可是对于父亲的两个临终嘱咐，齐襄公只听进了前一个。他上台后不仅不好好罩着公孙无知，反而因为公孙无知和自己的宠臣雍禀争道，狠狠裁减了公孙无知的俸禄，并把他赶出国都。公孙无知一直想作乱报复，只是找不到一起干的人。

于是连称和管至父写信给公孙无知和连妃，商量一同谋反。让连妃窥探下手的机会，要求公孙无知事成之后娶连妃为夫人，形成政治同盟。三方一拍即合，齐襄公自己一手培养的反对力量现在联合起来对付他了。

压垮齐襄公危房的最后一根稻草也到位了。

没过多久，连妃就送来了情报，齐襄公带着一帮群小一起外出打猎了。连称和管至父带着军队前往击杀了齐襄公，扶立公孙无知继位，连妃被立为君夫人，连称为正卿，管至父为亚卿。此时是公元前686年。

公孙无知只是一个旁系的远房继承人，在朝中素无资历，众位大夫心中并不服，但是慑于连称和管至父的兵权，也只好默认。齐国的贵戚世卿国氏和高氏都称病不出。

当年得罪过公孙无知的雍禀这回是讨饶求情，甘当孙子。公孙无知毕竟君位还很不稳，所以为了赢得人心还是赦免了他。

齐襄公的闹剧到此为止了。和卫宣公一样，一朝乱伦，祸及自身，还引发了国内国外长时间的动乱。

齐襄公为了堵住自己和妹妹文姜的一夜奸情采取了和卫宣公完全不同的方式，但是到最后却是和卫宣公殊途同归，引发了祸国殃民的连锁反应。其根本原因在于，天子不再能维持宗法体系和国际公义，失去了纵向的等级制度，天下的结构变得更加脆弱和不稳定，国君的任何小的举动都会触发因果链条，无论你是顺其发展还是严防死守，最终都造成逐级崩塌的惨剧。

诸侯们原本以为天子这面墙倒下了，自己自由了，可以直接看见外面的世界了。可是不曾想这自由是有代价的，他们再也不能生活在一片安全的天空下了。

没有了王室的保护，又失去了天子的管教，诸侯们一个个越来越放肆。他们住在三面连接而结构不稳定的宫室内，本就处境可危，如果再胡乱折腾，只能自取其祸。

更不幸的是，这样的局面都是过去时代所没有的，现在的诸侯们没有经验可以借鉴和参考。只能说这个时代要做个好国君并不容易，不是国君不明白，是这世界变化快。如果国君再不检点一些，下场难免会很悲惨。

虽然齐襄公一连串的武力为齐国创造了一时的霸权，但一朝乱起，外部的格局瞬间逆转；好在仇敌纪国这块蛋糕是被齐国实实在在吃在肚子里了，为齐国日后的辉煌奠定了有力的经济基础和战略优势。可惜的是，齐襄公本人再也无福消受了。

只能说这些都是试水的一代人，只要稍有不慎就会被无情地淘汰。卫宣公和齐襄公因为荒淫而完蛋，公子伋和公子寿由于仁厚也不得不出局。他们是历史为后人所提供的借鉴，为后来人的坦途铺就前进的道路。

但是要想为后人铺平道路，这些范例还远远不够，在这个已经变得残破不堪的制度结构被修补或者取代之前，将会有更多的国君被淘汰出局。

诸子之乱

国际格局的变化是各国力量博弈的结果，而一国国内政局的变化也同样

源于各种力量的博弈。由一国国内局势的转向，可以看清其背后各种主导力量之间此消彼长的态势。

郑厉失政

要说淘汰国君的话，那就非郑国莫属了。

从郑昭公郑忽第一次上台，一直到齐襄公被杀这十五年间，郑国国君走马灯似的换了五次班，而且主角全都是郑庄公临终前所不放心的那四位儿子。

过高的换班频率、不正常的兄弟相替、四位公子五次换班，仅凭这几点，郑国的混乱就可见一斑了。

郑庄公当初的担忧都成为了现实，我们且先看看这几次换班的大致过程。

郑厉公郑突在借宋军之力把哥哥郑忽赶下了台后，因为没能如数交付许诺的贿赂而和宋国结怨。在七国混战之后，宋庄公联合了齐、蔡、卫、陈四国一同伐郑。

郑国由于政变，郑昭公通过联姻拉拢的陈、蔡、卫三国都倒向了宋国一边，鲁国在齐、宋两国的包夹下无暇西顾，郑国处于非常孤立的地位。

五国联军来势汹汹，祭足反对郑厉公的出战要求，下令闭门防御、结果城郊遭到联军大掠，连祖庙的房椽都被宋军卸走以示羞辱。

郑厉公非常不满意自己受制于祭足，又损失受辱。但是毕竟他根基不牢固，不得不依靠祭足执政。

第二年，公元前697年，曾被郑军射伤肩膀的周桓王驾崩。郑厉公计划前去周王室吊祭先王，朝觐新王。但是郑厉公再一次被祭足阻拦，在祭足看来，郑国和周王室的过节还没过去，郑厉公前去只是自取其辱。

郑厉公真的很愤怒。原本他想去周王室拜见新任周庄王，给本国和其他诸侯国看看，来更好地稳固自己的君位。如果能够和周王室冰释前嫌、重修旧好，那郑厉公就有机会重振郑国，改善孤立的国际地位。

可是又是祭足给搅和了，郑厉公不仅感觉到了祭足对自己权力的威胁，而且也体会到了祭足的用心。

郑厉公对祭足动了杀机，但是祭足对朝野的控制远强于郑厉公，他需要一个最可靠的帮手。

帮手是现成的，郑厉公找到了表哥雍纠。虽说雍纠是祭足的女婿，但是那只是政治婚姻而已。况且这桩婚姻的主要目的就是让雍纠监视牵制祭足的，所以翁婿二人并无多少感情可言。

而郑厉公这个表哥可是实打实的，并且郑厉公还答应雍纠事成之后立他为正卿，两人很快一拍即合，决定设宴毒杀祭足。

一切按计划进行。可是在当日酒宴上，祭足事先已经从女儿雍姬那里得知了郑厉公和雍纠的阴谋，并没有喝下毒酒，反而擒杀了雍纠，杀退了郑厉公在周围埋伏的甲士。

郑厉公和祭足的矛盾彻底爆发，手下唯一好使的人手也被祭足干掉了。郑厉公遭到祭足的驱逐，逃奔到了蔡国。

当年郑昭公是在毫无防备的情况下被弟弟先下手驱逐的，这回郑厉公虽然又准备先下手为强，没承想自己反倒被别人给赶跑了。这年头必须要主动进攻，不仅要出手，而且还要看谁出手更快。在这样一个杀气腾腾的世界里，所有人的日子都是不好过的，好人的下场会非常悲惨。

郑昭遇刺

祭足向卫国要求迎回郑昭公，座位不稳的卫惠公乐得做一回好人，痛快地答应了祭足的请求，派车将郑昭公送回国。

郑昭公虽然成功复辟了，但是日子却并不好过。经历了上次的驱逐，他和祭足之间相互猜忌，彼此提防；而高渠弥担心郑昭公怀恨于上次他对换君的表态，自己私下筹备着作乱；郑突逃到蔡国后，勾结蔡国的力量，攻下了当年郑庄公封给公子元的郑国大邑栎城（今河南省禹县）。此地位于颍水南岸，可以隔河与郑国核心区域对峙，俨然一个独立的小国，对新郑虎视眈眈；卫惠公不满郑昭公回国后对卫国的冷淡态度，也想找机会教训他一回；老对手宋国又在郑突的利诱下蠢蠢欲动，准备对郑国发动进攻。

内外交困，与兄弟不和，同大将不一，跟权臣不齐，和邻国不睦，各种力量都有自己的打算，郑昭公处于各种力量博弈的旋涡中心。

最终还是兄弟郑突首先发难，再度请求宋庄公帮助出兵郑国，答应他得国后一定补齐上一次的贿赂。宋庄公财迷心窍，贪心又起，与蔡国共同攻打郑国，卫惠公主动请缨，一同参战。

公元前697年，宋、蔡、卫联军和郑突一起从栎城前来进攻郑国。祭足派傅瑕驻守栎城和郑国之间要塞大陵，自己也率大军前往合力拒敌。

大军被祭足阻挡在了大陵，此时卫惠公又后院起火，联军只得退兵。

就在这一年，趁着郑国的骚乱，许国的执政，当年被郑庄公当作傀儡的许叔乘机驱逐了国内的郑国军队，光复国都，恢复了独立地位。许叔也正式成为了许国的国君，史称许穆公。

祭足知道这只是一时的胜利，必须想办法彻底解决当前的困境。考虑到郑突和齐国在七国混战之时结仇，齐襄公最近又准备娶周朝公主，祭足亲自前去齐国称贺，借此拉拢齐国。

从地缘格局上，郑国和鲁国应该是一伙的，齐国和宋国是敌对的关系。现在老到的祭足去结好齐国，显然是回到了当年郑庄公联合齐国的老路上，向其表示合作。但是不同的是，郑庄公时代强大的郑国是郑、齐关系的主动方，而现在的郑国更像是在向齐国求饶一般。

当时正是齐、鲁关系相当微妙的时候，所以祭足和齐国结盟，意在表明郑国将不再配合鲁国，同齐国作对，也请齐国和宋国不要给郑国添堵，有工夫就去对付更近的鲁国吧。现在内忧外患的郑国只想能够自保，暂时不愿也无力再去掺和国际争霸。

这一行动说是卖友求饶也毫不为过。安内不力，攘外莫提，当时的郑国首先要对付内部的分裂，外部只好服软了。之后郑国在齐、鲁一系列的对抗中都保持中立，其实实在是自顾不暇。

智者千虑，必有一失。祭足看到了明处的威胁，没想到这一去，被高渠弥钻了空子，乘机杀死了郑昭公，扶立公子亹上台。这一年是公元前695年。

可怜的郑昭公，两次做国君的日子加起来不满三年，腹背受敌，前番被宋国逼下台，这回又被内鬼给阴掉。真可谓命运多舛，悲剧人生。

郑亹受戮

不过方才得逞的高渠弥和公子亹别高兴得太早。齐襄公在齐、鲁关系的紧要阶段得到了郑忽抛来的橄榄枝，想不到高渠弥君臣却在背后放冷箭，令齐襄公非常愤怒。此时又正逢齐襄公的执政危机时期，为了缓解自己的困境，他就想到拿郑亹来给自己开祭，当即致书郑国，邀请郑国君臣在首止（今河南省睢县东南）会盟。

郑亹上台后也想结好齐国，以便全力对付哥哥郑突。没想到现在齐国主动请盟，便和高渠弥等一班人马高高兴兴地去了首止。

但是祭足和大夫原繁并没有同去。还是那句话，一个对你不抱好感的人，主动请你过去吃喝玩乐，会是有好事吗？何况齐国是大国，齐襄公又是以暴戾著称的，肯定是来者不善。

事情果然不出祭足所料，郑亹和高渠弥在酒席上被齐襄公安排的武士押下。齐襄公怒斥二人谋逆弑君的恶行后，将郑亹乱刀砍死，高渠弥则被五马分尸，以此作为乱臣贼子的下场来警示后人，为自己树立威德。

君臣二人才享了没几天福，没想到被外人以更阴险、更狠毒的方式给做掉了。害人者到头来自己的下场更加凄惨。

齐国派人向郑国说明为其剿除逆贼的正义性，并要求郑国新立国君，与之结盟。

无论郑亹和高渠弥对错，也轮不到齐国来管郑国的家务事，可惜郑国此时已经狼狈不堪，无奈之下只得接受眼前事实。

大夫叔詹提议迎回郑突，但是郑突上次是祭足赶走的，他当然不干。没有了高渠弥，祭足是当之无愧的众卿之长，在郑国谁也无力与之作对。其实从国家利益的角度出发，接郑突回国即位对郑国是最有利的，无奈权臣当道，郑国不得不继续忍受分裂之苦。

朝臣们经过一番博弈，最终同意迎立公子仪为郑国国君。任命祭足为上大夫，叔詹为中大夫，原繁为下大夫，派遣使者和齐、陈、蔡等国修盟。这时候的郑国还是处于南北对峙的分裂状态，颇似当年周王室二王并立的局面。郑国不得不放弃和鲁国的盟约，结好齐国和附近的陈、蔡两国，不再谋求对外争霸。至此，郑国走马灯似的国君更替才算告一段落。

天下之枢

短短十多年的时间，郑国就由一个纵横捭阖的强国蜕变为一个人尽可欺的角色。郑国走马灯似的易君和动荡究竟是什么原因造成的呢？

宋庄公索求贿赂要攻它，卫惠公立威泄愤要伐它，齐襄公危机公关要打它，它周围的陈、蔡等国更是一次次愿意不愿意、得已不得已地卷入大国对郑国的讨伐行动中。

郑国持续不断的内外危机，来自各国势力的此消彼长对它的影响；政权更迭，正是各种力量关系向背的直接体现。郑国之乱，源于天下之乱。

秩序崩塌的乱世，天下的乱象都被层层放大，最后聚焦到了天下之枢——郑国身上。

郑国处在整个周朝天下的中心位置，又是在天子身旁，郑国自始至终都是春秋时代的缩影。可以说郑国就是当时天下各种力量的博弈场，郑国的兴衰荣辱无不映射着天下的风云变幻。

虽然此时的郑国已经从小霸降格为了一个二流国家，但是它的命运却体现了时代各阶段的特征。即使在郑国后期进一步沦落为朝晋暮楚的政治妓女、群雄争霸的案上鱼肉，也始终是天下大势的晴雨表。

昔日，作为朝廷卿士的郑庄公得以发家，正是象征着周王室东迁后天子的短暂荣耀；到了周桓王时期，郑国和天子之间的矛盾，正是此时周王室衰微而诸侯崛起的形势下，不可避免的冲突；而后郑国的叱咤风云，则是诸侯势力渐强，列国争霸升级的必然结果；到了后郑庄公时代，霸权的转移和各种势力的博弈导致了郑国的大乱。

在这个过程中，郑国从中原地区的格局主导者，蜕变为对立阵营的主力军，再沦落到新格局的被主导者，郑国的步步衰落见证了天下格局的重心逐渐从中原核心地带向东部边疆转移的过程。

角力平衡

郑国诸子斗争的背后就是当时天下各种力量的博弈。

郑昭公郑忽的支持力量是陈国、卫国和蔡国，相比齐、宋、鲁这样的国家，三国在此时都是弱国的代表。乱世之中，弱国是没有自主权的，甚至连话语权都没有。陈国自身难保，又能给郑忽多少支持呢？卫国同室操戈，受制于齐；蔡国更是在宋国的要挟下去攻打郑昭公，仅仅为了自己能够苟延残喘。

这是弱国的悲哀，也是时代的悲哀，所以郑昭公郑忽的命运最为悲惨，尽管他是最正统的国君继承人。在复辟后又被杀害的事实正好反映了弱国们无力的挣扎反抗。

郑亹由高渠弥一手扶上台，是权臣支持派的代表。虽然手握重兵的权臣能够在国内帮着主公一手遮天，但是郑国毕竟是一个中等国家，这样上台的国君还是必须要有国外势力的支持才能坐稳君位的。

结果郑亹正是在争取齐国支持的时候被齐襄公为了自己的政治目的而杀死的，真是莫大的讽刺，也道明了权臣力量的有限和郑国国小力弱的现实。在郑国诸子中，郑亹上台时间最短，死得最轻巧，因为他上台的偶然性最大，靠山最弱。

但是即便是有大国的支持，郑突的下场也没好到哪里去。且不说这些大国国君个个都自身难保，就看这些国家的行事风格，也让人难以信任：宋国唯利是图，鲁国自顾不暇，齐国横行霸道。

大国的武力干涉是违背郑国意志的，不可避免地会出现排异反应，国内权臣的力量和周围弱国的势力会共同对它进行反抗。郑厉公郑突被权臣祭足驱逐，卫惠公送回郑昭公这两件事就是明证。

郑国的诸子之争最终是由郑仪的上台才使之告一段落。在郑庄公为君位斗争的诸子之中郑仪是最没有背景的一个，由他来结束这一回合的郑国君位争夺战似乎是最出乎意料的。

但是出乎意料不代表不合理，郑仪之所以有机会能上台，是因为一番恶斗下来他的几个兄弟们死的死、逃的逃，该得罪的也都得罪了个遍，可依靠力量的也都没有了着落。

因为这些力量在此时谁都不能最终胜出，恶斗的结果是两败俱伤。旧秩序的瓦解带来的是混沌的局面，所有的力量被搅和在一起，却没有谁能获得决定性的胜利，所有的秩序都被或多或少地打破了，却没有新的体系建立起来。郑仪的上台不正是这些力量斗争后妥协的结果吗？

所以郑仪的上台恰恰是最合理、最说明问题的。当时所有力量的角逐都达到了白热化的程度，没有一个能够脱颖而出，最后只能靠一个中立的角色来暂时结束这一切。

各种主要力量的博弈一直在纠缠持续进行着，旧的秩序向新的格局过渡的过程中，必然要经历这样一个混沌期，最终才能有决定性的新力量脱颖而出，引领新的时代。所以大国争霸还在进行，弱国附从也会跟进，权臣作祟难以终结，郑国内耗亦将持续。

乱世悲局

郑庄公的四个儿子每个人都是作用在他们身上的力量的一面镜子，他们的起伏都是起因于这些力量的长消。

我们再来看看郑国诸子和他们的势力之间的联系方式，可以对当时的天下大势有更加清楚的认识。

郑昭公郑忽是通过婚姻关系跟陈国和蔡国结盟的；郑厉公郑突指挥宋国靠的是贿赂；郑亹和高渠弥则是结党相伴。

几位公子的结果我们都已经看到了。老婆罩不住你，使钱也不一定管用，朋友也指望不上，那还有什么是靠谱的呢？兄弟？郑国之乱不就是兄弟之乱吗？那还有什么？父亲？郑庄公临终前的犹疑不决不正是今天郑国大乱的原因之一吗？既然郑庄公已经决定让郑忽继位，为他安排好了国家的战略布局，并且知道郑突是个不安定因素，那么他最好的做法就是狠下心杀了这个他最爱的儿子，而不是放虎归山，让他在日后惹出这么大堆乱子，彻底破坏了郑国的对外战略格局。当然，强悍的郑庄公之所以没这么做，估计还要考虑到郑忽母族宋国一边的势力。但是你也别都怪郑庄公，他会说他那会儿连母亲都靠不住。

这就是真正的乱世，乱到了什么都指望不上的地步。权力高层本就是你死我活的角斗场，一旦连当时唯一的游戏规则——礼乐都作废了，那就真的要乱象百出了。

我们再来看看目前的胜利者郑仪吧，他凭借的是什么？时运！时代所赋予他的运气。其他的几个有背景的兄弟鹬蚌相争，让他坐收了渔翁之利。

但是时运靠得住吗？地球人都知道。

郑国的悲剧就是当时中原各国的悲剧。在内忧外患面前，中原各国苦不堪言，它们尝到了礼坏乐崩的苦果。但是还是有人非常高兴，并且乐于看到这样的局面的。他们静候在一边，等待着自己机会的到来。

第四章 边鄙崛起

随着对中原霸权的争夺日趋白热化，地处中原核心区的诸侯们斗得不可开交，各国的内政外交出现了不同程度的危机。而在此时，地处核心地位外围的封国却能够在独立的环境中发展壮大，为争霸中原奠定了坚实的基础。

楚国真正的野心

一国有大的行动之前都会释放出各种各样的信号，无论是体现在其口号上还是行动上。仔细观察这些信号，从中我们也能解读出一国的战略目标和发展情况。

南蛮荆楚

中原各国乱象百出，位于南方偏隅的楚国觉得自己的机会来了。

楚国又被称为“荆”，最初的封地位于丹阳（今河南省淅川县），向来被中原各国看作蛮夷之邦、南方鸟语民族。之所以这么叫，不仅仅因为楚地语言和中原有所区别，而且还和楚人的图腾崇拜有关。

中原诸夏普遍崇拜的图腾是龙，而楚人的图腾则是鸟，即现在所说的“湖北佬，九头鸟”。图腾象征着祖先，图腾不同，意味着祖先也不一样。所以这时候的楚国和中原各国是属于不同族源的。楚人和周朝的关系，就像当年商人和夏朝的关系、周人和商朝的关系一样。

鸟图腾是东夷部族普遍的标志，故有“鸟夷人”一说。当年周天子封楚国于荆蛮之地，授封子爵爵位，和秦国一样类似于外藩附庸。周人对这个和前朝关系暧昧的部族是缺乏信任的，甚至可以说是有着严重敌对情结。除了将之封于远离周朝核心的山间之地外，历代周天子还多次对其发动征讨，逐渐逼迫着楚国向南退避，不得不在苗瑶部族生息之地开拓空间。

楚国国君据传是黄帝之孙颛顼，火神祝融的后裔。楚君芈姓，熊氏。这其实是通过傍祖先来为自己确立法统的惯常做法，尤其在盛行祖先崇拜的中华文化内尤多。后世也不乏如此操作的胡人政权，比如匈奴刘渊。而在宗教崇拜盛行的欧洲，这一做法异曲同工地变成了皈依宗教来获取正统地位，典型的如匈牙利和俄罗斯。

在周朝后期，楚国封地退到了江汉流域，位于汉水和长江的南北包夹之中，其东部（今湖北省武汉市和天门市范围内，今洞庭湖以北）在当时还是一片面积巨大的湖泽，被称为“云梦泽”。这片湖泽由于地壳运动在汉朝逐渐消失，继而在长江的南岸形成了如今的洞庭湖。在江汉流域的西部则是大巴山，将之与巴蜀之地相隔。楚国就是在这样一片四面可守且面积可观的土地上发展壮大的，逐渐成为了南方大国。

从楚国的地名“荆楚”二字来看，就知道是多草木之地，和中原大为不同。当时南方的江汉流域和汉淮流域在经济和文化方面比中原地区都要落后不少。相较黄土高原和黄淮流域的松软黄土，位于长江流域的楚地土质坚硬，而且温度更加适宜，雨量相对充沛，所以植被要比中原地区茂盛得多，这样的土地在金属农具大规模普及前难于开荒和耕种。所以直到铁质农具普及后，长江流域自然条件所赋予的农业优势才逐渐体现出来。楚人自称火神之后，恐怕正是其刀耕火种的生产方式的体现；楚国国君的熊氏族系也反映了楚地应该还是野兽出没的蛮荒之地。

尽管落后，但是身处蛮夷之地的楚国却桀骜不驯。楚国国君历来不满周天子的冷遇和中原诸夏的偏见，总试图能取得个名分。直到现在，荆楚地区仍然有口头语“不服周”，就是不服气的意思。

僭号称王

西周后期，随着周王室的威望步步衰落，楚国终于开始蠢蠢欲动了。周厉王时期，当时的楚国国君熊渠居然冒天下之大不韪，自作主张地称起王来。

春秋时期的王代表的是天下共主，天下只有一个，所谓天无二日，地无二王，熊渠僭越称王，是想取周天子而代之呢？还是要另立山头，与他分庭抗礼？

以当时楚国的实力论，周王室虽然出现了衰落的迹象，但是还轮不到楚国来挑战它的地位。熊渠称王很可能是想在长江流域当个老大。强悍的周厉王果断向南出兵，准备好好教训楚国这只出头鸟一番。在此威胁之下，熊渠主动取消了自己的王号，并抛下一句堪称西周时代最有个性的话："我蛮夷也，不与中国之号谥！"

熊渠是一个值得细究一番的人物。从他前后的表现来看，他的称王很像一次试探，而他后面的那句"我蛮夷也，不与中国之号谥！"其中却意味颇深，更像是他真正的意图所在。

周朝采用"华夷五方"的概念来进行政治同化，蛮夷戎狄都是受当时中原主流所鄙视的对象。而熊渠却偏偏反其道而行之，自称蛮夷，其用心何在？

作为一国之君，而且是官方色彩浓重的政治宣言，这不可能仅仅是一时冲动之语。即便真是如此，也没有可能被记入官方的史册。所以这句话一定是有其用心所在的。

熊渠擅自称王，周厉王给予了强烈的反击。显然此时的楚国还没到直接能挑战周王室权威的地步。那么在这种情况下，熊渠需要做的首先就是加强自身的实力。

身处蛮夷之地的楚国要想提升实力，最有效的做法就是整合附近的蛮夷部族，凭借自身的武力和威望将之收编为自己的势力。要想号召这些蛮夷，楚国首先要自己甘于成为其中一员。这样一来就可以理解熊渠的那句话了，不仅是给了自己一个台阶革除王号，更是同时对周围的蛮夷部族吹响了集结号。

图谋北进

周王室东迁之后，王室的力量越来越衰弱，楚国也保持观望态度。公元前707年，周桓王兵败于郑国，被祝聃射伤，天威大亵，楚国觉得自己的时机成熟了。

当时的楚国国君是强横好战的熊通，他是杀了自己的侄子后夺权上台的。这是一个狂妄的主儿，上台后不久便要称王。

这显然是楚国发出的一个新的信号。到此时，楚国经过了一个多世纪的经营，对周边蛮夷部落的整合已经基本完成。所以它有实力进军中原了，此时的称王和当年熊渠的试探已经不一样了，而应该是要求转正。

不过楚国要想顺利进军中原，称王图霸，眼前还有一道巨大的屏障需要跨越。虽然地处偏远，楚国的种种举动却时刻是周天子所戒备的。面对楚国在南方蠢蠢欲动的架势，周宣王在汉水北岸分封了一系列诸侯国，其中主要为姬姓诸侯国，作为防御楚国北进的藩屏。

这是一个庞大的诸侯国集团，被称为“汉阳诸姬”。在这个战略缓冲区中的国家包括随国、邓国、息国、唐国、应国、绞国、厉国、贰国、鄾国、轸国、郧国等。

在这些国家眼中，楚国不仅是地道的蛮夷，而且还是天子授命它们看管防范的对象，楚国是何等的不受它们待见也就可以想象了。

所以楚国要想进入中原，就要搞定它们；要想搞定它们，只能依靠强力。

在汉淮流域的诸侯国中，楚国几乎是爵位最低、文化最为落后的国家。楚国唯一的突出优势在于它的势力范围和战略位置，以及与之相对应的军事实力。

不过汉阳诸姬有十几个之多，楚国不可能一个个收拾过来。

柿子要拣软的捏，榜样要挑硬的立。只要收拾了其中最强的一个，那么剩下的就都望风归顺了。楚国的令尹（相当于中原国家的上卿）斗伯比向熊通建议先搞定随国。

收服随国

随国，姬姓，侯爵，位于今湖北省随州市，是汉阳诸姬中最大、爵位最高、与周王室关系最近的诸侯国。只要搞定了随国，其他的汉阳诸暨也将望风披靡。

除此之外，单从地缘上来讲，随国也是楚国北进中原前必须搬掉的一块路障。随国位于汉水和大洪山以北，桐柏山以南的随枣走廊（随州一枣阳）处。楚国要想进入中原的两条主要道路，一条直接北上由襄阳渡过汉水进入南阳盆地（大致今G207国道走向），另一条取向东北穿过桐柏山的峡谷进入河南信阳（大致今G107国道方向）。这两条路正好位于随枣走廊一头一尾处，如果不摆平随国，楚国的北进路线会随时被它掐断。

随国毕竟有一定的实力，并不能等闲视之，要想战胜它还是得有所准备的。于是楚国定计，派遣使者对随国进行友好访问。随国礼尚往来，也回派了使者前去访问楚国。在随国使者访问过程中，楚国故意安排老弱的军人驻守各个营寨和关隘。回访期间，熊通对随国使者说明了主动结好随国的原因：楚国连年凋敝，国力不济，想依附随国这棵大树。

使者回国后把在楚国的所见所闻向随侯一说，随侯果然中计，萌生了侵略楚国的打算。不过大夫季梁头脑很清楚，楚国本身实力可观，而且向来凶神恶煞，攻击性很强，如今主动示弱讨好，这明显就是个套，切不可掉以轻心。随侯虽将信将疑，但还是没有贸然出动。

我引诱你来你不来，那我就将计就计，索性设个局算计你不来，用这个借口打你。就好像我拖你过来你往后仰，那么我索性顺势而为，顺着你的力道推你一把，不怕你不倒。

熊通采纳斗伯比的计策，召集了江汉流域各路诸侯在沈鹿(今湖北钟祥县东)会盟。到了预定日期，庸、轸、濮、鄾、绞、郧、贰、邓、罗、申、巴、江等国诸侯都准时赴会。虽然它们心中看不起楚国，但是还是慑于其武力的。

楚国所召集的诸侯国只有两个没有来，一个是黄国，熊通派人去问责，黄国国君知道楚国不好惹，老老实实服罪求饶了。

还有一个就是随国，前几天你还求我保护你，今天你以老大的姿态叫我过来我就乖乖过来？

虽然随国上套了，但是楚国还是要把表面功夫做足。同样派出使者前去讨问缘由，说是问责，其实就是去挑衅，这样一来，楚国和随国的战争不可避免了。

只要拿下随国，楚国就能成为南方之王，所以这一战楚国志在必得。实力上楚强随弱；楚国蓄谋已久，随国准备仓促；楚国知己知彼，随国不知深浅。而战争结果也不出意料，公元前706年，楚国伐随大胜，随国投降。从此逐步沦为了楚国的附庸，直至亡国。

熊通再王

收服了随国，楚国在南方称王没有什么障碍了。但是借着胜利，楚国却向随国提出了一个要求，请随国代表江淮各国诸侯前去向周天子表奏楚国的威德，正式册封熊通为王。

熊通的用意很有趣，随国本是周天子派来看住楚国的宗亲，现在却不得不掉头去代表楚国向周天子请愿，不知天子会作何感想。

楚国弹压周边诸侯国只是为称王获取资质，达到了这一步以后，它就直接要求转正了，成为名正言顺的王。虽然楚国嘴上不服周，但还是不得不把周天子当作天下共主。

可是问题又来了，周天子自己是王，他可以册封诸侯，但是却没有资格封他人为王。楚国会连这么简单明了的道理也不懂吗？何况周天子自身岌岌可危，就算封了他又有谁会认呢？

看来楚国此举的着重点并不只是为了封这个南方王，因为那没有意义，楚国凭借实力已经足够让身边那些小国家俯首称臣了，再去求周王一次纯属多此一举。而且这一请求还有可能被周王拒绝，岂不是自找麻烦、自讨没趣？

但是如果周天子同意了楚国称王，那么楚国将在爵位上一下子超过所有国家，必然引起所有人的关注。

不过比较一下熊通的九世祖熊渠当年试探性的称王之举，就会发现这一举动从头至尾，除了楚国自己和周天子，其他诸侯国仿佛都不知道有这一回事，如同楚国自娱自乐一般。

所以熊通今番折腾这么一场，绕这么大的弯子去找周天子册封，对内宣告了进军中原的志向，对外则在于引起中原各诸侯国的注意。

而且如果楚国真的被册封为王了，那么它就能彻底摆脱自己被视为蛮夷的尴尬地位，名正言顺地号令诸侯。

楚国真正的野心比我们想象的要大，它真正的目标不仅在于中原，而且还有整个天下，因为任何诸侯只要有实力都能逐鹿中原，但是只有“王”才能坐镇天下。

周王室江河日下，而自己的国势则蒸蒸日上，天子的式微正是自己的机会。只要孱弱的天子慑于自己的力量，能够册封楚国，那自己有地位、有实力，趁着中原诸侯同室操戈的机会，争取到几个有影响力的国家作为自己的受保护国，之后自然会有越来越多对周王室离心的诸侯归顺自己。

即便有中原诸侯不服，凭借自己强大的武力和中原的内乱，也能够像搞定随国一样，给中原诸侯们树立一个反面榜样。如此软硬正反两手招待，不用多久天下就是楚国的了。周朝会慢慢自然灭亡，新的楚朝将被建立起来。

所以与其说楚国此举是让周天子册封自己为王，还不如说是请周天子把王位禅让给自己更确切些。楚子的终极目标是要取周天子而代之。

但是熊通想得太美好了，周桓王并没有惧怕楚国的淫威，他怒批了随侯一顿，干脆地拒绝了楚国的要求。

满怀期待的熊通吃了闭门羹，自然怒不可遏。不过熊通不是傻子，他事前也一定想到周天子多半不会同意他的非分要求，所以他早就准备好了官方的发言稿，怒斥周天子失德于诸侯，无力维持天下秩序，愧对天子之位。

如此高调地在舆论和实际两方面挑战周天子的权威，楚国的嚣张气焰可想而知。

想想自己该做的也做了，该说的也说了，经过这一番闹腾，中原各国也该注意自己，理解自己的用心了。至于周天子是否答应册封，其实这并不是决定性的因素。如果他同意了，那楚国就有了合法性；但是如果他不同意，那就否定周天子的合法性，反正天下诸侯在自己行动中多少都表现了这一趋势，以此来显示自己要求的合理性。

既然目的基本都达到了，这个时候熊通便自立为王，是为楚武王。

既然已经称王，那么楚国就要向着王国的方向迈进。通过武力开道，楚国逐渐与汉淮流域各诸侯国结为联盟，收取这些国家的进贡，并最终形成了以楚国为首的、与周朝分庭抗礼的荆楚联盟。相比周朝严格的分封制度，楚国和它的一伙跟班小弟之间没有如此严密的上下层结构。荆楚联盟在形式上更类似于方国部落联盟，楚国不过是带头大哥而已。楚王国和周王国的差别好似北约和苏联的区别一般。

周桓王连郑国都教训不了，还有能力阻止楚国吗？

而这一切只是楚国行动的开始，它的下一步目标，毫无疑问就是图霸中原。

到了这一步，周朝将再无宁日了。当危机正在一步步逼近中原各诸侯的时候，他们却还在那里乐此不疲地窝里斗，这正是楚国最佳的契机。

北进之路

处于上升期的国家的扩张过程是需要在既定战略的框架下，根据地缘战略形势进行一步步缜密的规划来展开的。这一过程既是实力的体现，也是大势所趋的必然。

剑指南阳

中原大地对于南蛮楚国的诱惑是不言而喻的，这里不仅是当时天下的中心舞台，也是经济最发达、人口最稠密、文化最繁盛的地区，农业条件远优于当时中国其他地区。直至今天，河南和山东西部仍然是中国乃至世界上最重要的产粮区之一。

楚武王称王立盟之后，便开始了野心勃勃的扩张计划，争取早日进入中原。

楚国的扩张是准备了很久的，计划自然非常有条理。对周边的国家采取由近及远、由小到大地各个攻破。

对于紧邻的小国家，楚国采取直接吞并的手段。而身边的相对较大的国家，并不方便直接兼并，以免消化不良，所以楚国对它们是服以兵威，前面提到的随国就是一例。而那些和楚国不相邻的，不能直接吸收的国家，如果对方态度诚恳，愿意接受楚国的盟好，楚国就与它和平盟誓；但如果这样的国家对楚国有所抗拒，那么楚国依旧采取武力威胁，迫其入盟。

由于汉水、淮河、大洪山、桐柏山等一系列山水的切割，汉阳诸姬很少有形成大国的空间，加之当地相比中原核心地带在经济上相对落后，所以各国实力都不强。此时天下共主式微，各国已经分崩离析，各自为战，内讧连连，在摆平了随国之后，楚国的北进之路相当顺利。

通过这样软硬兼施的慢慢推进，汉水——淮河流域各小诸侯国几乎都成为了楚国的属国。楚国在今襄阳南方和北方分别收服了鄀国和蓼国，作为自己北进的跳板后，其势力范围已经到达了中原边界。

当时楚国要想真正踏入中原，眼前有两条路可以走，那就是西线——进入南阳盆地或者东线——穿过桐柏山进入河南信阳。不过这两条道就没有之前的路走起来那么容易了，因为这两处分别有着更强大的国家等着楚国。

公元前689年，武功卓著的楚武王去世，其子熊赀即位，是为楚文王。楚文王上台后继承了父亲的遗志，在迁都于郢（今湖北省荆州市纪南城）后，楚文王着手开始了楚国的“反攻中原”计划。

对比两条北进线路，虽然东线更加直接，只要穿越桐柏山，也就是今天河南省和湖北省的界山，就能直达中原，但是这样的推进路线因为有着大山的阻隔，并不容易巩固前进基地；相比之下，西线首先进入南阳盆地的推进方式虽然看起来比较缓慢，但是南阳盆地和襄阳之间没有太多的阻隔，一旦征服能够更好地消化。而且南阳盆地北有伏牛山，东有方城山（断断续续的丘陵）的阻隔，形成了与中原腹地的一个天然屏障，只有拿到手，这个桥头堡对于楚国而言将易守难攻，非常诱人。

更重要的是，拿下了南阳盆地，就能从西边对东线的占领地提供侧翼保护。因此南阳盆地成为了楚国志在必得的目标。

灭申亡邓

此时占据南阳盆地的正是当年申侯的宗亲南申国。周宣王将申国贵戚安排于此，既是为了分散申侯的势力，同时也一举两得地以夷制夷，让它来帮助抵御楚国的北进。当时已经整合了近乎半个湖北省的楚国已经锐不可当了，南申国在国力上完全处于下风。

不过楚国似乎并不希望和彪悍的南申国硬磕。当时楚国和南申国之间还夹着一个小国邓国（今河南省邓州市，曼姓），楚文王的母亲正是邓国宗女，借着这层姻亲关系，楚文王向邓国国君，即他的表哥要求借道奇袭南申国。

邓国国小力弱，面对楚国的要求，或者说是命令不由得不从。公元前688年，楚军由邓国直入南申国，大举侵伐。

邓国原本被南申国视为前哨，在邓国没有和楚国发生摩擦的情况下，南申国对楚国并没有多加防备。谁知如今楚军竟然神兵天降般地直捣黄龙，南申国被打得措手不及，不久灭亡。

拿下了战略要地南阳，楚国的北进之路迈出了最坚实的一步。

南阳之地既然离中原咫尺之遥，那反过来便是远离楚国核心区域了。所以眼下楚国最为迫切的工作是坐实这块地。

楚国首先沿着南阳盆地北部的伏牛山、东部的方城山和南部的桐柏山筑起了一道抵御北方诸侯进犯的长城，这就是大名鼎鼎的楚国方城，由此南阳正式成为一个北向封闭的区域。

在解决了外部威胁之后，楚国旋即进行内部调整。楚文王将南申国势力强大、富有影响力的大贵族纷纷强行迁出，在当地废除分封制，取而代之的是重新划分南申国的旧有区域范围，派遣人员进行管理，并直接对国君负责，继而在当地组建强大的听命于楚王的“申之师”。

这种有别于传统分封制度的管理模式就是后世郡县制的雏形，最早出现于楚国对外征服的过程及对那些新征服区域的管理中。

作为非正统的蛮夷，楚国本身就不是一个严格实行宗法分封制度的国家，其内部体制更偏于贵族共和的形式，君权相对集中。而在对外扩张时，楚国也更多的是采取自己的一套管理模式。

而在天下礼坏乐崩、宗法分封制渐趋衰败的时代，楚国反其道而行之的做法恰恰是符合历史潮流的。这也是楚国在整个春秋时代相比其他大国最少受到内部贵族掣肘的重要因素之一。

更突出的一点是，从此各个边缘大国也逐渐以自己的方式开始纷纷推行早期的郡县制，直到战国时代完成初步的社会制度转型。

那些被强行迁走的南申贵族，连带着他们的族亲附属，被楚国一并安置到了东面的信阳，建立了所谓的“东申国”，实为楚国附庸。

楚国此举不光是简单的政治招抚，更应该被视为楚国下一步对东线进发的前奏，可悲的南申又一次被人当作了看门狗。

坐稳南阳之地后，邓国的历史使命也就完成了。楚文王立马过河拆桥，在吞灭南申十年后，于公元前678年灭了自己的母舅之国邓国。可怜的邓国当年无论是否答应为虎作伥，早晚都难逃强暴的楚国魔掌，区别不过是多苟延残喘十年罢了。

吞息服蔡

西线全面告捷之后，楚国转而向东线进发，这时才在真正意义上踏入了中原。

有了南阳之地，楚国的东线扩张变得容易了许多，既可以如一开始那般北出桐柏山峡谷，进入信阳，又能够东出方城进入驻马店一带。

但是楚国在这两地又将分别遇到两个姬姓国家的阻挡，在信阳，有当年被郑国击败而被迫南迁的息国（今河南省息县）；在驻马店，当时蔡国正坐落于其东部（今河南省上蔡县）。

在这些正统的中原姬姓诸侯眼中，僭号称王的楚国终究是令人鄙视的蛮夷。楚国要想政治感化它们是不可能的了，唯一的办法就是刀剑开路。

不过这两国都位于淮河上游的北岸地区，山水的阻隔加上漫长的距离，使楚国难以像过去那样势如破竹地北上了。

为此楚国只能分阶段一步步推行扩张政策，并且伺机寻找突破口。

楚国打算首先对付较弱的息国。当年挑战小霸郑国惨遭失败的息国这次学乖了，在更为强大的楚国的压力下非常识趣地采取了合作态度，愿意对楚国称臣纳贡，以换得自己的生存。

而在另一边，蔡国却选择了和息国不同的对抗态度。相比息国换来的安全，蔡国更愿意保持自己的政治独立性。面对楚国多次的威逼利诱，蔡国始终不愿归顺。

蔡国并不是强大的楚国的对手，一味地顽抗显得非常不明智。蔡国之所以敢这么做，原因在于它自恃和齐国的姻亲关系。有齐侯做自己的女婿，蔡哀侯蔡献舞并不惧怕楚国。

在春秋霸政时期，弱国要想生存只能依附大国，要想保持自己的政治独立性就更加困难了。

蔡国不愿归属楚国，在此压力之下就只能和强大的齐国结盟。不过蔡国的算盘打得很精，名义上投靠了齐国，但是南方的蔡国和北方的齐国相距甚远，蔡国既借到了齐国的保护伞，又能免于被大国操纵于股掌之间。

息国和蔡国的两种完全不同的外交选择是弱国政治的两个主要取向：要么彻底依附于邻近的强国，一心一意作其仆从，沦为被保护国，以政治自由换取军事安全，典型的如中国和朝鲜、俄罗斯和白俄罗斯的关系；要么结交远方的强国制约邻近的强国，以相对高昂的对抗代价保持自己独立自主的原则，典型的如古巴和俄罗斯结盟对美国、波兰和美国结盟对俄罗斯。

对于蔡国这块前进途中的绊脚石，楚文王是一定要搬掉的，不仅为了实现扩张战略，也是要为中原诸夏树立一个反面典型。

弱国在大国压力下的生存环境就好像走钢丝一样，外界力量的平衡会随时随地被打破，导致自身的倾覆。

在这样的环境下，宗法分封制的一个弊端暴露出来了：国家和国君个人的举止得失息息相关。蔡哀侯能保证外交上不犯错，却不能防止生活上也如此明智。

蔡哀侯跟息国国君是连襟，两人共同娶了陈国公主妫氏。息国夫人息妫有倾国绝色，一次回娘家陈国时途经蔡国（蔡国正好位于息国和陈国之间）。蔡哀侯蔡献舞借机献殷勤，在宫中摆酒款待小姨子。席间蔡哀侯色心大动，言语挑逗戏谑息妫，惹得息妫大怒离去。

息妫回到息国后将此事告知息侯，息侯虽然想报复蔡国，无奈国力不如对方，只好暂时作罢。

蔡哀侯能保证外交上不犯错，却不能防止息侯在外交上也如此明智。

作为楚国的属国，息侯很快想到了去找老大哥来教训蔡哀侯，一则能够讨好楚国，二则自己也好出一口恶气，很快便派使者前去楚国商量相关事宜。

国君的个人恩怨影响到了国家的外交，楚国梦寐以求的机会来了。

息侯的请求正中楚文王下怀，但是楚国并不想直接攻打蔡国而引起和齐国的直接冲突。于是和息国定计，由楚国假攻息国，息国向蔡国求救，将蔡哀侯引来息国后设伏并俘虏他。

蔡哀侯仗着有齐国做靠山，长期以来楚国一直也奈何不了蔡国，更加助长了他的骄狂之气。蔡献舞只想到了和连襟之国唇亡齿寒、辅车相依的战略需要，忘记了楚国早就对他虎视眈眈，前阵子又刚得罪了连襟的事实，也不多长个心眼儿就贸然前去救援，结果果真中计，被楚文王所擒。

楚文王恨透了这个阻挡楚国前进步伐的眼中钉，当场就要把蔡献舞给煮了，以起到杀一儆百的作用。

此时楚臣鬻拳，一位在楚国极有权位的大贵族，力谏楚文王：楚国如今要图霸中原，如果杀了蔡哀侯，只能让中原其他诸侯憎恶、畏惧楚国，让今后的扩张更加艰难，不如放了他，显示楚国的仁德，以赢取人心。

楚文王依从了鬻拳的要求，不仅决定放了蔡哀侯，还大摆筵宴为他饯行，俘虏一下成了贵宾。

酒席宴间，楚文王借着弹琴助兴的乐女和蔡哀侯谈起了美女。蔡哀侯正恼怒息侯公报私仇，利用他救彼心切之情来谋害自己，又想讨好楚文王来为自己解脱，于是添枝加叶地向楚文王描述息妫的惊世之容。见到楚文王被勾起了欲念后，蔡哀侯不断地怂恿楚文王前去霸占息妫，方显一方霸主的本色。

楚文王为了楚国日后的发展会对深恶痛绝的蔡哀侯手下留情，但是为了一个绝色美女，他是不会对本已经彻底投靠自己的息侯客气的。

息国是楚国正式踏进中原的第一步，这块地方对楚国的吸引力是不言而喻的。楚国之前所以没有以武力直接拿下息国，而只是将之纳为自己的保护国，原因在于其北部的蔡国始终和楚国作对，让楚国难以全力拿下息国。退一步说，即便攻下了息国，更大的可能是被与之没有阻隔的蔡国坐收渔利，而非相隔桐柏山的楚国得利。

不多久，楚文王便以巡察属国的名义来到息国。息侯夫妇战战兢兢地设宴接待盟主，楚文王见到息妫后果真惊为天人。第二天便以息侯礼节怠慢为由将他押解到楚国，给了他很小一块土地做地主，不久便忧愤而死。公元前684年，楚国正式接管其国土，息国至此灭亡。

但现在蔡哀侯既然对楚国服了软，楚国也就可以放心大胆地去吞并息国了。息侯被私仇冲昏了头脑，完全忽视了当时的战略形势，出卖同为姬姓诸侯又是自己连襟的蔡哀侯，向狼子野心的楚国求荣。说他是自毁长城毫不为过。

小国要想在大国的压力下生存，必须要在各种力量和需求间谋求平衡。政治的本质就是利益和权力的交易，如果天真地一边倒地投向实力强于自己的一方，就等于放弃了自己所有的筹码。当一国在政治上不再具有利用价值时，灭亡将是它的最终归宿。

除非有着更强大的敌人和威胁，否则同比自己强大的国家进行军事结盟，古今中外几乎都是一个下场。因为相比所能获得的利益，背盟的代价完全可以忽略不计。

在政治上因为个人私怨而导致战略错误的事例屡见不鲜，但是在家国一体的宗法分封时代，这样的悲剧最为常见。

不过蔡哀侯的日子也不会好过。尽管表面上有着齐国的保护，但是经过这一事件楚文王看到了中原国家之间联盟的脆弱性。虽然蔡哀侯仗着有中原盟国的保护，但是楚文王却从头到尾没有看到有谁前来为他说过哪怕一句话，倒是有个亲戚息侯来黑过他一下，还险些要了他的小命。

其实回顾我们之前所看到的一国由于姻亲关系对另一国采取的行动，几乎都是因为有利可图才采取行动的。可以说姻亲是服务于利益的，而不是利益服务于姻亲。为了远方小小的蔡哀侯，齐国是不会长途跋涉来蹚这个没有一丝油花的浑水的。

楚文王对息国的处理和对南申的处理如出一辙：迁走权贵，派专人管理，设置为息县，并组建当地的部队进行守护。

楚王对申、息这两处战略要地的做法是非常高明而富有远见的。如何处置这些文化相异、远离本土的新征服地区对于任何国家来说都是很棘手的工作。如果维持现状，当地人很可能在原有部族领袖的带领下反叛，重新脱离控制；假如分封给本国贵族，一旦他们在这些天高皇帝远的战略重地拥兵自重，割据一方，也会产生和前一种处理方式一样的结局。

所以楚王的做法是完全从根源上切除可能的隐患：迁走权贵，废除分封。然后再直接派忠于自己的专人管理，建立地方部队镇卫。事实证明楚国的这套做法是很成功的，申、息两地在此后一直都是楚国的战略核心地带，并且申、息二地的军队也始终扮演着楚王的王牌之师的角色。

获得了息地，楚国的一只脚终于踏进了中原，获得了一个进击的桥头堡。楚文王好不得意，因为他还顺手牵羊，得到了一位绝色美人。息妫本想投井自杀，好在楚文王及时派人救下了她，就地立为夫人。回到楚国后对她百般宠幸，三年内息妫为楚文王生下两位王子：熊囏和熊恽。

但是息妫却因为其被迫改嫁的屈辱而和楚文王鲜少言语。楚文王知道息妫性情贞烈，为了博得美人芳心，楚文王安慰息妫要惩罚罪魁祸首蔡献舞。

此时距离上次教训蔡国已经过去千日有余了，蔡国表面上对楚国恭敬，但是暗中一直在寻求齐国的帮助，尤其是不久前还参加了齐国在北杏（今山东东阿）举行的会盟。楚文王对蔡哀侯阳奉阴违的表现非常恼火，借着夫人的名义出兵攻打蔡国。

楚国大军兵临城下，蔡哀侯不得不赤膊出城请罪，献出所有库藏珍宝，以这种耻辱的方式向楚文王，自己的新任连襟投诚，才勉强让楚国退兵。到此为止，蔡国才算臣服于楚国。

楚文王得到了一位绝世美女，用她依次撬动了息国和蔡国两个辅车相依的诸侯国。我们看到，造成这一连串事件的原因都是息妫。蔡侯非礼的是她，促使息侯勾结楚国也是因为她，楚文王灭息国亦是为了得到她，最后楚国伐蔡还是因为她。难道这就是所谓的红颜祸水？

不过事实上造成这场悲剧的主角都是男人，蔡侯、息侯、楚王，息妫始终都是配角，而且是受害者。她不过是三方取悦和争夺的对象，如果硬说这些祸是因她而起的话，那只能说这些祸本身都是那三位国君惹出的。

美女对于统治者来说就是一种稀有资源，就和珠宝城池一样的性质。而且对于国君而言，是一种比其他稀有资源更为直接的享受物。

所以说所谓的红颜祸水是非常恶毒的一种说法。男权社会不仅让女性成为历史的替罪羊，而且还将女性物化为一种男性博弈争夺的战利品。

仅仅一个女子，就让一个国家灭亡、一个国家投降、一个国家北上，南北格局变样，这个女子在这一过程中还都是被动的受害者。

越是戏剧性的局面，它的底下就越是隐藏着严重的问题。息妫到底只是一个诱因，而根本原因就在于这个时候的周朝内部已经千疮百孔、脆弱不堪，在南方楚国强大的压力之下，任何的风吹草动都会让这个岌岌可危的联邦出现重大的危机，改变南北格局。

楚国算是看明白了此时的周朝，各国纯粹是一只只纸老虎，无不处于离心离德的状态。面对楚国虎视眈眈的姿态，中原各国本该结成牢固的同盟，共同抵御来自楚国的压力，不过这些国家到头来却都缺乏战略眼光，为了彼此的私怨反而互挖墙脚，内耗不断，让楚国有机可乘。

一个为了美女赔了钱，一个为了美女赔了国家，最后息妫还是跟了又拿钱又得地的楚文王。

如果中原诸夏依旧保持这样的局面，恐怕会被楚国一个一个地收入囊中。

势抵黄河

虽然楚文王为了向中原各国显示自己的仁德，力压怒火没有杀了蔡哀侯，不过之后楚国对息国和蔡国的暴行还是让中原诸侯对它的态度由鄙夷转为了恐惧。

随着蔡国的投降，楚国的势力一路北上，蔡国东北方的陈国、正北方的许国在楚国恐怖的武力威胁下都不得不屈从。当然，复国不久的许国投诚于楚国很大程度上是借助于楚国的力量防卫对自己威胁最大的郑国。

令楚国最有成就感的是，昔日的小霸郑国居然也向它投诚了。

在夹缝中求生的郑国在之前的十多年间被周边的宋国、鲁国、齐国、卫国、蔡国整得苦不堪言。素无资历的郑仪上台后很清楚地看到，要想结束郑国的这种国际处境，加强其统治基础，只有投靠一个强于它所有邻国的大国。

当时蒸蒸日上的楚国的势力已经抵达了郑国的南部，将其南方屏障许国纳入自己的势力范围后，无论是出于主动还是被动，郑仪都必须抱楚文王的大腿了。

郑国这样做的副作用也是很明显的，郑国从此将受制于人，沦为他人的跟班小弟。所以它所投靠的这个大国必须对它也是有所需求的，如此才能在获得保护的同时不完全失去独立性。

在这两方面，楚国显然是郑国最合适的投靠对象。楚国的武力比当时中原各诸侯国都强大，同时它希望给其余的国家树立一个标杆，让它们明白自己对中原诸夏的政策，争取它们望风来投。

所以郑国和楚国是彼此需要的，郑国向楚国称臣纳贡，成为了楚国的被保护国。

作为春秋列国动态的风向标，郑国转投门户的行为成为楚国正式图霸中原的标志。楚国从长江流域，越过汉水，跨过淮河，如今其势力范围已经到了黄河岸边，可以想象当时的楚国是多么不可一世。

但是楚国在法统上不能感召中原诸夏，而单纯的武力扩张也不能让诸侯心悦诚服地归顺它，楚国图谋天下共主之位的野心并不会像它自己想象的那样一帆风顺的。

楚国虎视眈眈，诸夏惴惴不安，来自南方的压力逐渐转变为纯粹的武力威胁。而在周朝的北方，新兴的力量也在边鄙地区伺机崛起。

晋国的内乱

一国的地理环境和权力结构是其发展和变化的主要影响因素。很多时候，一个国家的历史是由这些因素决定的，而它的未来也不会偏离这个轨道，只是其中的发展过程往往耐人寻味。

曲沃代翼

中原诸夏在楚国咄咄逼人的态势面前战战兢兢，诸侯们被内忧外患折磨得苦不堪言。

话说周朝眼下的困苦多是因为宗法分封制的衰败而来，如果没有太多其他国家的干扰因素，诸侯国内部会发生怎样的变化呢？

在周朝的北方，就有一个这样的国家可以供我们参考，而它的故事又格外特别而精彩。

晋国位于洛邑北方，初封地位于今天的山西南部的汾河谷地（今陕西省临汾市附近），是一个姬姓的侯爵封国。当年进入镐京帮助驱逐犬戎的晋文侯是晋国始祖唐叔虞的十世孙。

晋国始祖唐叔虞是周武王姬发的嫡子、周成王的同胞弟、姜太公的外孙。如此显贵的王子被封到此地显然是用意不凡的。山西南部是夏人的大本营，山西中部和北部是戎狄活跃的地带，晋国的位置恰在二者之间，和宗周之地隔黄河相望，为周天子经营战略重地山西。

但是逐渐地迫于戎狄的压力，晋国不得不迁都至东、南、北三面环山，西临黄河支流汾河，易守难攻的翼城（今山西省翼城县），晋国的战略位置逐渐南移。

公元前745年，晋文侯去世，这时正好是周平王东迁后，周王室逐渐式微，诸侯开始纷纷骚动。晋文侯的儿子昭侯继位，迫于自己实力强大的叔叔的威胁，不得不将他封在了晋国大邑曲沃（今山西省曲沃县），人称曲沃桓叔。从此曲沃和晋国俨然分裂成了两个国家。

没有了天子强有力的约束，晋国的这次分封换来的是长达六十年、历经三代人的动乱和厮杀。

晋昭侯当了七年的国君，被大夫潘父所杀。曲沃桓叔趁隙想谋取晋国国君之位，无奈国人杀了潘父，立了昭侯的弟弟为国君，是为晋孝侯。

曲沃桓叔死后，其子曲沃庄伯继续觊觎晋国君位，由曲沃出兵攻打晋国国都，杀死了晋孝侯。晋国再立孝侯的弟弟晋鄂公。

晋鄂公知道来自曲沃的威胁，所以主动出击想一劳永逸解决这一问题。

可惜兵败曲沃，只能出逃到随国，其子晋哀侯继位。

曲沃这边，曲沃庄伯的儿子曲沃武公继承父祖的造反遗志，两次出兵攻打晋国都城。第一次杀死了晋哀侯，但是在曲沃武公的第二次出兵中，周桓王终于插手了。

为了挽回天子的法统权威，周桓王派虢公林父立晋哀侯的儿子的小子侯为晋国国君。虢国很乐意为周天子对付晋国这个强劲的对手，积极介入到了晋国的内战之中。

但是郑庄公胆敢箭射天子，曲沃武公也不会把周桓王太当一回事。虢公要想武装介入晋国，也须绕过中条，穿越整个运城盆地，路艰道远，作用甚微。曲沃武公最终成功地诱杀了小子侯。

虽然实力不济，但是周天子怎么会轻易向一个连诸侯都不是的公子低头。他再次派人立哀侯之弟晋缗为新晋侯。

曲沃武公知道现在他要对付的不仅有晋室大宗，而且还有周天子。所以他在等待机会，直到熬死了周桓王和他的儿子周庄王，等到公元前678年，新天子周釐王即位不久，权力尚不稳固，曲沃武公趁机一鼓作气出兵攻陷都城，杀了晋侯，一举吞并晋国全境。

杀了周天子扶立的正牌诸侯并想取而代之，曲沃武公知道要想过周王室这关并不容易。他将晋国府库中的大部分宝物都取来送往洛邑，希望以此获得周天子的支持。

虽然自己的爷爷一直在力图挽回周王室在诸侯中的影响，但是周釐王知道到了这一步自己也无力回天，无法捍卫晋室正宗和宗法体系了，只得顺水推舟，接受事实，笑纳了宝物，正式册封曲沃武公为晋国国君。

曲沃武公经过前后三代、六十七年的努力，终于以小宗取代了晋国正统，重新统一了晋国，迁都到翼城南方的绛城（今山西省绛县），战略中心进一步南移。

此时周天子正当的做法应该是宣布曲沃武公为非法继位者，从晋国公族中挑选与晋哀侯血缘最近的顺位继承人继承君位，并且集结诸侯之兵讨伐曲沃武公。

话是这么说，问题是周天子做得到吗？有诸侯听他的吗？他既然阻止不了曲沃武公，那为什么还自坏法统，去承认非法的曲沃政府呢？

原因是那些宝物是周釐王难以抗拒的。法统是天子赖以为生的根本，天子的地位就是法统确立的，没有法统，天子就是一个空牌位。但是现在周王室已经同空牌位没有什么区别了，诸侯也不来朝贡，王室穷困难当，这个时候天子也顾不得法统了，还是取了现成的宝物更实惠。

所谓人穷志短，地位至高无上的天子也一样不能幸免。

周王室再也没有刚刚东迁后周平王和周桓王力图扭转颓势的志向了，尤其是经历了王子克和周公黑肩的谋反以及五国联军抗拒王师的事件后，周王室给人的感觉是过一天是一天。也没几个诸侯理他，所以曲沃武公践踏一下周礼，送钱来洛邑，怕是周釐王还并不反感这样的事情呢。

地利助逆

曲沃代翼的历史有着不同寻常的地方。之前郑、陈、卫、宋、鲁、齐弑君篡逆，除了很早之前周平王时期卫州吁试图通过陈国来让周天子为其正名外（当然，卫州吁最终也没能和周天子接上头，反而为此丢了性命），其他所有的篡逆之徒没有一个去求周天子追认自己的合法地位的，连试图这么做的都没有。他们通常都是让盟国承认自己就完事了。

那为何在周天子都快被诸侯们遗忘的年代，曲沃武公还去花大把银子求周釐王呢？因为出于对同宗的感情？

其实仔细看晋国的造反会发现另一个不同于其他国家的情况。曲沃是经历三代才造反成功的，而这其中自始至终除了虢公林父以周王室的名义介入过之外，六十多年间其他诸侯国竟然从未插手过晋国的内乱。

这在当时是不可思议的。我们回想一下之前各国的易君事件，在事前、事中或者事后，都有若干其他诸侯国或者被卷入，或者主动介入其中。为什么其他中原诸侯国乱成一锅粥，唯独晋国自管自乱了半个多世纪呢？

如果我们仔细看一下地图就能明白这都是为什么了。当时的晋国位于今天的山西高原南部，已经进入了我国地理三级阶梯的第二阶梯了（中原诸国基本都位于第一阶梯），这里乃是多山而地形复杂的区域。东有太行山与卫国、邢国和燕国等诸国相隔；西部则是吕梁山，黄河从晋陕大峡谷中穿过，将关中地区和山西高原隔开；在山西的河曲地区拐了一个一百二十度的转角后，东去的黄河又和中条山一起在南部将晋国同洛邑相分离；在北面则是七七八八的北狄和赤狄建立的小国，对当时退入汾河谷地和运城盆地的晋国影响有限。

所以晋国相对其他的诸侯国在地理上是一个相对独立的单元。它与中原主流最为接近的环节就是和洛邑的周王室，所以只有通过周王室来为自己确立合法地位，这同楚国挑衅周天子以引起主流中原诸侯的注意是同一个性质。

在此时的乱世之下，也只有像晋国这样有着地理屏障的国家才能免于列国纷争。但是在礼坏乐崩之世，还是不能免于内部纷争。晋国67年的内斗正是周王室王权式微的一个缩影。

但是除此之外，晋国的内斗中还有另一个非常值得注意的地方。之前我们看到的所有的庶子或是小宗的造反，无论是最初的郑段、卫州吁、鲁轨、宋冯，还是之后的陈佗、陈跃、郑突、郑亹、郑仪、卫黔牟、卫朔、齐无知，在这一大串的造反人物的案例中，无论成功还是失败，基本都是一人一代的赌博。他们的谋反基本上都是在取得了朝中强力人物或外援国家的支持后，奋力一搏、孤注一掷、成败由命、生死在天的赌博。

和这些普遍案例相比，晋国的嫡庶之争是那样的另类，在时间上、持续性上、斗争的激烈程度上都远超其他各国的嫡庶争立事件。

除了晋国的封闭性原因之外，还有什么原因造成了这一与众不同的结果呢？

我们注意到曲沃桓叔祖孙三代的造反都有一个共同点，那就是有着曲沃城这一可靠的根据地。

曲沃城给曲沃桓叔提供了可以持续经营的地盘和人丁，形成了属于自己的经济单元和武装力量，进可攻退可守，不再像之前的那些造反者一样赌上所有本钱去敲定的一锤子买卖。

在当时的时代，土地是一切力量和财富的根本。封建贵族的领地、土地出产的作物、土地上的人口，这些都是组成一个独立的经济、军事单元所必需的条件。

我们对比之前的所有造反者，除了有母后撑腰的郑国太叔段，其余的篡位者几乎都不具备曲沃桓叔一支的独立根据地优势，所以他们的篡逆都是不成功则成仁的，绝无法上演曲沃的三代传奇。

我们再看看这之中唯一的例外太叔段。还记得当年郑庄公是怎么搞定太叔段的吗？郑庄公以入周朝拜的幌子把段诱出了老巢，而后和公子吕兵分两路直取段的根据地共邑和京城，在夺取了两地之后才进击段的主力。

看到这里不得不佩服郑庄公的英明，如果他不是采取这样的釜底抽薪之计，只怕郑国也会上演晋国这样的长期内战拉锯。

所以在这样的时代，法统没落了，道统也不值钱了，只有实力和财富的源泉——土地，才是最真实的保障。

但是就算曲沃桓叔拥有大邑曲沃作为根据地，为什么绵延300年的晋室大宗还是被这个新扎根的小宗给击败了呢？

从晋国局部来看，当时晋室大宗所在的国都出于国防安全的考虑选在了东、南、北三面环山的翼城。为了进一步护卫都城的安全，抵御时常出没的戎狄部落，在翼城唯一的西面出口汾河谷地处建了一座重城，这就是曲沃城。

形象地说，曲沃就是翼城的门，这扇门本意是用来防御狄患的，但是反过来，也能把自己给堵死。一旦曲沃小宗取得了军事优势，那么晋室大宗将进无路、退无门，悲剧便是由此产生。

从天下宏观来看，曲沃代翼说起来其实也是当时周朝天下大乱的根本原因之一。随着分封制一代代的实行，越是居于高位的统治者，他的实际控制领土随着分封的过程就会变得越小越分裂，并且最终在实力上弱于原本臣属于自己的地方势力。周朝原本稳如泰山的宗法之树如今长得枝繁叶茂，但是主干却是越来越细，本末倒置。这一点周天子恐怕是最深有体会的。

这同样也能解释边鄙地区的崛起。随着分封的不断深入，中央核心地区的领地被分得支离破碎，力量分散而且有限。而边鄙地区由于有着广阔的外伸空间，能够在保持原有领地规模的条件下不断向外扩张土地，不仅各个领地的力量没有减弱，而且力量总和也在逐步增长。

周朝的分封制度原本是一个由中心向四周辐射的扩张模式。这就和宇宙大爆炸理论所使用的吹气球模型一样，当气球扩张到一定的程度后，促使其扩张的核心原动力反而受到了发展后的系统规模所产生的反作用力的削弱，最终使气球出现回缩的趋势。

周朝建立初期呈现出所有新王朝都具有的勃勃生机，通过分封来不断扩张自己的势力范围，而分封扩张本身又削弱了周朝扩张的核心力，反而动摇了其扩张的基础，最终变成了如今外强中干的样子，到头来居然出现了边鄙地区逐渐向核心地区压制的态势。

所以周朝今日的颓丧其实也正是因为它昔日的辉煌所造成的。任何事物在新生时期都有其出众的价值，发挥自身突出的作用，以此来改变外部环境。但是等到外部环境改变了之后，它之前的优势可能反而变成劣势，被历史的后浪所拍退。这也是历史的辩证演进形式中的一种。

所以宗法分封制度现在就处于这样一个受到新生势力汰除的阶段。

所以这样一个多事之秋注定难以太平。曲沃一支现在终于没有了外患，但是却少不了内忧。晋国一波刚平，一波又起。

尽屠公族

曲沃武公靠着自己这一支的公族，即本族同姓大夫的力量统一了晋国。曲沃武公去世后，世子晋佹诸继位为晋献公。

父亲曲沃武公作为统一晋国的强势人物，能够在公族中起到表率作用，威望卓著。但是年轻的晋献公无论是凭自己实力还是威望都难以驾驭这群强悍的公族，这些人其实都是他的堂兄弟、叔伯或是叔祖。晋献公很清楚，如果他不能很好地解决这些亲戚，无论借鉴当时本国还是其他各诸侯国的经验教训，他的下场就和当年晋昭侯一样，晋国又将重新陷入分立之中。

怎么对付这些强大的公族大夫们呢？按照以往各国处理相同问题的经验，摆在晋献公面前的有以下三个备选方案。

其一，怀柔。在维持现状的情形下给予群公子们适当的政治上和经济上的安抚。不过这样的安抚能起到的作用是非常有限的，毕竟相比作乱所能获得的土地甚至君位，这点小恩小惠在群公子们眼中是不值一提的，甚至反而会助长他们的野心。

其二，分封。将这些大夫分封出去，远离国都，各自分散，难以作乱。

这一方法已经被证明是不起作用的。在低位的角色总是更容易团结以谋求更大的共同利益，反而容易让这些公族力量在一方壮大来对抗中央。晋献公之所以能够当上国君，正是因为自己的曾祖父被分封在了大邑曲沃，获得了长期和晋室正宗拉锯的机会。所以靠此起家的晋献公是无论如何不会出此下策的。

其三，驱逐。将他们纷纷逐出晋国，土地充公。这一方法虽然容易奏效，成本也低，但是操作难度和风险都太大。且不说这些公子们是不是会束手就擒地被一个个驱逐出去。即便侥幸成功了，流亡的公族们难免也会勾结他国力量，许以贿赂借兵前来反攻晋国。因为在此之前各国都有了这样的先例，比如宋国的宋冯、郑国的郑突和卫国的卫朔都是这样登上君位的。

在这里，宗法分封制的积重难返彻底地暴露了出来。这个体制一旦出现了裂痕，就会引起上下尊卑的颠倒错位，残酷的斗争和厮杀接踵而至。等到终有一日由庶易嫡，以下代上，混乱的局面告一段落，所有人刚想松一口气的时候，却发现这一切又回到了原点。新的更加残酷的斗争将重新上演，历史将陷入无尽的循环。

历经整个春秋时代，凡是严格依照宗法分封制度的国家几乎都不断重复着这样的死循环，其中以最为正统的鲁国和卫国为最。各国如此，天下亦复如是。

一个系统一旦进入了无法破解的死循环，那么唯一的结果只能是情况不断恶化并最终系统崩溃，代之以新的系统和模式的产生。晋国目前要想摆脱这一无穷困境，办法只有一个：灭尽公族，破坏宗法分封制度。

这是最残酷也最彻底的选择，可以一劳永逸地解决晋国的公族之患，而且可操作性也最强。晋献公为了保住自己和自己后代的江山，不惜采取这一最为极端的做法。

可是尽管如此，要做到这一点还是很困难。这些公族们都是跟随着曲沃武公一路打过来的，大多手握重兵，而且狡猾狠毒。晋献公虽然是国君，但在他们眼中不过是个资历浅薄的后生晚辈。

晋献公知道自己只有一次机会将他们一网打尽。否则等于是打草惊蛇，很可能激他们造反。

晋献公让大夫士蒍帮着自己操办。对付这么大一帮公族，晋献公只让士蒍一人帮助操办，可见士蒍的能力和晋献公对他的信任。当然，办这么危险的大事，知道的人越少越好。

很清楚，要搞定这么一大帮子人，只能一锅端。可是他们的实力摆在那儿，所以要想端成功，还得首先让他们潜龙离渊、猛虎脱山才行。

不过这么多人里面，总有几个有头脑的，不先把他们办了，后面的计划很难实施。而且还不能来硬的，不然等于是提醒对方。所以士蒍采取的是离间，把其他公族的部分土地划给那几个在公族中具有领导作用的主要离间对象。

事实证明，发动群众斗群众永远都是统治者的撒手锏，很快这几位公子就被其他公族孤立了。

接下来要做的就是调虎离山、请君入瓮了。前述卫石碏诱调卫州吁，用的是卫州吁朝思暮想的天子册封。而这些晋国公族们朝思暮想的又是什么呢？当然是土地和财富。

士蒍找了一个离这些公族的势力范围足够远的城邑，以国君封赏为名，哄他们进城收地。一等他们全部入内，城外埋伏的大军便对他们来个瓮中捉鳖，聚而歼之。

这恐怕就是后世演义的明太祖朱元璋"火烧功臣楼"的原型。

晋献公依靠士蒍，巧妙地灭尽了晋国强大的公族势力，自己的心头之患也告解除。晋献公封赏士蒍，提为大司空，相当于建设部部长，这个肥差绝对是对士蒍到位的肯定和奖励。

不过晋国就此太平了吗？表面上看是如此。面对当时宗法分封制恶性循环的困境，晋献公采取了最为极端和彻底的解决方式，似乎一劳永逸地平息了晋国未来可能的权力争夺。

但是在周朝这样一个以家族宗法来维持天下的时代，一国国君灭亡自己家族来取得统治的稳固和安全实在是如同饮鸩止渴。

凡是存在的都是合乎理性的，在那样一个时代中，公族的存在对于土地的控制、制度的承继、权力的制衡都起到了不可或缺的作用。在君权方面，公族和国君的关系亦敌亦友，他们虽然是国君君位的首要竞争者和制衡者，但同时也是国君宗族利益的捍卫者。一旦公族被灭，这个巨大的权力真空和结构漏洞将由谁来填补？君臣关系将会出现什么矛盾？权力结构将会发生怎样的转变？社会形态会受到什么样的影响？这将决定未来晋国的命运，改变春秋战国时代的走向，甚至一直影响到更远的后世。

不过面对千疮百孔的宗法分封制度，这样的一幕早晚会出现，问题只是由谁最先来挑头而已。

春秋时期的国君是最具有历史革命性的，因为他们成为了宗法分封制瓦解后脱节的那一环，支撑天下的最前沿角色，所有的矛盾都集中到了他们的身上。上级的天子、同级的诸侯、下级的大夫、敌对的蛮族，无一不对他们构成挑战和威胁，他们变成了纵向和横向的焦点。他们拥有了自由，也受到了冲击。在这样的局面下，国君们一个个选择着自己在这个世界的活法，也接受着时代对他们的筛选。谁能完美地协调这些外部的因素，巧妙地利用眼前的挑战和机遇，谁就将接过时代的接力棒。

现在晋献公敢为天下先，首先迈出了第一步。在没有了公族的羁绊后，他现在成为了所有诸侯中权力最为集中的一位。

分封制的衰败导致国君权力的集中。中国的社会形态，从最初的氏族部落，到夏、商的部落方国联盟，到西周的宗法分封国家，再到战国的郡县制独立王国，直至秦以后的中央集权社会，社会的民主被逐渐削弱，君权被不断加强，权力也在这个过程中不断得到集中。

除却制度上的原因，从当时国际态势方面来讲，削弱公族、集中君权也是符合时代需要的。诸侯割据和蛮族入侵让各国的战事愈演愈烈，对外作战增多导致国家必须有一个强力来进行军事调集和经济整合，君权的增强是大势所趋。而君权的集中反过来又使对外作战和对内开发更为容易，从而起到一个良性循环的效果，进而加速政治结构上的转变。

然而君主要想真正集中权力，单单灭掉公族是远远不够的，对土地和人口的管理和控制才是君主们所要面对的首要课题，不过这还需要一个漫长的过程。

眼下晋国的内乱终于告一段落，完成了内部整合之后，下一步就是向外扩张了。这头北方狼将野心勃勃地向周边挺进，开始它的传奇。这不仅是边鄙力量对中原的冲击，也是新时代的制度和势力对旧有体制与格局的冲击。

华夷之辩

华夏和夷狄是两个多维度的概念，二者的区别体现在多个不同的方面，但是这几个方面其实又都是一体的且界限模糊。对此做一番区别能够对当时的周朝有更深入的了解。

晋献妻室

晋国虽为姬姓诸侯国，但是它位于周朝的北部边疆，与戎狄混杂而居。其实是一个华夷参半的国家。

由于地处夏朝旧地，晋国的统治方式沿袭了大量的夏朝制度。从经济结构来看，它也是个半农耕半畜牧的国家，而不像周朝其他国家那样为纯农业国家。

我们看看晋献公的妻室，就能对晋国的民族状况有所了解了。

晋献公为世子佹诸时，有一个妃子贾姬，贾姬一直没能生育，所以并不受宠。晋佹诸的个人生活绝不单调，他先是给自己的父亲戴了顶小绿帽，和父亲的齐国妾室姜氏私通，生下了一个儿子。早年将他寄养在民间一户申姓人家，所以称为申生。申生的情况和之前的卫国公子伋几乎完全相同。晋佹诸继位为晋献公后，立姜氏为夫人，又育有一个女儿，由贾姬陪嫁的妹妹贾君抚养，成年后嫁给了秦国国君秦穆公，秦、晋之好由此而来。

除了这几位妻妾外，晋献公还娶有戎国北狄国君的侄女狐姬和小戎公主允姬。狐姬生有公子重耳，允姬生有公子夷吾。虽然重耳和夷吾比申生还年长，但是因为姜氏是嫡夫人，所以晋献公立申生为世子。

晋献公在位十五年后，出兵攻打临近的骊戎部落。骊戎首领向晋国投降，献出了自己的一双爱女，骊姬和少姬，给晋献公。

骊姬生得貌美绝伦，又非常有头脑，特会讨晋献公的喜欢，不久就为晋献公生下了公子奚齐，妹妹少姬也生下一个公子，名为卓子。

娇妻幼子，晋献公对骊姬和奚齐是宠爱得无以复加。此时夫人姜氏已死，晋献公便立骊姬为夫人。

晋献公的六位妻子中，竟然有四位是戎狄之女。五位公子中，除了私生子申生外，其他四位也都是华夷血统各半的混血儿。单从血缘这一点看，晋国应该算半个戎狄国家才对。

值得注意的一点是晋献公那几位戎狄妻妾的称呼：狐姬、允姬、骊姬。我们前面提到的褒姒、文姜、息妫，姒、姜、妫都是她们的姓。这些姓都是女字旁的，当时主要的大姓几乎都是女字旁的，可见周朝还是带有母系氏族文化残余的。

狐姬和骊姬其实都是姬姓，不仅和晋献公同姓，还是当年周部落的宗亲。但是有趣的是，狐姬所在的狄国和骊姬所在的骊戎却都被视为蛮夷之邦。

很奇怪吗？其实这道出了中国人的一种民族观念。至少在古代中国人看来，区别华夏和夷狄的标准并非是血缘。

营生之别

那么究竟什么才是区分华夏和夷狄的标准呢？

以中国人的传统：夷狄而中华则中华之，中华而夷狄则夷狄之。这两者应该是一个文化范畴的区别。

从古至今，一直以来，华夏与其说是一个种族范畴，毋宁说是一个文化范畴。汉人是当初大汉帝国的属民，无论是中原人、南越人，还是归附汉朝的匈奴人，但凡尊崇汉文明者，都以汉人相称，构成同一个民族。到了唐代，这一概念又被用来称呼唐人，并且一直被沿用至今来泛指华人。时至近代，中华民族又成为了一个新的文化共同体，作为连接神州大地上各民族的纽带。

我们不妨再推进一步。决定文化差别的根本是经济，也就是生产方式。中华文明是农耕文明，而夷狄的文明通常是非农耕化的，如游牧和渔猎。

既然中原诸夏总是以衣冠上国自居，而视夷狄为野蛮之众。那么相比游牧和狩猎，农耕文明的先进性体现在哪里呢？

任何文明都是人类应对不同地区的生存环境，适应和改造所产生的各具地理经济特点的智慧果实，经济方式都是对某一地区的自然环境的适应化改造而已，没有哪种生产方式是更好的，就好比生活在沼泽地区的人不可能放牧，身居滨海盐地的人无法务农一样。无论是何种形式，能够产生并延续的文明都是有着各自的优越性的，说谁比谁更先进只是狭隘的一己之词，或者说是一种曲解文明的蒙昧之说。

所以在此只对比各自的特点。相比其他文明方式，比如狩猎、游牧、渔猎等，农耕在文化方面最突出的特点在于其稳定性。这种稳定性体现在对土地的长期占有和世代传承方面，这一点是其他文明形式所不及的，最直观的体现就是中华文明对于长者和祖先的崇敬程度是无与伦比的。

稳定性保证了经验和文化传承，经济和文明才能获得不断积累和进步。所以至少在人类文明发展的早期时代，农耕文明是有其在文化上的优越性的。

因为有更强的传承性，所以中华文明很早就出现了用以记载的文字。相比之下，中国北方的游牧民族和东北的狩猎、渔猎部族都分别迟至唐朝和宋朝，由突厥和女真在中原文明的影响下创制出了文字。

这种非自发性产生的文字作用与中原的用以进行记录和传承的文字不同，其创制的初衷只是为了便于进行统治，却鲜少用于对经济文化的记录和继承。

所以从匈奴一直到成吉思汗之前的蒙古人，北方游牧民族经历了1300年的历史，其生活方式上的改变几乎只限于多了一副马镫。而同期的中国却经历了由秦至宋的巨大改变和迅猛发展，成为世界上延续性和发展性最强的文明之一。

纵观历史我们也可以发现，中华文明的扩展自始至终都是伴随着其耕地的扩张而扩张的，中国历代疆域主要稳定在农耕区，而那些常常失去的土地多是非农耕区。

中华文明在扩张中，一旦某一地区完成了农耕化，那么中华文明的种子就在此地生根发芽，并继续向着更为广大的外围区域蔓延。

由此我们可以看到，农耕文明是一种生命力很强、发展速度很快的文明形式。不仅是中国，古代所有的文明古国，埃及、印度、巴比伦、罗马无一例外都是以农立国的。

农耕的生产方式在文化上保证了文明的更好传承，而在经济上，更是为这种传承打下了坚实的物质基础。

农耕作业相比放/游牧和狩/渔猎等生产方式往往需要投入更多的时间和劳动去改造环境，但是作为回报，农耕作业所能生产的粮食数量和养活的人口往往比同等人口条件下的其他生产方式要多得多，从古至今中原人口数量对蒙古高原和青藏高原的游牧民族、东北山林的渔猎民族的绝对优势就是例证。历史上中国的人口密度也是一直随着农业的发展而不断提高的。

究其原因，农耕生产对土地的利用和开发更加充分，当时的中原地区已经能够一年收获两季禾麦；虽说也是看天吃饭，但是相比之下，农耕生产对天灾地害的抵抗能力更强，不会像草原民族那样因为一场传染病而衣食无着。

经济基础决定上层建筑，华夏文明的农耕生产方式同时产生了与之相对应的文化体系，即礼乐宗法制度等。这一文化的区别上升到政治层面，就产生了结构性的差异。华夏的群落单位在文化和制度的框架下形成了组织程度更高的国家形态，而夷狄却更多地停留在结构扁平离散的部落阶段。

诸侯之名

经济和政治总是相互影响的，而经济在二者的关系中又是决定性的。既然农耕作业让中原诸夏有了固定的土地、更多的人口、传承的文化和国家的架构，那么在政治上诸夏和夷狄，或者以它们的政治单位来说，诸侯和夷狄的区别体现在哪里呢？

诸侯和夷狄的不同就在于是否得到周天子的册封，并在此基础上拥有固定的政治、经济活动领域。

如果要用一个类比来解释这种区别的话，我们可以这样假设：周天子好比是具有行政权力的工商局，他要给市场上的商贩发放营业执照，同时收取一定的管理费用，来维持市场秩序；诸侯好比正规商贩，他们有固定营业场所、公司架构和明确的法人，这是取得营业执照的必要条件，虽然他们的经营成本比较高，但这是他们做大做强的资本；而夷狄好比无证马路摊贩，他们没有固定营业场所、公司形式和合法法人，所以他们的经营行为有很大的灵活性，但这也制约了他们扩展规模。

周天子这个市场管理者收取了诸侯的保护费后，就要维护这些合法商户；同时要像城管驱逐小贩那样打击夷狄的不法经营，以此来保护诸侯的市场竞争力，体现自身的行政意志。

但无证摊贩被逼急了也会奋起一搏，进行暴力抗法，所以蛮夷戎狄在生存环境恶化时会挑战诸侯和周天子的权威；当然有些无证摊贩认清了形势，接受了市场主管部门的招安，办了营业执照后也能照常经营，秦国就是其中的典型。

随着市场的日趋成熟和商户的逐步发展，诸侯中经营好的就越做越大，经营不好的就被破产兼并，这就是春秋时征伐吞并的根源。

不过有的诸侯经营有方，发展迅猛，强大到了能部分垄断市场的地步，以致他们能不靠主管部门而自行管理市场，形成尾大不掉之势，春秋霸主就是其中的典型。

而原有主管部门在被垄断大企业架空后，已经无力维持市场秩序了，久而久之下面的中小商贩也认清了形势，不再上缴管理费了；最终原有主管部门不再有市场价值，被历史所淘汰，新的市场管理者走上了历史舞台。

月盈则亏

综合了经济和政治两方面的区别，我们再来理解一下当时中原诸夏的华夷观念，这其实是代表了周朝拓展的雄心。

当时的戎狄部落多散居于周朝边境地区和各国间尚未被开发的山林湖泽之地，诸夏和夷狄其实是处于杂居状态的，两者间的界限只是模糊地标示在城郭和耕地周围。

但是华夏文化的扎根不仅仅是经济农耕化那么简单。农耕文明的稳定性是具有双重意义的，一来是其本身生成和发展过程中的内在稳定性，二来则是它的生产需要外界环境提供的外在稳定性。

为了确保这种外在的稳定性，中原文明都有维护它的意识形态。在周朝就是周礼，在之后的大一统朝代则是儒术。事实上大一统的观念也是农耕文明外在稳定性的需要，因为分裂的战国局面是最不利于农业生产的。

因此除了生产方式这样的经济基础外，礼乐道法这些属于意识形态领域的上层建筑成了华夷之分的另一个标准。比如楚国，它本身也是以农业生产为主的，但是因为意识形态上的差别，便被视为南蛮之邦。又如秦国，保持着沿袭于商朝的人殉制度，也就是国君去世后用活人陪葬，因为实行这种早被周礼禁止的制度，而被诸夏视作戎狄。

周朝的这种强势文化观，就是对境内的夷狄的同化，对边境蛮戎的拓展。所谓华夷一统，很大程度上就是中华文明推进农耕和礼乐的过程。与其说这是一种领土的扩张，不如说是一种文化的输出更为确切。

相比古代夷狄、近代帝国主义依靠武力的野蛮扩张，周朝依靠分封而进行的领土扩张及文化征服可谓人类文明史的经典案例，这些都要感谢周公姬旦。

分封以高明的文化扩张为手段代替了传统的武力扩张，从而更平和、更有效地开拓了疆域，同化了外族。这被称为拓殖。

文化的优秀与否最简单的考量标准就是它的生命力和创造力，中华文明在其青春时期就展现出了这方面的优势基因，并一直绵延数千年而不竭。

但是作为拓殖的副作用，分封也削弱了地方对中央的向心力。对其他文化的民族的包容和吸收，同时也稀释了华夏中心的思想。

此时的周朝，中央的力量降到了历史的最低点，中原诸夏逐渐丧失向心力，各国争相忙着内讧，耕地受到了战乱的破坏，礼乐也因为周王室威信的丧失发生了全面的崩坏。于是位于周朝边鄙地区的那些若即若离的蛮夷势力开始趁机兴起，威胁中原核心地带。南方的蛮夷楚国、北方的各个戎狄部落都乘隙而入。不仅边鄙的一些小诸侯国，而且位于周朝中心地带的姬姓诸侯国，如蔡国、郑国、卫国、邢国、燕国都无一例外地遭受了蛮族入侵。中原一时风声鹤唳，诸夏惊惧。

面对这样的文化危机和生存危机，中原诸夏需要反思和回应，中原地区要有一股新的强势力量和文化崛起，才能对抗这股强劲的逆流。

各向扩张

我们再来看看这个华夷参半的晋国。晋献公在解决了内部问题后便开始了向外扩张。公族被灭后，高度的集权赋予了晋国突出的军事调集优势，加之其本身地处山西南部最肥沃的土地，国力大大强于周边小国。

晋献公先是对周边戎狄发力，起兵征服骊戎，收获了骊姬；接着灭了北面戎族建立的其中一支狄部落，将狄国的土地分封给了异姓大夫赵夙，这是后世赵国的先祖。

震慑了周边戎狄部落，东靠大山的晋国朝着其他三个方向开始了犀利的扩张，将矛头对准了山西南部的姬姓诸国。向北，晋国攻灭了霍国（今山西省霍州市），堵住了狄部落的南下出口；向西，吞并了耿国（今山西省河津市），并由此地经龙门渡口西渡黄河，进入了关中河西地区；向南，晋国绕过中条山，将魏国（今山西芮城县）收入囊中。晋献公将魏国土地封给了大夫毕万，毕万便以地名魏为氏，成为后世魏姓的先祖。

晋国在扩张过程中华夷通吃，传统的分封和仿照楚国的郡县并存，成为了一个民族成分、经济形态、权力结构和土地制度都非常特殊的诸侯国。晋国正是一个周朝浓缩的写照，旧的秩序业已破坏，新的体系还未建立，所有的情况都在转型过程中，各国在纷乱中摸索着艰难前进。

但是，纵使艰难迷茫，前进的脚步也不会停止，晋国正要向中原挺进。

假途灭虢的战略背景

大国的崛起不可避免地伴随着小国的沉沦。大势所趋之下，小国的斗争和妥协都是难以扭转乾坤的。前者螳臂当车，苟延残喘；后者痴心妄想，与虎谋皮。

晋虢之争

晋国在灭掉了中条山以南的魏国后，其势力范围已经到达了黄河北岸，丰饶寥廓的中原大地就在咫尺之遥了。

但是此地乃是峡谷山地，黄河在中条山和秦岭——崤山所形成峡谷间由西向东川奔腾，两岸地形复杂，水流湍急，极少有适合渡河的地方。这一段黄河只有两个相对安全的渡口：茅津渡和大阳渡，晋国要踏入中原必须由此经过。

但是晋国要从此通过却并不容易，如此战略要隘必然是有主之地，更让晋国头疼的是，坐镇此地的偏偏是它的死敌虢国。

虢国是除宋国外少有的公爵国家，被黄河分为北虢和南虢。北虢位于今山西省平陆县，与南虢隔茅津渡和大阳渡相望。南虢位于秦岭——崤山和黄河相夹而出的崤函通道腹地，向东穿越崤山峡谷便能抵达洛邑，向西沿着黄河谷地的山林区（当时称为桃林塞），就能进入关中。可见虢国战略地位的重要和此地对晋国的吸引力。

虢国和周王室关系密切，尤其是周、郑交质之后。虢国国君虢公世袭周朝卿士，就好比现在的国家总理兼天津市长一样。

晋国和虢国自从在周王室东迁的过程中结下梁子后明争暗斗也没有停过。虽然并不直接相邻，但虢国始终视晋国为北方的最大威胁，在晋国内斗的过程中，虢国没有少借机添堵。虢公林父当年代周天子镇压曲沃势力，扶立小子侯以对抗曲沃武公。虢国的意愿怕是希望晋国永远处于分裂状态。

尽管最终晋国还是在曲沃武公的努力下完成了统一大业，不过虢国自恃爵高位重，看不上以小宗立国的曲沃武公和晋献公。

晋国这边，作为曲沃势力的后裔，晋献公是深谙有土地就有实力、得人口便得财富的道理的。所以晋献公平定了内部矛盾后便四向用兵，对外采取了赤裸裸的军国主义扩张路线。晋献公发动了灭狄国、并霍国、吞魏国、伐骊戎、攻白狄等一系列军事行动，位于晋国战略计划路径上最重要一环的虢国，更是他处心积虑消灭和吞并的对象。因为虢国是晋国进入中原核心地带的桥头堡，好似南阳之于楚国，如果能够拿下虢国，晋国的影响力将直接辐射周王室。

事实上两国之前没有少交锋，而周围数个姬姓国家的灭亡也给虢国敲响了警钟。位于山西南部的北虢（此地又称下阳，相对于南虢/上阳）北面有中条山的护卫，所以晋国要想进攻虢国必须首先向西绕道河曲之地（黄河倒数第二个转角处），从中条山南麓（即新灭的魏国处）向东进发攻击虢国。从晋国都城绛城出发，这一进军线路大致相当于今大运高速——运三高速。

为了抵御晋国南下，虢国沿着中条山和黄河的狭窄走廊，依凭山势建筑了一连串的防御工事。虢国易守难攻的地形，加之漫长的战线让晋国在军事上一时难以压倒虢国，晋献公的南进大计不得不暂时搁浅。

假途灭虢

此时中原大地，新一轮的争霸正在如火如荼地上演着。时不我待，晋献公需要早日跨过虢国，眼见以常规办法是无法在短期内制伏虢国了，那晋国能否出奇制胜呢？

正面进攻不能得手，就要看侧翼是否有机会了。在中条山的中部，下阳正北之处有一块台地，在这片台地之上还有一个姬姓小国虞国（今陕西省侯王村）。这里正对着虢国脆弱的侧翼所在。

但是虢国不是傻子，北面的虞国实力上不如自己，两国又紧紧相连，虞国为了自保不会不听命于它。有虞国在北面给自己挡子弹，即便晋国由此发动攻击，虢国也有充分的预警时间进行准备，况且位于高山台地之上的虞国也是易守难攻之地。

所以晋国要想从通过虞国侧击虢国，硬取是不可行的。大夫荀息给晋献公献上一计：假道伐虢，又称假途灭虢，即向虞国和平借道，神不知鬼不觉地奇袭虢国侧翼。

但是虞国会借道给晋国，任由其攻灭虢国吗？更何况晋国是一个攻击性极强的国家，虞国难道不会想象虢国灭亡后的情形吗？

晋国要做的工作很多，必须要让虞国能够站在晋国这边，疏离虢国。还要有足够强的理由和诱惑，让虞国同意借道给晋国。

晋国首先派人去南部晋虢边境挑起事端，引得虢国来边境挑衅发难，这样晋国出兵的借口就有了。

又派人给虞君送去了他最感兴趣的两样宝贝：垂棘之璧和屈产之马。都是当时美玉和宝马中的极品。如此结好虞国的资本也有了。

最后晋国以盟国的架势将作战计划告诉给了虞国，宣称要攻打虢国的下阳。而下阳位于虞国和虢国的交界处，所以这么一来，借道的借口也有了。

为了事情更容易办些，荀息要求虞国共同参与伐虢行动，答应战胜之日与虞君共享战利品。和当年楚国借道邓国攻击申国一样，在晋国无形的压力和有形的贿赂下，虞国国君答应了借道的要求。

从晋国国都出发，这一新的攻击路线大致相当于今天G209国道的走向。相比之前的路线，这条路线的距离缩短了近70%，而且能够绕开虢国的防御工事。所以为此付出两件宝物绝对是猛赚的买卖。

于是，晋国贿赂栖居于桃林塞的陆浑戎部落，邀约它们在黄河南岸攻打南虢上阳，借以牵制虢国军队。并且派里克为大将，荀息为副将，出兵四百乘，和虞国军队混编在一起，向下阳进发。

由于兵力南调，晋虞联军轻松地攻破了下阳关口，下阳守将舟之侨并不为虢君赏识。他明白虢国这次在劫难逃，也算是识时务，投降了晋军。

不过虢国的军事实力还是不可小觑的。晋国迂回进击虢国，虽然攻占了黄河北岸的下阳，占据了虢国半部，但在向虢国国都上阳进军的途中，在黄河岸边遭到了虢军的阻击，难以登陆，不得不退到下阳据守。

晋国第一次假道伐虢行动告一段落。光从军事行动上来看，可以称得上是东方版本的阿登森林突击行动，中条山完全成为了虢国的马其诺防线。里克留了一部分晋军占据了下阳，等待机会再次渡河进逼虢都，争取彻底拿下虢国。

第二年，公元前655年，晋国再度约会陆浑戎部落骚扰虢国，里克乘机第二次向虞君借道攻打虢国。

这一次从晋国本土调来的军队连同驻守下阳的晋军一起组成气势汹汹的灭虢大军，和虞国军队共同开赴虢都上阳。失去了半壁江山的虢国，此时又胶着于和犬戎的战争，在失去了反登陆战的主动权后，根本抵挡不住晋虞联军的攻势。不多久上阳失陷，虢公逃往洛邑当他的中央卿士去了。

虢国到此就算亡国了。里克也不去追杀虢公，毕竟他身兼朝廷大员，不是一般的诸侯，杀了他在天子面前也不好交代。

晋国大军进入上阳，立马布告安民，秋毫无犯。把虢国宫室的宝物和美女分一部分运回晋国，一部分由晋国大军押送到虞国，虞君对此非常满意。

所谓螳螂捕蝉黄雀在后，虞国和晋国一起对虢国来了个假途灭虢，接下来呢？

里克把战利品送到虞国都城外后，对虞君借口作战受伤，部队需要调养，就地在虞国都城外扎营，同时知会了晋献公。

晋献公接到里克的信后按照既定计划开拔，同里克大军里应外合攻占了虞国。可怜的虞君还没来得及赏玩虢国的战利品，自己的国家就成了晋国的战利品了。

唇亡齿寒，虞君深刻地实践了一把。被俘虏到晋国后，晋献公赏了他一小块地。从公爵到小地主，这时候的虞君头衔也没有了，只能当庄稼汉了。

晋国吞并了虢国和虞国后，打通了南渡的通道。和南方的楚国一样，北方的晋国也一只脚踏入了中原腹地。而它同时也成为了仅次于楚国的第二大诸侯国。

左右为难

同时灭掉两个姬姓封国，其中一个还是公爵大国，晋献公的胆子不可谓不大，手段不可谓不狠。周天子有什么反应吗？又收了晋国一笔贿赂，也就只能默认现实了。现在的周天子是泥菩萨过江自身难保，还能保护诸侯国吗？

我们回头再来看一看这条假道伐虢之计。之前郑庄公就完美地演绎过一回，在此我们不妨把这两次假途伐虢进行一个对比。

假途伐虢分为两个部分，“假途”和“伐虢”。前者是手段，后者是幌子，真正的目标正是那个借道的对象。

假途伐虢要想成功并不容易。不仅“伐虢”这个幌子要足够真实，让人觉得你的目的就是这个，而不会对你的真实目的起疑心。而且“假途”要有足够说服对方的理由。因为对方这么做很可能是引狼入室，没人会贸然假途给别人。

郑庄公吞并戴国那一次，郑庄公宣称帮助戴国一同对抗宋、蔡、卫三国，“伐虢”的幌子毫无破绽；郑国来救你，总不能让别人在外面以一对三跟敌人打。而且即使有风险，反正自己已经被三国兵临城下，危在旦夕了，放郑国进来说不定就能退敌。加之当时戴国见到郑国如久旱逢甘霖，怎么会不“假途”给郑国呢？

所以郑庄公可以说是教科书般地演绎了一次假途伐虢，无论名义、手段、过程还是结果都堪称无懈可击。

再看晋国的正版假途伐虢。对虢国用的那次基本重演了郑庄公灭戴国的一幕。但是灭虞国的那次怎么样呢？

先说“伐虢”，晋国确确实实要伐虢，也的的确确灭了虢国。但是严格意义上说虞国是虢国的盟国，如果虞君脑子足够清楚，就该有所察觉，晋国灭了虢国以后，下一个目标不就是自己了吗？

虞君不仅没有阻止晋国伐虢，反而借道给晋国，帮着一起打虢国。晋国是凭什么让虞国同意“假道”的？宝马、玉璧，以及战后的战利品，虢国的府库珍宝和后宫美女。

这么看来，这出正版的假途伐虢其实并不高明。与其说它的成功主要依靠的是荀息的智慧，不如说是虞君的愚蠢更为恰当。

虞君手下不是没有贤臣，也不是没有人对他谏言提醒。虞君手下有贤臣宫之奇和百里奚。宫之奇当初再三谏阻虞君要始终和虢国一体，绝不可以借道给晋国。但是这些话对虞君起作用吗？他早就被晋国的宝物和热情冲昏了头，以至于百里奚都懒得进谏了。

美女、宝马、珠宝，当一个国家江河日下之时，苟且度日的统治者往往看重的是及时行乐。这些奢侈之物通常都是敌人们所提供的，如同明末追求满洲的貂皮、清末嗜吸西洋的鸦片一样。你所得到的只是无用的享受物，沉醉在其中，堕落自己的意志，而对方换来的却是真金白银之类的战略资源，对方都用这些来干了什么呢？

为了没有实际价值的享受物，虞君卖友求荣，出让宝贵的战略通道，让本国的命脉由人把持，这真是自作孽不可活。

那这些财宝美女的下场如何？晋国献给虞国，俘虏虞君后，这些宝物美女连同整个虞国都被晋献公收了去，虞君当了几天保管员，连本带利一起还给了晋国。

晋国一石二鸟，难道仅仅由于虞君是愚公的原因吗？

如果不是这次假途灭虢的妙计，可以肯定的是，虢国和虞国被晋国消灭和吞并也只是时间问题。

在假途灭虢的过程中，两国在军事上和策略上的表现就是它们自身处境的真实写照。

虢国虽然不是一流强国，但却是周王室历来所仰仗的武力提供者之一，军事上还是可以同晋国相抗衡的。无论是当年二王并立中的对峙，还是后来干涉曲沃势力篡逆，抑或是最后主动在边境挑衅，都说明了虢国具备了一定的和晋国对抗的实力。

即便晋国联合虞国共同攻打虢国，也是前后两次才最终搞定了对方。

在军事上，虢国的失败并不是因为武装力量的劣势，根本原因在于战略位置的不利。

但是此一时彼一时，随着时间的推移和格局的发展，地处边鄙的晋国如今已经占据了几乎整个临汾盆地和运城盆地，有着充分的战略纵深同虢国周旋。进可战，退可守，即便遭受暂时的失利，广大的战略纵深也能阻止敌国孤军深入，自己却能在退守后积聚实力发起反攻。晋献公一直以来所致力的领土扩张政策在战争中赋予了他更加雄厚的作战资本。

反观虢国，晋国如果对它用兵，被群山大河包围的虢国一旦在战争中失利，就面临退无可退的处境，轻则丧师失地，重则城破国灭，难有东山再起的可能。在晋国的打击下，虢国第一次失下阳，第二次陷上阳，几乎没有悬念地被灭了国。

所以说事物都是有其两面性的，虢国借以自保的山川和引以为傲的位置此时反倒成了加速它亡国的催化剂。

这就是战略位置的不同对双方战争局势所造成的决定性影响，同时也是当时边鄙地区和中原腹地战略格局此消彼长的战争态势的缩影。虢国和晋国旗鼓相当的时代已经一去不复返了，时代垂青于边鄙势力。

所以处于如此不利态势的虢国，如果要在军事上保全自己，必须对罩住其命门的虞国既拉拢又压制。虢国要么让虞国成为自己贴身的跟班小弟，帮自己挡子弹；要么就看准时机吞并虞国，扩充自己实力，巩固侧翼的边防，弥补自身战略纵深上的短板，以便更好地与晋国对抗。因为被地理限制的虢国唯一可以扩张的方向就是虞国，所以其最大的威胁来源的方向也就是虞国。

其实虞国在晋国和虢国之间的关系是非常微妙的，这就为之后虞国最后倒向晋国，帮着一起挖虢国的墙脚，连带把自己也搭了进去的悲剧埋下了伏笔。

虞国在军事实力上同晋国和虢国都存在着一定的差距，在这三国的博弈中，它是以一个处于两强之间的弱者形象出现的。虞国要想生存，只能在这两国间选择一方来投靠。

三国博弈的主要矛盾在晋国和虢国之间。和虢国结盟，虞君看到的只有做防弹衣的分儿，弄不好还要背后被捅一刀。相比这些眼前的威胁，背后辅车相依、唇亡齿寒的战略意义就只能靠边站了。

荀息正是看破了这一点，所以才向虞君送来了重礼，并许诺了未来的战利品。作为利益交换，晋国的要求非常低，只不过是借个道而已。

短视的虞君怎么能抗拒这样一笔买卖呢？不过和你有利害冲突的人一下子对你特别好，是你该高兴的时候吗？

当战术利益和战略利益冲突时，孰轻孰重当然不必解释。但是问题是战略利益抽象深远，不是所有人都能洞察得了的，而战术利益却是实实在在摆在眼前，可以立马消受的。

显而易见的情况通常没有太多价值，而富有价值的情况却通常难以发现。

无形事物的价值往往是无法估计的，它的存在甚至让你感觉不到它有任何价值，就像个人的健康、周朝的宗法礼乐一样，但是等到哪天它不复存在了，人们才会发现灾难的降临。

要想扭转大势，就需要有高人来参透这一切。

虞君倒向晋国，是在当时晋国和虢国战略态势对比和自身尴尬处境下，虞国的第一反应。因为和虢国在一起只有危险，没有好处，而现在跟着晋国却恰恰相反。只不过晋国给的好处只是一次性的，而且还是要连本带利收回的。

而且由于先天的战略位置原因，随着虢国在同晋国的长期对抗中不断滑向劣势，虞国为了苟延残喘也不得不讨好晋国。虞君弃虢从晋，是随着晋、虢之间战略天平的倾斜顺势而下的结果。

中原鹤唳

息国和蔡国、虞国和虢国，两对本该唇齿相依、共同防御强邻的难兄难弟，息国为了美女，虞国受了糖衣炮弹，都反过头来主动勾结对它们觊觎已久的楚国和晋国前去挖兄弟国家的墙脚，殊不知作为邻居的它们本是共用同一面墙的，这无疑也是在挖自己的墙脚，最后连同自己也一起搭了进去。

这些中原小国的贪婪短视反映出它们的保守和闭塞。它们对战略形势的错误判断，沉浸在一如既往的安乐之中，不能看清楚自己时代的变迁，除了蔡侯和他的蔡国借着和齐国的姻亲关系苟延残喘外，其他三位只能连同他们的国家一起被逐出历史舞台。

相比晋国和晋献公，他们必须接受被历史淘汰的命运。

很有趣的是，这四个国家偏偏都是姬姓诸侯国。三个侯爵、一个公爵，可以说是非常显贵正宗的诸侯。但是它们国君的昏庸和国力的衰弱却与爵位的显贵和血统的正宗成反比，这难道仅仅是巧合吗？

这四国的悲剧是中央小国们在边鄙大国扩张和蛮夷入侵压力下无可奈何的处境的写照。它们要么抱强国的大腿，成为附庸国，要么就只能等待灭亡。

现在，中原的诸侯国纷纷尝到了礼坏乐崩的滋味，起初它们以为自己自由了，可以纵横天下，为所欲为，可是结果呢？内部分崩离析，战乱不息；外部的敌患四起，朝不保夕。内忧外患之下，中原诸夏面临着空前的生存危机。

在这样的危机面前，时代需要英雄的出现来扭转颓势，力挽狂澜，扶大厦于将倾。世界不仅要凭武力纵横，更需要秩序来维持。

时势造英雄，中原诸夏的危难召唤伟大人物的横空出世，如同一道闪电划破黑暗的天空，震醒沉睡的人们，历史将为之翻开新的篇章。

第五章 齐桓霸业

历史总是螺旋式发展的。内部不休的争斗，外部渐增的威胁，困境面前中原诸夏酝酿着变革。转机往往在危机中诞生，而时代也赋予了足够的条件：上有礼坏乐崩的旧制、下有内忧外患的国体、外存虎视眈眈的敌手、内存经世济国的奇士，受到威胁才明大势所向，历经争斗方知合作价值，这一切都是危机的结果，也是转机的原因，天下将由此发生巨大的变化。

管鲍之交

君臣之间的个人关系和权力结构是复杂而微妙的，明君贤相的组合可遇而不可求。如果历史赋予了这样一个机会，那么现实将上演一段传奇。

君位之争

公元前686年春，篡位仅一个多月的齐国国君公孙无知被素与他不和的大夫雍廪联合齐国世卿国、高两家和众大夫在朝堂刺死，扶立他登位的连称和管至父也一并被除。这三个系出旁支的乱臣贼子上台，把本该其他大夫获得的地位和利益都占去了，被谋杀也是早晚的事情。

消息一出，齐国公子吕纠和吕小白分别从鲁国和莒国在两国军队的护送下日夜兼程往齐国都城临淄赶去，以争夺齐侯之位。

这两位公子都是在齐襄公执政后期山雨欲来之时出国避难的。吕纠前往的是他母亲所出的鲁国，吕小白在他的师父鲍叔牙劝说下出逃到国力微弱但是离齐都临淄更近的莒国。

莒国，子爵，嬴姓，国君为东夷少昊的后裔，位于今山东省日照市附近，与齐国隔五莲山相望。

两位公子和齐襄公的关系，历来都比较模糊。究竟是父子关系还是兄弟关系，没有确切的资料参考。但是此时公子小白是三十三岁，而一个多月前死去的齐襄公是四十七岁，公子纠的年龄还略长于公子小白。所以兄弟关系更确切一些。如果是这样的话，那么私生活不检点的齐襄公看来是没有子嗣的。

公子小白进入齐国境内后，遇到公子纠的老师、鲍叔牙的至交管仲前来问候。管仲知道莒国离临淄更近，路更好走，不用像鲁国那样翻越沂蒙山，担心吕小白更早到达，所以借问候之名带了一支快速行动小分队前来火速拦截。

但是护送小白的莒国军队数量多于管仲所带的人手，管仲情急之下一发暗箭射向公子小白，公子小白应声中箭倒地。

这位刺客管仲，虽然他的登场并不怎么光彩，却是一位开天辟地的伟大人物。

管仲，姬姓，管氏，名夷吾，字仲，后世沿用对其的敬称，避名称字，所以都叫管仲。他是春秋时代最杰出的政治家，这个“最”是唯一，而不是之一。人称“春秋第一相”，是后世中国文人出将入相的楷模。

可是小白却并没有死，这一箭不偏不倚被公子小白的衣钩挡住。管仲是有名的神箭手，小白怕他射来第二箭，急中生智倒下装死，骗过了所有人。等自信的管仲走远后，他们才又紧急出发赶往临淄。

到了临淄之后鲍叔牙紧急公关，首先取得了齐国的世卿国、高两家的支持。国、高两家是齐国公族，和齐侯一样也是姜太公的后代。世卿，相当于世袭的荣誉总理。

然后鲍叔牙又以当年宋国扶立郑突为反面教材，力陈如果吕纠即位，强大的鲁国将向齐国索贿和干预的弊端，却避而不谈吕小白岁数更小，在继承顺位上次于公子纠的劣势。最终鲍叔牙成功说服了众大夫拥立吕小白为国君。公元前685年，吕小白即位，他就是春秋第一霸主齐桓公。

管仲和公子纠原本以为小白已经死了，所以也放慢了赶路的脚步。谁承想半路得知吕小白不但没死，反而抢先回国即位了。师徒二人只能回到鲁国，请求鲁庄公帮助出兵夺位。

鲁庄公当然希望能够助吕纠上台，将自己的势力扩张到齐国，成为东方的新任霸主，便想趁齐桓公立足未稳之时以武力开道。自信的鲁庄公越过了两国交界的泰山，深入齐国境内主动寻战。齐国那边也知道管仲师徒和鲁国不会善罢甘休，即位伊始便做好了战争准备，最终两军在临淄附近的乾时（今山东省桓台县西北）列阵以待。

两军交锋，以逸待劳的齐国准备充分，主场地利不仅助其击退了鲁军，还在反攻追击途中越过泰山，占领了鲁国的汶阳。此役齐国大胜而还，齐桓公取得了君位之争的胜利。

杀纠保仲

齐桓公吸取郑国的教训，决定斩草除根，趁着战胜的余威，派大夫隰朋前去鲁国，要求鲁庄公杀死公子纠和管仲，以及公子纠的另一位老师召忽，以绝后患。

隰朋临行前，鲍叔牙关照隰朋务必把管仲安然无恙地带回来。

作为管仲的至交，鲍叔牙年轻时和管仲一起游历各国经商，又一起参过军。鲍叔牙出身富裕，而管仲却年幼丧父，家道破落。两人买卖所得总是管仲自己分大头；打仗时，管仲冲锋的时候总是拖在最后，而撤退的时候管仲却又是冲在最前的。所以管仲时常受到人们的非议和嘲弄。

但是鲍叔牙却深知管仲的才能和抱负，总是为管仲开脱，辩解管仲是因为有老母需要赡养的难处。管仲慨叹："生我者父母，知我者鲍叔哉！"和鲍叔牙成为生死之交。这就是常用来形容君子之谊的管鲍之交。

管仲和鲍叔牙既然能够参军打仗，那身份至少也得是个贵族。这两人都是士人出身，尤其管仲还是周王室苗裔。

春秋时期的社会等级为天子、诸侯、大夫、士人、庶民，其中的每一级通常只能由嫡长子继承爵位身份，其余的后代只能依次递减一级，成为小宗。士人是末流贵族，同中世纪欧洲的骑士地位相同，所从事的工作也和骑士有很大的类同。

士人通常没有土地，他们的贵族待遇仅限于接受礼乐教育，发展文武之能。他们一般作为卿大夫的家臣和幕僚，参与当时的社会事务。

春秋时期士人阶层是最具有进取心和创造力的。因为他们具有当时出世为官的身份条件，而他们的没落贵族地位又使他们不甘心于自身的现状。他们所接受的教育让他们拥有博取功名的资本，春秋这个乱世又提供给了他们最好的舞台和可供选择的主公。加上没有土地的束缚，士人必然是这个时代的重要角色。

后来管、鲍二人终于混成了公子纠和公子小白的老师。两人各保一位公子，相约日后无论哪位公子即位了，都要相互引荐。这是两人的组合投资计划，当然也是一个心心相印的君子之约。

两位公子中，吕纠更为年长，继承权理当优先于小白，加之又有鲁国在背后撑腰，毫无疑问管仲又一次占了鲍叔牙的便宜。

可是鲍叔牙也绝对不是简单的人物。他押宝继承权上处于劣势的小白，可见小白在个人素质方面自然有他的优势所在。

他们一同前往莒国，除了路途临近，便于回国以外，莒国在军事上的孱弱反而是一个有利的因素。作为大国的齐国，当然不愿意受制于他国。鲁国这个邻居的强大实力是齐国所忌惮的，尤其是齐国和鲁庄公有着杀父之仇，鲍叔牙也正是以此说服国、高两家和其他大夫选择小白的。

现在鲍叔牙赢了，但是却不忘自己当初的约定，宁可让出相位给予管仲，自己退居二线，不直接参政。

这样的让贤是古今罕有的，所以儒家将鲍叔牙尊为圣人。其实鲍叔牙除了风格高尚之外，还在于智慧出众，为齐国做了最好的人才资源和政治资源配置。

鲍叔牙是当之无愧的圣贤之士，如果他当仁不让地接受了齐国上卿之位，凭借他的才能和齐国的国力，齐国要想维持强国地位并不难。但是鲍叔牙显然清楚管仲的能力，也知道自己的本事，他极力推荐管仲执政，开创了齐国的霸业，也翻开了春秋时代最辉煌的篇章，这是管仲之幸、齐国之幸、时代之幸。

鲍叔牙的让位成就了齐桓公、成就了管仲，也成就了自己，其实是将这些政治资源得以最优化的配置。试想面对权力和富贵的诱惑，又有几人能够有鲍叔牙的眼界和胸襟呢？

鲍叔牙让隰朋保住管仲，这是一个多么伟大的决定。

隰朋到了鲁国，将意思传达给鲁庄公后。刚刚战败、战战兢兢的鲁庄公迫于压力，不得不杀死了吕纠，召忽撞柱自杀殉主。

隰朋又要求将管仲带回齐国处置。鲁国大夫施伯一直都很佩服管仲的才能，知道如果管仲活着回去一定能够使齐国实力大增，极不利于鲁国，所以竭力要求鲁庄公处死管仲。

但是隰朋告诉鲁庄公，齐桓公记恨管仲的一箭之仇，一定要亲手杀死管仲方才罢休，所以务必要活着带回。鲁庄公迫于齐侯的压力，又惑于隰朋的忽悠，稀里糊涂地放走了管仲。

虽然得以脱身，管仲还是担心鲁国后悔而来追杀自己，便一路快赶地返回了齐国，在鲍叔牙府中暂住。

管仲见了鲍叔牙之后，首先说的是自己忍辱苟活，无颜见杀身殉主的召忽。这话召忽肯定听不到了，但是鲍叔牙却听到了。作为这场夺嗣斗争的胜利者，他明白这是管仲在道德上和政治上对自己示弱，也是包含着友人间的惭愧。试想如果管仲和鲍叔牙颠倒个位置，鲍叔牙一定会是管仲今天的待遇吗？

鲍叔荐仲

齐桓公当政后要拜自己的老师鲍叔牙为上卿。鲍叔牙坚辞不受，却向齐桓公力荐管仲，并细数其治国安邦方面的才略。胸怀大志的齐桓公在鲍叔牙的劝说下不仅赦免了管仲的一箭之仇，还接受了管仲的推荐，决定拜管仲为相国。

能够有这样的胸怀，抛弃过去君位斗争中结下的仇恨，仅这一点齐桓公就具备了霸主的气概。当然这一点和他的老师鲍叔牙的教导不无关系，在小白成就霸业之前，鲍叔牙就帮小白完成了修身这通向辉煌的第一步。

让管仲这样一个有罪于国君的人当上卿，他为了洗刷国君对自己的不信任，一定会加倍努力，这就是所谓的“使功不如使过”。况且当时的管仲势单力薄，其族叔便是和公孙无知一起被除掉的管至父，如果对管仲委以重任，不怕他有能力搞鬼，所以是非常可靠的托付人选。

而鲍叔牙的鼎力保荐又确保了他的能力。能干且可靠的人，哪个老板不喜欢呢？

齐桓公听从鲍叔牙的安排，斋戒三日，亲自出宫拜管仲为相，敬称管仲为仲父。大小政务全权托付于管仲。见到齐桓公以这样的礼节对待管仲，所有的卿大夫都唯管仲马首是瞻，民众对齐桓公赞叹不绝。

这一切都是鲍叔牙的精心安排，凭借自己对挚友的信任和学生对自己的敬重，让管仲得到了政治威势，令齐桓公赢取了民众拥戴，成就了这对伟大的君臣组合。

从个人精神气质来说，管仲其实没有什么突出的人格魅力，从他的过往际遇表现来看，他只是一个非常普通甚至是庸俗的人，但是他却拥有超凡的政治才干。相反，齐桓公除了权术以外，政治才干方面似乎没有什么太多的亮点，但是作为一位君主，他却有着足堪大任的领袖魅力。这样的互补和分工让这对君臣成为了千古颂扬的圣君贤相组合，成就了齐国崭新的政治格局。

齐国公是通过管仲的改革才取得国家实力的突飞猛进的，但是改革内容本身其实只是颁布一条条没有生命力的政令，这些政令要想变成实实在在的改革的动力，内化到所有卿士和民众的行动中，靠的是政令颁布者的个人威信和政治感召力。齐桓公这一前无古人的恕敌之义、拜相之礼，为管仲今后的改革铺平了道路。

齐国国力的强大，齐桓公的表率起到了开创性的作用。

用马基雅维利的话说：一切良好的忠言，不论来自任何人，必须产生于君主的贤明，而不是君主的贤明产生于良好的忠言。因为无论任何建议，都是要由国君自行判断并采信的。

仲父当政

管仲出任相国后，推举隰朋为大司行（外交部长），宁越为大司田（农业部长），王子成父为大司马（国防部长），宾须无为大司理（最高法院院长兼最高检察院院长），东郭牙为大谏之官（纪检部长）。

齐国的内政外交自此就由管仲和他的这一套执政班组来打理，各班组成员负责本部门的工作，大事集体协商讨论，由管仲负责最后的拍板。

齐国此时就像是一个君主立宪制国家，齐桓公是君主，管仲为首相，管仲手下的执政班组就是内阁。公室同政府分离，君权与相权并立，私权利和公权力有了分野。君权更多地被限制在公室的活动范围内，而相权则代表政府行使公权力，二者之间好比董事长和总经理的区别。

国家行政结构的改变算是管仲新政的开始。鲍叔牙帮助齐桓公完成了修身，管仲现在出面来为齐桓公齐家了。我们之前看到的卫宣公、齐襄公、息侯等悲剧君主，他们的灾祸都是从其私生活蔓延到整个国家的。在当时的宗法分封制下，公私权力没有分野，公室和政府相连为一体，所以才会家祸乱国。

而齐国这样就从根本上入手，切断了两者的联系，保证了国家政治和国君私生活的相互独立，彼此解放。再由管仲的内阁这样的专业治国人才来处理国政，齐国当然很快就能强大起来。

对此，齐桓公最该感谢的当然是鲍叔牙。

那齐桓公干什么呢？齐桓公作为国家的代表，参加各种活动：祭祀祖先、接待外宾、会盟诸侯、奉迎天子。其他的呢？那就是国君自己的事情了，吃喝嫖赌，随齐桓公的高兴，因为他生活上的自由并不会影响国家政治的稳定。

那大家岂不是要说这样的国君做起来也太容易了吧，什么都不用管，让宰相全权代理，自己活得潇洒，国家也同时强大。

如果真是这么容易的话，那历史上也不会仅此一例了，齐桓公和管仲也不会被如此称颂了。

先从齐桓公说起。国君除了有享受的权利之外，最吸引人的地方莫过于手中所掌握的权力了，否则国君和富豪的区别也就不大了。很多国君享受的就是权力赋予他们的独一无二的地位，能够像齐桓公这样全面放权给臣下对于一般国君来说就是做不到的。

你愿意全权委任宰相打理国事是一回事，你敢不敢这么做又是另一回事了。古今中外多少帝王稍一放宽对权臣的控制，就为此掉了脑袋，甚至丢了江山。春秋乱世更不知道有多少国君死在权臣的手下，像齐桓公敢这么做绝对让人称奇。如果没有鲍叔牙在中间发挥保荐作用，让齐桓公敢于放权给管仲；如果齐桓公驭臣无方，不能做到用人不疑；如果管仲不是如此忠心耿耿，而是有着自己的小算盘，那么齐桓公的下场难以预料。

更难得的是，齐桓公能自始至终这么做。可以不计前嫌，赦免管仲之后还礼拜管仲为上卿和相国；称比自己大了不到十岁的管仲为仲父，唯仲父之命是从；竖貂和易牙，前者为了能够陪侍国君而自宫，后者为了国君能一饱口福而烹子，在这样两位宠臣当面构陷管仲的时候，尚能保持头脑清醒，训斥两位小人。

除了国君的阻力外，来自公族和贵族大夫的反对力量也会让管仲的执政泡汤，因为这样会极大地损害这些既得利益集团。凭借他们在国政上、军队中和对国君本人的影响力，他们可以轻易罢黜管仲。

但是管仲在齐国的从政和改革为什么一直一帆风顺呢？

这世间之事，真可以说是福兮祸所倚，祸兮福所伏。是齐国之前的两次内乱，齐襄公和公孙无知的非正常权力更替，为管仲的执政铺平了道路。在这期间，公族和卿大夫们不仅力量被极大削弱，而且始终没能形成合力，以制约国内其他政治力量。特别是公孙无知为了确保自己基础薄弱的君位，打压了很多贵族的利益，而齐桓公和管仲的执政让他们恢复了权位，也为自己争取到了极大的支持。

尽管如此，齐桓公还是在鲍叔牙的劝说下屈尊请管仲上台，以镇住来自卿大夫的反对力量，确保管仲当权的顺利。鲍叔牙同时花了极大的功夫对齐国公族的代表国、高两家进行公关，取得了两家的支持。

最后，也是最重要的一点，中国历史上只有一位管仲。后世无数宰相大臣都向管仲看齐，即使连诸葛亮也是执意自比管仲。管仲的才学和能力都是超凡绝伦的。

而且他所开创的齐国霸业是他领导下的一整套高效的内阁班组所取得的。管仲不仅自己能力超群，还擅长识人用人，借助各方面突出的人才在特定领域内发挥作用，这一点就算是诸葛亮，也是自叹不如的。

其实管仲所要求安排在各个位置上的人选都是齐国颇有威望的大夫。除了人尽其才、术业专攻的原因之外，管仲这么做其实也是对卿大夫势力的一种妥协。大家利益均沾，既减少了自己的执政阻力，又减轻了工作压力。

齐鲁拉锯

不过任何不经历考验的关系都是靠不住的，齐桓公和管仲的君臣组合也是如此。

鲁庄公知道自己被齐国耍了，非常恼火，又记起上次兵败之恨，扬言要报复齐国。

齐、鲁这对亲家邻居在春秋初年实力不相上下，明争暗斗不曾停息，都希望能成为东方的霸主。立志成就霸业的齐桓公和管仲在执政初期和鲁国的冲突是难免的，而且不搞定鲁国，齐国就无法进一步向西拓展势力，要想成就霸业更无从谈起。

击败鲁国才坐稳君位的齐桓公对此是非常清楚的，所以他准备先发制人，压服鲁国。但是管仲却指出齐国刚刚经历了大换班，军政各方面还很不稳定，虽然鲁国是必须要对付的，但是眼下还不是出兵的时候。

但是急于求成的齐桓公却执意让鲍叔牙主动出击。这次齐国还了鲁国一个主场，鲍叔牙带兵穿过沂山，攻入鲁国境内。这是齐桓公少有的抗拒管仲自作主张的一次经历。

鲁国这边听说了齐国的军事动员后，也做了充分的准备。通过施伯的推荐，鲁庄公起用了曹刿以抵挡齐国的入侵。公元前684年，齐、鲁两军在鲁国境内的长勺（今山东省莱芜市东北，今G205国道处）与鲁军兵戎相见，此地是山口谷底，再向西便一马平川，所以鲁国必须在此坚守。结果上演了著名的曹刿论战，鲁军凭借有利的地形和巧妙的战术安排，成功击退了齐国的进犯。双方两次交手都以主场获胜而告终。

齐桓公当然不甘心失败，从齐国一贯的战略出发，齐桓公约会了宋庄公之子宋闵公，准备走联宋制鲁的老路。齐国再度由鲍叔牙领军，宋国由大将南宫长万领军来到鲁国郎城邀战。鲁军乘隙击溃轻敌的宋军后又将不在状态的齐军驱逐，此役鲁国又一次在主场取得了大胜。

看来齐国果然如管仲所说还没到打仗的时候，齐、鲁两国的实力对比和天然的地理分割线让双方都不可能通过战争方式从对方身上占到便宜。两次耻辱性的失败让齐桓公吃到了苦头，但是从长远看这恐怕是一件好事。齐桓公打消了政治上天真的幻想，对齐国的发展和规划抱着更加务实谨慎的态度，同时也使他完全信服管仲，所有大小国事都由管仲决定，自己不再强行干预。

尽管经过了这两次败仗的挫折，但是作为巩固齐桓公和管仲的这种准君主立宪形式，推动齐国稳步图强的远景来讲，这个代价实在是太划得来了。齐国几乎只用一年的工夫，就实现了很多西方国家日后上百年内争外斗所取得的成果，这难道不是一个奇迹吗？

不过便宜得来的东西总是靠不住的。虽然它保证了齐桓公的霸业，但是这种得自于君臣间友谊、信任和特殊背景的偶然组合，缺乏西方君主立宪制通过百余年不懈博弈，通过立法所保证的制度的确定性和可靠性。

管仲和齐桓公去世后，齐国没能够继续保持这样的政体和优秀的内阁班组，因为没有确切的成文法和制度能够保证这一体系。之前推行的措施没能得到进一步的深化，对外政策也无法恢复到当时的巅峰。

这就是法治和人治的根本区别。

而周边的国家纷纷从齐桓公的霸业中学习到了乱世称霸的方法而强大起来，齐国此后也显得不再突出。

因为齐桓公和管仲这样的君臣组合历史上只此一例，所以促成这一组合的管鲍之交才如此受人推崇。

尽管有了齐桓公和管仲成功的先例，但是齐桓公之后齐国便霸业不再；纵观整个春秋战国史，都没有再出现过类似的君臣关系；甚至整个中国帝王史上，也几乎没能复制这样的模式，即便君主本人这么做，依附于其上的外戚和宦官势力也都不可避免地会破坏这种局面。

不过这也无可厚非，因为从来就没有明文这么规定，而且也不会有帝王允许明文这样规定。

所以齐桓公能当上春秋首霸，依靠的不光是他的运气。

管仲新政（上）

改革通常从意识形态领域开始，经由上层建筑的改造植入改革的观念和意识，为日后大规模的基础改革铺平道路。这种自上而下的改革模式在君主时代是最具有代表性的。

内向发展

鲍叔牙帮助齐桓公完成了修身齐家，接下来就要靠管仲来治国平天下了。

凡事都讲个先后，要想平天下就得先治理好国家，内功不修炼好，怎么有底气去称霸呢？

现在天下乱，齐国也乱，国家还没完全从齐襄公和公孙无知的乱政中恢复过来，所以齐国需要一个恢复期。

之前各国之间的征伐胜败证明了如郑国那样的外向型称霸是无法让本国长治久安的，更别说要安定天下了。以暴制暴只会两败俱伤。我整军备战，别人也会屯兵应战；我纵横捭阖，别人也会合纵连横，最后的结果就是军备竞赛。这是一个恶性循环的“囚徒困境”，彼此战备越来越多，负担越来越沉重，最后是双输的局面。

所以管仲的思路很明确，就是要采取内向型的发展路线，从根本上加强国家的实力，再以压倒性的力量优势开展文武外交。但问题是怎么加强国力呢？

天下大乱的首要原因在于周王室不振，所以原本靠天子维护的天下秩序被打破，各国内部秩序也随着被打乱。天子不振是因为宗法分封制的逐渐瓦解，一旦位于分封制金字塔顶层的镇塔天子开始动摇，那么处于下层的其他结构也会逐级慢慢瓦解。

所以要想根本地强国安邦，进而平定天下，就需要对现有的按照周礼所建立的制度进行改革。由此管仲出台了一系列新政，春秋时代最伟大的改革就此展开。

但是改革并不是容易进行的，且不说贵族们所代表的既得利益集团，就是齐桓公自己，也对此表示了保守的态度。

对于制度的优劣，人们是很难进行客观认识的，说到底这是与个人出身和地位相结合的主观判断。对于奴隶主而言，奴隶制度始终代表先进生产力的发展要求、先进文化的前进方向和自身的根本利益，除非有强烈的外界因素，没有国君愿意主动变革。

面对公族咄咄逼人、自己君位难保的态势，晋献公不得已才屠尽公族，使晋国的国家形态和权力结构发生了巨大的转变。

齐桓公前有齐襄公被弑的教训，后有管仲向他描绘的称霸远景，其间还有鲍叔牙对齐桓公的谆谆教导，由此齐桓公才答应让管仲放手一试。

既得利益集团总是保守地维护着自身的阶级利益的，所以尽管当时天下已经乱成这样，却没有一个君主尝试过主动改革，这既是客观条件限制，贵族的势力制衡着君主，也是意识形态的束缚，让人没有信心去迈出那一步。

不过现在齐国改革的主、客观条件总算成熟了，既得利益群体能够主动尝试改革，不是客观局面迫不得已，就是改革有着能使这利益更大化的可能。

礼法变革

但凡新政和改革，首先都需要有一套纲领性的原则，在人们的意识形态领域为改革做好铺垫。

“礼义廉耻，国之四维；四维不张，国乃灭亡。”礼，让人们遵守规范；义，使行为符合道义；廉，教人们品行端正；耻，约束自我的邪念。

“礼义廉耻”是管仲提出的用来在道德和习惯方面约束人们的纲纪，就好像四面篱笆一样把人们的思想行为框定在一个利于管理的范围内。

后世儒家在相同的纲常基础上发展出了庞大礼术和理论体系，其着眼点与管仲相同。

在此我也想对这“礼义廉耻”纲常做一下扩展性应用。其实“礼义廉耻”同样是针对君主和国家的一种指导性原则。对于国君的四维，“礼义廉耻”正好一一对应：礼奉天子、义待诸侯、廉治众卿、耻敛宫闱。

这样，天子能够重振天下秩序，诸侯间可以暂停攻伐，卿大夫不再谋权作乱，宫闱丑闻也能禁止。事实上，齐桓公的霸业就是循着这条道路开创的。

不过纲纪毕竟显得抽象，所以需要明确的法来为新政建立依据，确定人们的具体行为规范。

之前整个周朝并没有名义上的法，有的只是礼乐，礼作修养，乐为教化。而且礼乐只是针对贵族阶层而言的，一般庶民的管理方式就是刑罚，一般是封邑内的大夫任命家臣所执行的私刑，有着浓重的奴隶制色彩。所谓礼不下庶人，刑不上大夫。除此之外，各种社会行为所依据的主要就是自然法和习惯法这样的不成文法。

其实这正是周朝家族天下的意识形态的表现。因为家庭的地位都是天然的，父亲就是父亲，儿子就是儿子，所以以此为基础的周礼就是自然法和习惯法的代表，个人的地位都是世袭的，天生就注定的。

周礼的核心是宗法分封制度，这一制度下的国家其实就是家族模型的扩大升级版。在家中一切的规则都是按照家法执行的，天然的地位决定权威，因此在家族中只需要礼乐和伦理就可以维持家族的稳定，法完全不是家族政治的意识形态概念。

正因为如此，中国传统文化对于家庭伦理的重视程度远高于对法的重视程度。这也是为什么卫宣公、齐襄公会因为乱伦而导致身死国乱的原因之一，因为只要家法乱了，宗法国家的根本就彻底被打乱了。周天子的式微也同样是从家庭纷争和丑闻开始的。

不过这样的乱局也是家法统治的必然后果。同任何家族企业做大后面临的局面一样，周朝经历了三百年的对外拓殖，国家的规模和内部结构已经发生了巨大的改变。旧有的家族格局已经出现了瓦解，宗法分封制度已经无法适应当时的政治需要了。

像齐国这种华夏在东夷地盘建立的国家，加之又吞并了异姓的纪国不久，继续依靠宗法分封制统治齐国将不可避免地让国家重新归于分裂。这一点和楚国及晋国在新征服地区所采取的方式如出一辙，同时又更加深入地推广到了整个封国范围内。

由礼到法的发展，显示了当时的各国，尤其是那些地处边缘、易于兼并扩张的大国从西周时代的血亲族群国家向区域行政国家转变。

法通过明确的、基于客观社会基础的条令来协调整个社会的运作，不再像周礼那样更多地只是依照惯例和习俗来经营国家，表现出了更强的适应性和与时俱进的特色。

法的出现标志着社会的转型、思想的进步、时代的发展，可以说是历史前进的必然结果。所以，后世倡导变法改革的法家是诸子百家中最进步、最具革命性的一派，是儒、墨、道、法四大家中唯一反对崇古，要求破旧立新的一派，也是春秋战国走向统一过程中天命所归的一派。

法家源头

法的出现还有着更为深刻的经济背景。随着技术水平和生产能力的提高，各国都能供养更多的人口，社会的规模在增长。

在一个人口稀少、相互间都熟识的社会中，道德和习俗便足够作为约束人们行为的准绳。但是当生产力水平的提高带来的人口增长达到一定的程度后，依靠人情为基础的社会规范逐渐失去了其约束力，取而代之的将是明文化和系统化的法制。

可见制度的演变其背后的根本动力还是经济基础。

法以国家暴力机器作为贯彻和实施的工具，其背后体现的是各国诸侯的意志，如同周礼体现的是周天子的意志一样，只不过时代变了，伸张意志的主角也变了。

诸侯不仅在政治活动中代替了周天子的角色，而且在意识形态领域也接过了周天子的权杖。从此天子只是强势诸侯们借尸还魂的躯壳而已。

但是这样的法不同于近代欧洲的法，后者是整个社会的最高准则，体现的是国家的意志。虽然不可避免地存在有阶级性的偏向，但是这样的法是将所有人都涵括在内的，它的本质是社会秩序。

而法家的法是由君主一手操纵的，君主本身是凌驾于法之上的，法在这里虽然也是社会秩序的体现，但是其本质则是君主的统御术。

在这样的历史背景下，君主自身所奉行的行为准则仍然是礼，而国家的形态虽然不再是严格的宗法分封制度，但是仍旧是家天下的形式。

中国古代的法和西方近代的法为什么有如此根本性的区别呢？

源头不同，性质自然也不同。

西方的法制体系是资产阶级、市民社会同国君和封建贵族长期斗争的政治产物，是整个社会共同博弈的结果，所以才会成为所有参与者，即整个社会的秩序准则。

当然，资产阶级作为这一斗争的主导者而成为了最大的赢家，在这个体系中占有了最有利的地位。而国君最初就是受打压的对象，在法制体系中被严格限制。

但是此时中国出现的法就完全不同，其发生的根本原因是君主面对来自贵族和外寇的威胁，为了巩固地位和统治，争夺霸权而实行的改革手段。其发起者和主导者都是国君，主要斗争对象是封建贵族，这样的法对谁有利、对谁限制当然不言自明了。

而在这个博弈过程中，本身没有平民什么事情，平民最后只是作为世袭贵族受打击后留下的权力空缺而被动地得了一点利益。

所以说，权力都是斗争得来的，不参与斗争，自然和权力没有缘分。不流汗流血而得来的便宜买卖自古是没有的。

这就是两种法区别的根源所在。法不是纯粹客观存在的，它是人的法，出自于人，行使于人，用之于人，订立它、使用它、受制于它的人才是法的根本。法的不同，说到底是权力结构和社会体系的不同，基因不一样，长得当然不会一样。

没有强大的市民社会，就难以对君权进行斗争和制约；缺乏商业社会的契约精神，参与协商的契约法条也就无从谈起；不具备上帝之下众生平等的基督教意识，凌驾于所有人和社会关系的平等法律体系也就不可能诞生。

对于垂直体系的农业社会而言，它的法只是家法等级制的升级和变异，将社会个体的私权利都统一在了法这个公权力的框架下，而这个统一的法却最终集中在君主手中，成为了他个人无限放大了的私权利。所以这样的法只能称其为法，而不是法制。

制度和格局都是经过长期的博弈产生的。要想得到什么样的制度，就必须要有什么样的土壤，不考虑客观基础而叫嚣制度移植，那就好像赞叹莲花的柔美而希望在沙漠中种植它们一样可笑。

之所以说了这么多，那是因为后世通常将管仲归于法家，并且是法家的先驱。

管仲以国君为立法主体，分宣传、颁布和执行三步走的程序，进行普法建设。管仲尤其强调法律执行上的一致性，要求赏罚严明，公开执法，建立起人们对法制的尊重和敬畏，同时也是立法主体——国君的威信的体现。

在统一的法制下，全国民众的生活劳动都有了一个切实的依据。民众的行为直接受国君控制，不再由贵族任意赏罚，国君的权力得到了集中，国家的向心力也获得了增强。

管仲是春秋战国时代首倡以法治国的代表，通过法的实行来强化国家权力，作为当时社会转型的主要标准和依据。

后世的法家沿袭管仲的路线，将管仲的法制思想推向极致，最终演化成以“赏罚”为手段，由国君的“势、术、法”来进行颁布、监察和执行，所谓“两面三刀”的法家体系。

和法家的“两面三刀”相比，管仲的法制建设同样以赏罚两面为手段，通过国君的威势进行立法，继而颁布和执行。可以看出管仲的法的体系基本上是战国法家们的理论雏形，但是却没有法家所强调的“势”和“术”两点。

这两者的区别就在于执行主体的不同。管仲新政的执法主体是政府，或者说是国家，公权力部门执行法律自然不需要足够的个人威势，更不用所谓的法术和权术；但是战国时法家的执行主体却是君主及其直属暴力机器，必须要以强大的君威主势配合一系列的法术和权术在执行中与群臣进行权力博弈。

从这一点上我们看到，后期法家思想完全是一种为君主专制服务的统御术。相比之下，反而是之前的管仲的法的思想更加符合现代法制的理念。

有了法律作为统治基础和依据，管仲就能够更加大刀阔斧地深入改革了。在加强了对民众思想和行为的控制后，管仲要将这些控制向下推进到更加基础的经济领域。

管仲新政（中）

改革虽然都是从上层建筑开始的，但是要真正实现变革和转型，就必须要落实到经济层面，并最终产生自下而上的全面转型，实现变革的循环。

金归国有

完成了礼法领域的铺垫，管仲将改革深入到了经济领域。

首先是铸造官钱。法律的统一便于对国民行为进行规范和控制，货币的统一有助于对国民经济进行管理和协调。

春秋初期的贸易基本都是原始的以物易物形态，不仅贸易效率低下，很多交易机会不能得到有效利用，而且国家难以对经济进行宏观控制，不利于经济发展。

但是当时的物质生产客观条件已经满足了更高水平的贸易需求，开放而富饶的齐国本就有重商和市场经济的传统，所以适时推出货币能够很好地激活贸易。

同时国家可以通过货币渠道，直接控制国民财富，制定相应的财政政策，使国君对经济资源的控制比过去高效和有力得多。

货币也是一国经济市场化的保障，为进一步的经济改革做好了铺垫。

为了获取更加直接的财政税收，管仲对齐国开创性地施行了盐铁专卖制度，也可以称之为“盐铁税”。从国家垄断的食盐以及金属买卖中抽取税收，充实国库。

煮海成盐，削山为铁，中国自此开始了官方盐铁专卖制度，到汉武帝时期为了确保对匈奴作战的财政收入，被制度化地确定了下来，沿袭至今。

不过为何管仲当时唯独选择盐铁税呢？又是什么原因使它一直被保留了下来？

首先，位于滨海的齐国，尤其在吞并了纪国之后，占据了得天独厚的渔盐之利。盐是齐国最重要的战略资源之一，无论对内对外，都是齐国重要的财政要点之一。

其次，盐铁作为基本的自然资源（这里的铁是指当时的主要金属，并不是现在铁的概念），便于政府直接控制并垄断，可以确保财路的稳定。不会像其他税收来源一样容易被私人所获得，以分散国家税收来源。

再次，二者都是国民生产生活的必需品，所以不担心会有人规避，征税对象基数足够大。既然基数大了，就能够降低单位税率，该税种的收税难度就小了。这就是税收领域的“薄税广征”。

这一点是区别好的税种和差的税种的主要参考依据。如果一个税种容易被规避，比如说对稻米进行征税，那么人们完全可以选择食用小麦以代替稻米。随着规避的人越来越多，国家就要抬高税率来确保该项税收，进而使更多的人放弃食用稻米。最终国家收不到税，而民众又都不吃稻米，到头来两边都不捞好。

如果齐国用人头税、土地税、农贸税等替代盐铁税，其实就是一种对生育增殖、开荒拓耕、生产贸易的变相抑制，其结果将是阻碍国力的增强。

而且作为饮食和生产的必需物，官方对盐铁专卖很容易通过交易量和税收值来统计估算国民人口和经济生产，作为国家宏观经济的参考指标之一。

还有一点，盐铁税完全就是一项新生事物，完全独立于其他的税赋。因此不会和旧贵族的利益发生冲突，可以很容易地执行。

在国际关系方面，这一举措也为齐国日后的争霸奠定了基础。

因为没有国际流通货币，盐部分起着国际贸易硬通货的作用。盐是齐国相对各国最为丰富的战略资源，控制了盐的产量和流通不但让齐国在国际贸易和金融市场上获利丰厚，而且赋予了齐国在与他国的交往中独有的政治筹码。

三国五鄙

有了经济保障，管仲的改革就能进一步深入到各个领域，加强政府对民政和军事的控制。

旧的社会形态已经逐渐瓦解，新的适合于时代的统治结构就需要被构建起来。

在西周和春秋初期，按照宗法分封制度，各国诸侯之下有着庞大的世族，也就是贵族卿大夫集团，他们在各诸侯国内的势力造成了对政权和国力的分散，其实这都是周初宗法分封制的巧妙安排，分散各诸侯的力量，维护天子对诸侯的控制力。

但是现在的主角是诸侯们了，综合这个时代各国内政方面的主要积弊，削弱世族的力量，削夺封国内部强大的大夫封邑（如晋国的曲沃）是每个国君都要考虑的问题。这样才能使国君免于层出不穷的弑逆，同时加强国家意识，增强国君对国家的整体控制。

晋献公通过屠杀公族算是勉强做到了这一点，然而君主要想真正集中权力，单单灭掉公族是远远不够的，晋国之后的局面告诉我们这也是不可取的。如何加强对土地和人口的管理和控制才是君主们所要面对的首要课题。

面对这一课题，管仲采取的是被称为“三国五鄙”的制度。“国”指国都，“鄙”指郊野，其实是对齐国重新进行行政单位划分的一种方式。

在国都临淄城，规定每五家为一轨，每十轨为一里，每四里为一连，每十连为一乡，全国共分三乡。这就是所谓的“三国”；在齐国郊野，划分每三十家为一邑，每十邑为一卒，每十卒为一乡，每三乡为一县，每十县为一属，全国共有五属。这是为“五鄙”。

每一级行政单位都设有负责人，定期层层向上汇报所辖范围内的情况，直至国君处。通过这样重新划分行政单位，政府能够直接对基层民政进行掌控，打破了过去宗法制度的层层分封形式，打通了君主和底层的渠道，政府能更好地下达意志和政令，不再通过中间的贵族来对民众进行间接统治。

这么做不仅改善了政府的行政效率，也限制了贵族卿大夫的权力范围。增强政府力量的同时也确保了国家的安定。

这一行政单位划分彻底将西周时代的国野二元分立的种族——家族统治模式转变为中央集权——政府统治的一元模式。这是后期郡县制的行政基础，标志着贵族政治朝着官僚政治方向发展，为春秋向战国的社会转型奠定了基础。

寓军于民

“三国五鄙”制度的施行对齐国的改革是意义非凡的，因为这一制度重新划分出来的不仅是行政单位，同时也是军事单位，形成了一种保甲制度。

齐国的兵员从“三国五鄙”制下的各级行政单位选出，并由各级负责人带领，逐级形成国家三军，共三万人。由齐桓公率领中军，左、右两军分别归属卿大夫的代表，世卿国氏和高氏。

这一安排也算是管仲在改革中对贵族势力的一项重大妥协。为了改革能够顺利进行，对既得利益集团适当妥协是必须的，体现了务实而成熟的政治风范。但是这也为日后的齐国埋下了隐患。

管仲的这一军事改革开启了中国寓军于民的先河。之前的军队，出于西周宗法等级制度的需要，都是由贵族武装所垄断的。国家军队其实是由卿大夫的私人武装拼合而成的。这样的军队不仅成本高昂，而且也为卿大夫作乱提供了武力保障。

但是现在贵族化军队所依存的宗法等级制度已经开始松动，新的军事制度开始粉墨登场。通过新的制度，国君以公权力直接拥有了数量相当的统一军队。齐国每一乘车马的战斗人员数量从原来的30人增加到近70人，相比其他诸侯国，齐国军队数量大增，国家稳定性也有了更多保障。

这样的生产——战斗一体的民兵集团，平时生活、劳动在一起，都有血缘和感情的纽带相牵连，组织性和战斗力都很可观。而他们所受的作战训练和军事素养，对于平时共同生产也能起到很好的促进作用。他们平时三季耕作，而在农闲时节进行狩猎作为军事基础训练，充分地利用了人力资源。

管仲首先在军事领域打破了贵族的垄断，使平民阶层出身的人获得了过去所不可能有的权利。虽然这一点在我们今天看来是义务，但是在当时却是一种特殊的权利。由此社会阶级开始出现转变，权力也潜移默化地发生流转。

不得不说这是管仲高明的改革措施。更为高明的一点是，管仲巧借当时关键的国防需要为由，偷梁换柱般地完成了这一民政和军事改革，潜移默化间使国君——政府和贵族卿大夫的力量对比发生了根本的改变，却没有引起巨大的反对和阻力，这是后世变法改革家所难以想象的。

春秋之后的军事改革很多都是秉持着管仲的思路而继续发展的。在吸收和参考了管仲对军队的建制、训练以及作战思想的相关论述的基础上，诸子百家之中的兵家学派也得以兴起。

宣播纲常、颁布法令、专卖盐铁、铸造官钱、三国五鄙、寓军于民这几项措施，其实都是加强君主和政府对于底层民众的直接控制，形成中央集权的权力模式，分别是在意识形态方面、财政方面和军事方面进行改革。

管仲对已经残破不堪的宗法分封制度进行了前所未有的大胆改革，客观生产条件的提高使政府能够直接管理民众，不再依靠层层分封的模式间接统治国家。

现在国君与国家基础力量之间的渠道被打通了，国君和民众形成了利益共同体。接下来的工作就是如何加强这个国家的基础力量。

管仲新政（下）

随着改革的持续深入，越来越多的领域和细节应该被照顾到。任何改革，无论是出于什么目的，如果不能优化改革单位内部的整体利益，都是难以推行的。

四民分业

管仲是中国历史上最早提出强国必先富民的政治思想家，之所以会有这样超越时代的见解，那是因为管仲的改革使国君和民众形成了一个力量和利益的共同体，所以要想加强国力，就要设法富民。

管仲首先采取的措施是“四民分业”制度。将从事不同职业的人口按士、农、工、商四个阶层进行划分。这种划分贯穿整个中国封建社会。

其中士、工、商三个阶层主要生活在国都临淄，农则在郊野生活。并且把国都划分为六个工商乡和十五个士乡。四个阶层的民众各自都划归所在的行政单位管理，而职业上则实行子承父业父子相袭的制度。

虽然这样的制度在我们今天看来不是一个因材施教，使社会潜能最大化的方法，但是考虑到当时只有贵族才可能享有教育权的时代背景，这样做已经是最大限度地实现专业化分工和集中化生产了。

这种根据个人生计来进行一种阶层划分的做法，打破了过去单纯的国人、野人之分，形成了更加细致的经济和区域分割管理，极大地提高了工作专业化程度和劳动效率，同时也确保了社会的安定，为基础国力的增强提供了微观层面的保障。

当然，单一的劳作不会产生生产分工，只有生产发展到一定规模和复杂程度后才会出现分工的需要。这从一个侧面也体现出当时经济生产水平的提高，客观的条件为改革奠定了基础。

不过这其中或许又有着管仲借提高经济效益的名义来压缩贵族的利益空间，增强国君的集权统治的安排。

四民分业制度和耕战体系共同催生出了生产、生活、作战一体的平民阶层。他们具有较高的专业化生产技能和一定的组织形式，为战国时代墨家的诞生提供了土壤。

完成了四民分业，接着就是对每一阶层的生产领域进行深入改革了。

土地改革

在土地改革方面，管仲采取的最主要措施，就是按照土地的土壤质量来分等级，以此为征税依据。土地一共被分成上、中、下三个等级，根据其产量的多寡来征收相应的税赋。

这样就能够针对不同的土壤性质来种植最为合适的作物，从而提高产量；科学化的等级分类确保了税收的公平，也保证了生产的稳定。

齐国位于山东丘陵东部，背山面海，地形和土壤多样，丘陵、河谷、平原、盐碱地一应俱全。“相地而衰征”就是在这样的地理背景下应运而生的，这也标志着齐国对土地的经济开发进入了一个新的高潮。

“相地而衰征”打破了西周时代的井田制，土地不再分为公田和私田，而是形成了类似“包产到户”的分田制，极大地提高了农民的劳动积极性。在这里，管仲以促进农业生产的名义又一次对宗法制度进行了改革，配合“三国五鄙”和“四民分业”的民政制度，对齐国的人口、军制、产业和土地进行了一次彻底的调整，也由此对齐国政治的权力格局做了巧妙的重组。

在以农立国的中国，土地改革历来是经济发展和政治斗争的重中之重。农业国家，经济是政治之本，农业是经济之本，土地是农业之本。土地制度的改革是经济改革的重点，经济改革又是政治改革的重点。

所以在中国，谁根本地掌控了土地，主导了土地政策，谁就是这个国家的真正主宰。所以看看谁加强或减弱了对土地的控制，就知道谁是改革的受益者或受害者了。

周朝的井田制逐渐让位于新的土地政策，很明显，政治的接力棒也到了该易主的时候了。

经邦济国

除了农业，在其他副业方面，管仲新政也做了一番调整。

齐国东部的东夷原住民生活在胶东地区，这里的土地多为滩涂或盐碱地，不利于农耕作业，但是却适合于东夷部族自古所从事的渔猎、饲养等多种产业。管仲因地制宜，根据当地的地方特点和生活习惯，积极推动这些农林副业，确保齐国农业经济的繁荣和多样化。

伴随着农业产量的提高，齐国的人口不断增加，农业税也逐渐下调。国民财富快速积聚，渐渐地工商业也有了更多的发展机会。

商业的发展除了需要物质生产丰富的基础，还需要有适当的客观环境来促进。齐国虽然重视农业，但历来也有商业的传统。所以管仲就需要在制度上提供进一步的支持。

说白了，要想进一步推进齐国的商业，最好的做法就是开展类似于今天的市场经济。鼓励更多的自由贸易，提供更多的交易集市。

管仲也正是这么做的。齐国在其主要城邑中建立多个贸易市场，形成了真正意义上的“城市”。政府只在法律方面保护经商，而不去介入自由贸易，颇有后世市场经济的作风。齐国不仅国内商业蒸蒸日上，而且也成为了当时周朝的商业中心。

在这中间还有一段有趣的插曲。为了将齐国建成国际商业中心，吸引天下客商，管仲特地在齐国都城临淄设立了最早的官办妓院。

管仲年轻时也是一位云游天下的客商，看来他是非常了解客商们的需求的，以至于齐国的官办妓院获得了极大的成功。管仲也被后世封为娼妓行业的鼻祖、妓女的保护神。

有趣的是，在一个世纪之后的西方，古希腊伟大的改革家梭伦同管仲一样，经营起了国家妓院，看来伟大的改革家都是务实而大胆的。

更有意思的是，管仲和梭伦这对不同时期的东、西方两大灿烂文明的焦点人物，有着高度一致的生活经历和执政生涯。

同样出身于没落的贵族，同样在年轻时一面经商，一面游历，同样又都成为了当时中国和希腊文化最发达的邦国的执政者、立法者和改革家。最后，他们的执政和改革同样都为各自文明的发展起到了开创性的作用。

显然，出身背景和生活经历在伟大人物的成就过程中占据了至关重要的作用。英雄改变了时代，但是最终还是时代塑造了英雄。

有了自由贸易，管仲就能通过一只看不见的手来管理国家经济，增强国力。鼓励自由经济，客观上就能够更快地瓦解分封制对国民在经济方面的束缚，让劳动力和财富资源从世袭贵族的控制中解放出来。具有经济自由的市民生活是孕育道家的土壤。自由市场解放了人性，道家的人本主义哲学也应运而生。

除了那只看不见的手，管仲还有看得见的另一只手。自由市场经济都会有经济周期，古代也是一个道理。不过不同于今天源于资本投入产出循环所造成的经济周期，当时的经济基础是农业，而农业是靠天吃饭的行当，所以经济周期也是源于自然条件对农业的影响。

丰年收成好，国家就繁荣，但是局部领域也会出现经济过热的局面；相反，荒年歉收，国家经济就普遍萧条，而且粮食的不足还会造成国民危机。这种不可控的经济周期一直是以农立国中原国家的头等心腹之患。

管仲凭借之前的改革手段增强了政府的中央集权，这让国家能够对国民经济进行宏观调控。在丰年低价收购余粮，将其在荒年卖出。这样不仅熨平了经济周期，维持了国民经济的稳定和民众的生计，而且政府还在其中赚取差价，充实了财政。

管仲在经济上的一系列举措确保了民众的富裕，而民众的富裕又保证了国家的财政，形成一个双赢的局面。

诸子鼻祖

管仲的一句名言道出了他超前的富民思想的理论依据：“仓廪实而知礼节，衣食足而知荣辱。”管仲的改革首先是从“礼义廉耻”的伦常上开始的，以上层建筑的宣传为开端，由法制、民政、土改等一系列措施，自上而下地到最基础的国民经济领域。但是经济作为基础，却会对处于上层的伦理纲常产生反作用，形成了一个良性循环，可以不断持续增强改革的效果和成绩。

不得不说管仲非常高明，他的新政是一个可持续的模式，而不是竭泽而渔的掠夺式经济发展。我们二千七百年前的祖先就能够认识到经济基础和上层建筑的作用和反作用，并且应用这一理论工具来完善自己的改革，让它形成一个自我加强的循环系统。

这种颇具现代特色的社会观源自于管仲的哲学思想。在管仲看来世间万物是由微粒组成的，这种朴素唯物主义的观点是其重视经济基础的来源。

有了微粒作为宇宙的质料，还需要规律来让宇宙运作。在管仲眼中这规律就是“阴阳之推移、阴阳之利用、阴阳之化”，其原动力就是所谓的“阴阳”。显然阴阳是一对矛盾，由矛盾而产生推动宇宙变化和运行的规律和动力。

这里的“阴阳”像不像我们所熟知的辩证法？管仲的哲学思想多么像辩证唯物主义啊！正是因为拥有这种哲学思想，管仲才能认识到经济基础与上层建筑之间的辩证关系。基于相同的哲学观，管仲才会得出如此贴合于我们现代的社会经济理念。

在管仲的哲学基础上，道家学派进一步发展了朴素辩证法，形成道家形而上学的理论。阴阳家也沿着管仲的“阴阳”概念和科学的唯物世界观出发，建立起了早期中国自然科学理论系统。

管仲的哲学思想、法制理论、军事科学、土地改革、经济实践都被系统地进行了整理和收编，并经过管仲的门徒和后人的加工整理，形成了《管子》一书传世。

从前面的介绍我们看到，管仲的很多思想是后世诸子百家发展的理论依据。《管子》可以说是诸子百家的开篇综合之作。

管仲对诸子百家的诞生不仅提供了理论依据，更重要的是他的改革所产生出的社会环境。

管仲的法制改革规范了民生，经济改革增加了财富，土地改革重置了国民，这一切都形成了丰富的国民生活，创造了新的社会阶级。

儒家就来自于上层的贵族阶级，他们重视上层建筑，强调礼乐和秩序；道家源于小民阶层，享受寡民生活的乐趣，追求个性和精神的自由；墨家出身于耕战阶层，具有集体意识，致力于社会福利和天下大义。

在儒、道、墨、法四大家中，受管仲影响最大的是法家，后世很多法家也认管仲为祖师爷。

管仲的所有改革措施在手段和目的上都是统一的，法制改革、土地改革、军事改革和经济改革都是相辅相成的。归根结底，管仲的新政根本上是制度改革，说是一场自上而下的不流血的社会革命也不为夸张。虽然看起来都是为了富民强国，但是所有的改革都指向了一个方向——中央集权化。

管仲的改革是春秋战国历史上具有里程碑意义的社会转型，为中国之后两千多年的封建社会铺平了道路。

按序治国

沿着管仲所铺就的道路坚持走下去的，就是法家。他们采取更为严酷和全面的法制，将管仲的改革深化，并且把中央集权发展到极端的地步，形成了君主专制制度。

不过很有趣的一点是，后期的著名法家往往结局都非常悲惨。吴起被反对他的贵族万箭攒死在楚悼王的遗体旁；商鞅被五马分尸于咸阳闹市；韩非被同窗李斯陷害；害人的李斯又死在了自己制定的酷刑之下。

法家是所有各家中推进改革最为积极和酷烈的，所以他们不可避免地得罪既得利益的贵族集团，自己的下场自然凶多吉少。但是管仲的新政动作绝不比他们来得小，为何管仲不但能够明哲保身，而且还受到万众拥戴呢？

从失败中我们更容易看清楚成败的关键性原因，但是在成功中，这些都被成功所掩盖了。一个真正会办事的人，他的行事反而显得波澜不惊、平淡无奇，为人所忽视，因为那些可能的困难和问题在没有发展起来之前就被消解和处理了。

在改革的过程中，管仲巧妙地用手段为目的开道，从齐国最为迫切的问题入手进行改革，机巧地规避了来自贵族的阻力。

而且齐国的贵族力量并不十分强大，对国、高两家进行适当的妥协，一半的压力也就消解了。管仲的内阁班组也是他分散和抵抗改革压力的最好帮手。

管仲层层推进的新政在步骤上也确保了政策的可行性，如同小火炖牛肉一般一步步迈向更高的阶段，并且不断反作用以加强之前的步骤。总结起来可以归纳为：置信——明法——施惠——立威——建功——树德。

齐桓公拜相为管仲的政府开了个很好的头，取得了国内一致的信任和尊重。进而严明法纪，规范了所有人的思想行为。改革民政和土地，提高生产效率，受惠于全国。加强国家军队建设，使国君和政府能驾驭具有足够内外威慑力的武装力量。加强经济建设，把全国的蛋糕做得更大，自然就能赢得更多支持、压制更多反对了。最后，国民生活水平的整体提高又促进了大家对政府的信任和尊重……

这里的每一步都和置信——明法——施惠——立威——建功——树德的步骤一一对应。这正符合了一句通俗的治国之道：治大国如烹小鲜，强调温和而有工序。

在新政中，管仲可以说将实用性和可操作性进行了最完美的结合，在理论和实践方面都取得了前人所未曾取得过的成绩，将当时的治国术从权谋术上升到了系统工程的高度。

时势塑才

如此雄才伟略的管仲年轻时其实并不得志。虽然出身士人，但是他自幼丧父，家境贫寒。成年后为了能够赡养辛勤拉扯他长大的老母，和鲍叔牙开始了周游列国当谋士的经历。两人虽都有经世之才，却屡次求官不得，只能从事相对卑贱的商业。

但是就是这些社会经历拓展了管仲的眼界，了解了当时各国的东西，发现了当时的时弊。也让他明白了经济作为国家基础的重要性和土地作为经济基础的重要性。在此基础上，管仲还认识到了民众职业和生产的关系以及如何通过市场和行政手段来增加一国的财富。

参军的经历也让管仲对军事和管理有了深刻而宏观的了解，这些都体现在了他改革的方方面面之中。

而他的贵族出身和所受的教育，又在他的思想中深深植入了纲常和法纪等上层社会的意识形态。

管仲不是超人，他不可能凭一己之力改变当时的社会面貌。管仲的改革都是看清时代、顺应时代、成就时代的结果。客观条件的变化已经为管仲的新政奠定了基础，实际上天下之所以不宁、各国之所以难安，正是因为旧的体系已经无法适应这些进步，天下在呼唤新的制度取而代之。

当其他人都在煎熬、埋怨种种冲突和灾难的时候，管仲在不得志的游历和混迹中却敏锐地看破了其中的本质，抓住了时代赋予他的机遇。英雄不可能创造历史，他们只是时代的先知，看清了历史的走向，并在此基础上预言未来，为后人铺就通往新时代的大道。

管仲在思想上的先驱作用同他在政治上的先锋地位也有异曲同工之妙。恢宏博大的管子思想演化出了诸子百家，说明在管仲时代，诸子百家诞生的思想土壤已经具备。但是管仲却看出了这片土壤上孕育的勃勃生机，在它上面播种了当时的集大成思想，并最终让后世诸家有了栽培和修建的思想幼苗。

管仲是春秋战国的引路人，他生活在这个时代，洞悉了这个时代，最终才能超越于这个时代。管仲的所有改革措施都是针对当时的现状和需要的，其方法也都是来源于他的生活和当时时代的动向。

管仲的成就虽然看起来超凡绝伦，但是他的过程都是脚踏实地而来的。

大势所趋

可是这里还有一个疑问：为什么这一具有里程碑意义的新政会在齐国首先出现呢？管仲是个周游列国的士人，为何他没有选择之前的小霸郑国，没有前往爵位最高的宋国，也没有考虑地大偏安的晋国，连最为正统、文化地位最高的鲁国也没入他法眼，当时最强大的楚国同样没能留住管仲，最终一统华夷的秦国更是没有引起管仲任何兴趣？

为何管仲唯独选择齐国呢？

原因是多方面的。郑国当初的强盛来源于周天子光环的辐射，可是如今周天子是自身难保，天下秩序的恢复最需要的是重振周天子的法统地位。所以郑国这种要靠沾周天子光的国家自然是不做考虑的。何况它地处四战之地，难有发展不算，还受内外势力裹挟，举步维艰。

宋国的地理位置和郑国大同小异，自然也难有发展。而且宋国是商朝后裔、前朝移民，这一点对于日后称霸是非常不利的。因为很多诸侯国，尤其是姬姓诸侯国，还有周天子，都对宋国不感冒。

晋国虽然在地理位置上有着巨大的战略优势，宽广的土地也便于发展，但是此时的晋国刚刚经历了剧变，完全没有了公族的晋国失去了权力结构中的缓冲，君臣矛盾尖锐，政局动荡不安。晋国要想能够称霸，还得经历相当艰辛的内部调整。

鲁国这样的姬姓诸侯国是最为正统的，所以宗法封建制也最为严格和完整。这样的结构对于管仲的改革是相当不利的，不是难于开展就是中途流产。

在这个时代里面，多数姬姓诸侯国都面临这样的局面，所以姬姓诸侯国普遍制度僵化，积重难返。我们之前看到的命运悲惨、哀其不幸、怒其不争的蔡国、息国、虞国、虢国都是姬姓诸侯国并不是偶然的巧合。

至于秦国和楚国这样的蛮夷之邦，宗法封建制是非常弱的，君权集中，其国家还保留有浓重的部落组织残余。但是这些国家缺乏文化基础，经济生产也相对落后，不仅会影响推行改革的效果，而且其蛮夷之邦的身份也使它们暂时不具备足够的国际影响力和号召力。

齐国这样一个位于边地的大诸侯国因为处于华夷杂处的状态，所以相对来说宗法制没有那么顽固，改革的阻力不会太大；但是长期的中原文化统治确保了国家的开化和对诸侯的影响力，也就是齐国的文化软实力出色。这些条件使齐国成为了最理想的新政试验田，是历史选择了齐国。

除此之外，齐襄公时代开创了有利的战略局势，齐国享有的单面受敌的地理位置是理想的争霸舞台。加上强大的军事和经济实力，让齐国有了执天下之牛耳的资本。

齐国是姜太公的封国。当年周武王分封姜太公于周朝最东的齐地，而周天子则镇守周朝最西的丰镐之地，赋予齐国可以代天子征伐的特权。齐国和周王室一头一尾，挟制各路诸侯。同时还帮助周天子向东开疆拓土，教化夷狄，夹辅周王室。

如果说周天子是天下的大家长的话，那么齐国就好比大管家，既要管理家庭内部问题，又要处理来自外界的各种情况。

现在这个家乱成了一锅粥。家长被慢待、家里孩子内斗不休，而外面的野小子也看准了这家的内讧，纷纷想来控制这个家，或是趁火打劫一番。

不过现在大管家要出手了，决心重振周朝雄风。在诸子百家中，受管仲影响很大的还有在战国时代风云际会的纵横家，不过我们且看管仲是如何纵横天下的。

尊王攘夷

一国的对外战略不仅要从自身的资本和目标出发进行考虑，更要贴合其主要工作对象的特点和需求。在此基础上进行系统的规划，进而形成一套长期的外交战略。

重振王统

修身、齐家、治国都一步步实现了，管仲接下去的行动就是要平定天下了。

经过三年多的改革，齐国现在国富民强，底气十足，资本雄厚，硬实力有了显著的提高，形成了自己的核心竞争力。对于原本就是一流强国的齐国来说，它现在的目标就是成为超级大国，称霸天下。

虽然资本雄厚，但是如何运作这些资本，将之转化为真正的霸业，这中间还是要费很大功夫的。事实上尽管齐国现在国力空前强大，但是内有群雄逐鹿，各自为战，外有夷患四起，风声鹤唳，齐国要想靠这点资本平定内外、称霸天下是远远不够的。所以管仲必须要通过资本运作令其增值扩充才行。

政治是由权力及利益的交易和博弈形成的，从本质上讲和买卖很像。

所以要玩转政治，除了和生意人一样心黑手狠脸皮厚以外，想获得超额利润，就要拥有垄断性的稀缺资源和对市场敏锐的需求嗅觉。

试问当时天下最稀有、最垄断的资源是什么？

当然是天下的独家经营权，周天子的金字招牌！只此一家，别无分号！

可是资源的稀缺与否是相对人们的需求而言的，没有需求，就谈不上稀缺与否。

从当时的形势来看这块金字招牌几乎就要被诸侯们所遗忘了，谈何垄断性的需求呢？

自郑庄公以后，这个天子已经没有诸侯去要挟了，这块牌子没人有兴趣去扛。

但是管仲却有着远超常人的政治嗅觉。周天子的法统之所以没有了市场，并不是诸侯们对此不再有需求。事实上，现在各国内部篡逆不断，相互间又是征伐不休，外部还有夷狄的威胁。天下可谓一盘散沙，内忧外患，这些都是因为周天子的式微所造成的秩序紊乱和各国向心力的缺失所导致的。

眼下周天子的法统恰恰是各国最急需的！

既然这么急需，可为什么没有人理天子呢？

你的商品虽然是垄断性的，虽然是大家目前所急需，只可惜它现在只是个半成品，而且这种状态已经很久了，当然没有市场。

我们看一下代表王权的徽印，或是欧洲的帝王画像，一定是一手高举权杖，另一手紧握利剑。权杖赋予利剑以正义性，利剑保证权杖的神圣性，彼此形成相辅相成的良性循环，二者缺一不可。周天子手举权杖，结果没人畏惧他；楚王手握利剑，但是所有人都对他退避三舍。

所以齐国要想能够真正称霸，就要实力、法统两手紧握，既让人敬重，又让人畏惧，不但有使人尊奉的意愿，还有令人不敢违抗的恐惧。这样的法统才是完整的，才能使天下归心。

当然，齐国要想取得这个垄断的资本，还是需要先期交易的。齐国有的是实力，它提供给周王室以保护，以低廉的代价换取了这个看似已经不值钱的招牌。齐桓公获得了周天子金字招牌的独家代理权。

尊王攘夷

当然任何商品都需要包装，特别是一件价值被埋没了的商品。

所以管仲需要将此上升到品牌高度，放到这里，就是要有一个响亮的政治口号，能将行动和目的相统一的口号！

要让人敬重，就要尊奉王统；要让人畏惧，就得耀武扬威。胡萝卜加大棒，两手都要抓，二者不可偏废。

但是在使用上，却大有讲究，也大有不同。

对待诸侯，自然是尽可能多用仁义，少用武力为妙。特别是当各国都苦于相互间的征伐带来的苦难时，反其道而行之，厚施仁义是非常容易赢得人心的。不过仅仅以德服人谁会怕你？没有哪个诸侯愿意受制于人，别人对你执拗，不用武力进行威慑是很难服人的。

所以说爱心要献，肌肉也得秀。否则管仲就没有必要一开始花如此大的功夫、如此长的时间去增强齐国的综合国力了。

仁义要用在兄弟身上，武力就得使在敌人身上。

对蛮夷采取武装行动不但能够团结中原诸夏，对兄弟之国施以仁义，也可以同时显示自己的强大，令诸侯畏服，可谓一举两得，恩威并施。

管仲的高明体现在他能够顺势而为，利用客观的不利因素来为自己的目标服务。齐国的计划正好契合了这个时代的危机。

面对内忧外患的天下大势，诸侯国需要齐心合力，共同对抗蛮夷的威胁。齐心靠的是精神领袖，合力就需要在对抗蛮夷的行动中不断磨合。于是管仲为齐桓公提出了称霸天下的纲领——“尊王攘夷”。“尊王”是口号，“攘夷”则是行动。

“尊王”不仅仅是尊奉周天子，更是尊崇治平天下的王道。各国的内外混乱、乱伦、篡逆、征伐、吞并无一不是纲纪衰败、王道不振的结果。要想改变目前的窘境，就必须要重振王道，而周天子正是王道的象征。这样一来，就等于是利用了政治纽带将各路诸侯串联在了一起。

同样，“攘夷”也不只是打击夷蛮戎狄的意思，还是对各种不符合周制的蛮风夷俗的抵制。如果一国出现了悖伦弑逆，那么各国就要联合去讨伐。蛮夷入侵中原，各国也一同前去攻打。“攘夷”是各诸侯国抵御内忧外患的共同行动。这就是通过行动来团结和统率中原诸夏。

这是历史上最为正版的“挟天子以令诸侯”，也是最为光明磊落的“挟天子以令诸侯”。齐国这位大管家将凭借自己的威望和实力，重新扶正失势的大家长，团结一家老小，纠正每个人的错误，恢复家庭生活的温暖，共同守护这个家不受野小子的欺负。

其实这一口号在诸侯国国内也一样适用。当时各国国君没有一个不受到臣下的威胁，这一口号真可谓是顺天应人、号令诸侯的利器。

这就是管仲平天下的大计，他高举周天子的法统，以齐国的强大实力作为后盾，拨乱反正，重建天下的秩序。

战略整合

这句看似简单的口号可谓是管仲天才的创举，他将手中的资本同需求和客观条件做到了完美的结合。

如果将管仲的这次运作当成案例分析一番，我们会发现政治方面的资本运作和商业领域的资本运作有着高度的一致性，管仲能够如此娴熟地驾驭政治，和早年的客商生涯不无关系。

首先是资本募集。齐国手中有的是自身的实力，可是只凭点资本要想去平定天下几乎是不可能的。要想打下市场，既要有执行力，也要有号召力，没有前者，一切都像空中楼阁，难以实现，失去后者，就无法形成集聚效应，效率低下。

所以齐国要拉周天子入伙，利用王统来为自己的实力开道，将这两股天生一对的资源进行整合。

然后是产品设计。在用途上体现功能，将手中所拥有的资源利用率最大化，尽可能充分地满足对象的需求。王统是拿来号令诸侯的，实力是来保障号令执行的。结合当时的现实需求，号令诸侯共同抵制篡逆不伦，抗拒蛮夷入侵，在行动中争取团结，在行动中展现实力。需求、手段和目的在“尊王攘夷”的大旗下实现了完美融合。

再后面是设计优化。具体来说就是产品模块的细分，将各部分的功能和所有的资源精确对接，“尊王”对应天子的法统，“攘夷”对应齐国的实力；而模块和模块间又是相辅相成的关系，“尊王”出于“攘夷”的需要，“攘夷”巩固“尊王”的成果。

最后是品牌打造。在功能上迎合了对象的需求后，要想将产品做大做强，那就必须上升到心理诉求的层次，从迎合战术需求提高到满足战略需求，这样的口号才具有持久的生命力。当时天下的精神诉求是重新形成诸夏的向心力，在蛮夷的冲击下恢复文化自信，“尊王攘夷”正是切中时弊，迎合了时代的心理。

如果说之前的步骤都是在为对象创造价值的话，那这一步就是在为口号的制定者实现价值转换。前面的所有努力都是为了在这里过渡到实现自己的战略目的。在“尊王攘夷”的口号下，齐国当仁不让地成为了诸侯的统帅，号令群雄，称霸天下，对尊奉者施以王道，对违抗者报以兵威。这样的霸主形象宏伟高大，静可感召天下，动能安定四方。

管仲以其无与伦比的智慧创造了这一纲领，并就此为日后的春秋霸政开辟了对应的模式，最终通过这种模式形成了天下格局。

在齐国，齐桓公作为封国的权力象征，管仲负责实际的政府执行；在整个周朝天下，周天子作为天下的权力表率，由齐国来处理实际的国际事务。管仲在齐国和周朝都做了这样二元化的权力分野。

法统和权力的分离扭转了当时的混乱局面。新的力量借助于旧的躯壳得以成长壮大。终有一日它会强大到不再需要这层躯壳遮护，到时候旧有法统将会被新的力量取而代之，在周朝如此，在封国内亦是如此。这一切都是从管仲开始的。

管仲为齐国设计的这种称霸模式克服了之前辉煌一时的齐襄公的对外战略的缺点。齐襄公虽然在鼎盛时期其影响力也波及了当时主要的关东诸侯，但是他的模式本质上是不可持续的，因为齐襄公的战略资本的扩张是以其政治资本的透支为代价的，最终难逃身死国乱的下场。

而以“尊王攘夷”的政治纲领为线，以天下的内忧外患为契机，齐桓公可以据此建立起一个良性循环的外交机制，战略资本和政治资本相辅相成，彼此促进，形成可持续的称霸模式，并为后世所沿袭。

为了把“尊王”的大旗举得更高，公元前682年，齐桓公向周王室公主邀婚。周天子自然希望能够由齐国这个当时最强大的诸侯做自己的女婿。第二年，由鲁庄公主婚，将公主下嫁给了齐桓公，同时徐、蔡、卫三国还每个送上一位公族女子作为陪嫁，也算顺带拉拢了一下这三个诸侯国。

鲁国成全了齐桓公一件大事。齐、鲁两国也稍稍抛弃了乾时、长勺和郎城的三战旧怨。两国国君重叙祖先太公和周公之好，至少面子上是好看了些。

所有准备工作都完成了，齐桓公要正式行动了。

霸业初创

要想大范围地建立新的国际秩序，首先必须进行形式化的建设，由此才具有复制性并能够快速扩张；其次便是寻找一个好的契机进行试点和推广；最后是辅以相关的手段让尽可能多的对象接受并适应这一切。

宋国事发

一个口号设计得再精妙，呼号得再响亮也终究只是一个口号而已。要想发挥实际的价值，就需要行动力来为其注入魂魄。

管仲设计出了“尊王攘夷”的称霸方针，现在就要找实施的对象了。

可是要让他人来配合自己做事并不容易，尤其是在尔虞我诈的春秋时代，要让别人成全你的称霸梦想，简直难上加难。

不过凡事总有突破口，做别人的工作一定要从对方最迫切的方面入手，迎合各国眼下的需要。现在各国都苦于眼前的局面，内不安定、外不安全。齐桓公要想迎合当时的需要，就是要首先高举周天子的大旗，以代天子正法的名义出手。

正好此时宋国给齐国提供了一个很好的机会。鲁庄公和齐国和好后，也把上次郎城之战中俘虏的宋国司马南宫长万送回了宋国。南宫长万回国后虽然官复原职，但是却因为被俘的原因而屡屡遭到宋闵公的耻笑。在一次酒宴过后的游玩中，再度遭到宋闵公羞辱的南宫长万恼羞成怒，借着酒劲一气之下杀了宋闵公。

这次弑逆应该算是一次意外，而不是谋反。因为南宫长万只是因为一时冲动，并没有改立国君的计划。但是一个国君居然就因为几句戏言而被南宫长万如同杀鸡一样给办了，也只能说明当时主弱臣强、目无君上的普遍情况了。

南宫长万索性一不做二不休，杀了太宰华督，驱赶了宋国的全体公族，立公子游为国君。南宫长万作为宋国武装力量的总司令，权力之大可见一斑。

不过仓促起事的南宫长万最终还是没能得逞，公子御说和大夫戴叔皮最终平定了南宫长万的造反，公子游和南宫长万都被正法。公元前681年，宋国公族拥立公子御说为宋国新君，是为宋桓公。拜戴叔皮为太宰大夫。宋桓公为了自己统治的方便，将那些被驱逐的公族做了重新安排。

按照周礼的规定，一国新君继位后必须要由周天子正式册封任命。正好现在周庄王刚驾崩，周釐王新继位。齐桓公向周釐王请旨，于新君即位时在北杏照会宋、鲁、陈、蔡、卫、郑、曹、邾诸国，以周天子的名义正式册封宋桓公。

这是管仲非常漂亮的一次借题炒作。首先，这样的事情之前已经有了郑庄公的先例，所以实施难度不会太大；其次，为他国的合法国君册封，正好彰显了尊王大旗的法统；除此之外，宋国是齐国的强大近邻，齐桓公如果能够借此机会和宋国巩固关系，对于日后的称霸是非常有利的；最后，宋国毕竟是一个大国，以为宋国国君册封的名义召集诸侯，号召力要比齐国单独出面强得多。

霸主会盟

正因为如此，管仲想通过这次机会开始尝试他的称霸形式——会盟。

所谓会盟，就是霸主以天子的名义召集各路诸侯在某地会见，共同商议当时需要解决的问题，达成共识，歃血订盟，共同行动。

之前郑庄公在稷地召集齐僖公、鲁桓公和宋庄公，共同为宋庄公的等级证明。这一点和现在齐桓公准备做的很像，但是却不能称为会盟。

会盟是以天子的名义发起的，其内容也是平定诸侯国的内乱，宣播王道。郑庄公却是反其道而行之，背着天子私下集会诸侯，为篡逆的宋庄公正名。所以不能视为会盟。

春秋时期真正意义上的会盟就是从齐桓公开始的。齐桓公以天子的名义主持会盟，其实就是代行周天子之权，齐国在这个过程中逐步成为霸主。

此次会盟，管仲将其定为衣裳之会。就是说大家都不带任何武装，和平与会。这是管仲的高明之处，齐国此时的军事力量是中原最强的，但是却首倡衣裳之会。这样的引而不发反而更具有威慑力，达到以德服人的效果。

由此看来，会盟不仅是一种处理实际国际事务的“联合国大会”，类似今天的G20、G8峰会，也是一种仪式。通过会盟，各国形成一种上层的交流，以公开会议来形式化地消除内部矛盾，在盟约中增加凝聚力，共尊天子，在精神上形成共同的向心力。

从此会盟成为了霸主召集诸侯解决重大国内、国际问题的手段。通过会盟，各路诸侯共同协调相互间的关系，天下形成了新的秩序。

不过和联合国会议不同的是，会盟是不定期举行的，不仅在时间方面，地点和与会国家都是不确定的。这一方面赋予了会盟很大的灵活性。可以根据特定的事件随时召集，参与的国家也更有针对性，地点也可以权衡与会国家的地点远近来选择。

但是另一方面，这种不确定性使得会盟的效果完全取决于霸主的威望和实力。霸主的威望决定了各国的参与和合作程度，而霸主的实力则影响盟约的协调和执行效果。当霸主两者兼具时，国际秩序就能得到最好的维护；当霸主只强调前者时，会盟就会流于形式主义；只注重后者时，那会盟就会充满霸权主义气息；而当霸主两者皆废的时候，国际秩序往往就无从谈起了，这时候霸主也该让位了。

所以之后的霸主意志和实力如何，只要看看它召集的会盟的规模、参会国家、会盟内容、执行力度就一目了然了。会盟其实体现了天下的动向，是各国和各种势力博弈的竞技场。

霸主不同于天子的是它的地位不是世袭的，虽然它的主要职责是代替天子维护天下的秩序。所以各国纷纷励精图治争当霸主，既能增强自己的影响力，又能扩张自己的政治版图。这一方面促进了各国的发展和变革，也激化了各大国间的竞争。以至于到了春秋后期，霸主更像是国际警察了。

霸主和会盟是天子和朝会功能在当时环境下的一种变异，是周朝天下由乱到治的回归。也是在意识形态方面的“合久必分、分久必合”的表现。这象征了诸侯和新兴力量的崛起。此一局面的出现是应运而生的，成为解决时弊，拯救天下危局的“及时雨”。

所以会盟本身是迎合当时各国的普遍需要的。因而齐桓公时代之后的诸侯们也愿意向霸主进贡，其实就是交保护费，以此来保护自己国内和国外环境的稳定。这一点客观上也加剧了各大国争霸的野心，霸主在经济上也成为了实际的周天子。

不过万事开头难，劳天下诸侯之大驾的会盟更是如此。齐桓公要想凭此建立霸业，还有很多困难要面对。

北杏之盟

周釐王元年三月，公元前681年，齐桓公以天子之名召集宋、鲁、陈、蔡、卫、郑、曹、邾（东夷小国，曹姓，子爵，今山东省邹城市附近）八路诸侯在北杏（今山东省东阿县）会盟，准备正式为宋桓公册封。

作为此次会盟的召集人，齐桓公事先在会盟之地垒起三层祭坛，设置鼓乐和祭祀神器，将天子的牌位陈列在祭坛中央。

一番打理完毕，齐桓公就等各路诸侯前来会盟了。主角宋桓公先到了，接着陈侯和邾子也相继而来，不久前刚被楚文王联合息侯俘虏的蔡哀侯也赶来了。

八路诸侯到了四家。宋桓公是此次会盟的主角，又是受益者，当然最为起劲；陈国一向是和事佬，尊奉周天子的号令，与会不在话下，更何况现在也受到了楚国的威胁，希望能够借齐国之力制衡对手；邾国是邻近齐国的小国，齐侯号令，不敢不来；蔡哀侯被楚文王羞辱后来找自己的妹夫齐桓公保护了，希望能够借此摆脱南蛮楚国的威胁。

没有来的那四路诸侯呢？鲁、卫、郑、曹（姬姓，伯爵，位于今山东省定陶县附近）四国，全都是姬姓诸侯。而来的那三家，除了有求于齐桓公的大舅子蔡哀侯，都不是姬姓诸侯。要尊奉周天子的时候，来的都是异姓诸侯，周天子的宗亲倒反而不来。可见姬姓诸侯们都自恃自己的正统血缘，根本不认同齐桓公所奉的“尊王”法统，尤其是和齐国龃龉不断的鲁国。

既然别人不当一回事，那么管仲就要做成一回事儿给他们看看。

预约的会期到了，齐桓公打算再多等其他诸侯几天。但是管仲指出首次会盟一定要建立威信，既然已经有五位国君到场了，就应该按照预定计划执行。至于不到的诸侯，视为违抗天子之命，等会盟结束后与各路诸侯共同对其征讨。

于是会盟正式开始，齐桓公一番尊王攘夷的发言之后，便请其余四位诸侯公推选一位盟主。

陈、蔡、邾三国国君犯难了，究竟是该推举爵位更高的宋公，还是资历更深的齐侯？

不过这个时候实力总是更具有发言权，既然齐桓公有自信提议，自然也有把握能够胜任。受制于宋国的陈国国君妫杵臼首先表态拥立齐侯，其他三位诸侯也都跟着推举齐桓公为盟主。齐桓公三度谦让后，接受了盟主之名，率诸侯登坛向天子牌位行礼，共叙兄弟之好，歃血为盟，正式册封宋桓公。

这是齐桓公九合诸侯的第一次，也是齐国霸业的开始。总体而言还算成功，但是问题马上就来了。

行礼册封结束后，齐桓公与大家商讨联合讨伐鲁、卫、郑、曹四国。陈、蔡、邾三位国君当场答应，唯独刚受了册封的宋桓公态度暧昧。

宋桓公的态度是有原因的。虽然表面上得了好处，但是自己的继位被齐桓公拿来做文章，宋桓公本就觉得很被动。又被齐桓公抢了盟主之位，心情就更加郁闷了。现在齐桓公又要求共同去帮助讨伐其他四国，宋桓公感觉自己完全成了齐桓公的小伙计。一旦齐桓公真的就此成就了霸业，对于与齐国邻近的宋国来说可能是个严重的威胁。

即便是有着地域格局基础的天然盟国，其双边关系也会随着相互之间的涨落发生微妙的变化。当两国旗鼓相当时，两国可以是同甘共苦的铁哥们儿，但是一旦一方势力远超另一方时，双方往往就成为了带头大哥和跟班小弟的不平等关系，由此分歧也就会慢慢形成了。

所以宋国不仅不愿意帮助齐国共同讨伐四国，还希望能够拆散齐桓公的联盟。既然会盟的实质内容已经完成，自己的目的也已达到，宋桓公一行便带头乘夜回国了。

得知宋国潜逃的消息后，齐桓公怒发冲冠，当即便要派兵追击宋桓公。

管仲阻止了齐桓公私自派兵追击，指出会盟中的一切问题都要以天子之命来处理。要教训宋国，必须请示天子，出动诸侯联军进行讨伐才能服众。

要想把“尊王”的品牌做好，就得在创业期严格遵守所谓的“王道”，不仅形式要符合规范，内容也要符合标准。宋国的事情是由于要首先讨伐鲁、卫、郑、曹四国才引出的。四国违抗王命在先，而且又都是周王宗亲，理应先找他们算账。四国之中鲁国最为显贵，离齐国又近，两国本身还有些没完全了结的私怨。所以管仲说服齐桓公首先搞定鲁国，鲁国的先例一定，其他三国就能迎刃而解。

先治宋国还是先治鲁国，看起来不过是一个简单的选择性区别而已，但是却展现了管仲高人一等的政治智慧。

在齐桓公看来，宋国的问题更加迫切和易于解决。更重要的是，一旦搞定了宋国，就能回归到联宋制鲁这一屡试不爽的老路上，进而降低处理鲁国问题的难度。所以齐桓公的想法其实是很实用而且正确的，本身无可厚非。

但是管仲却技高一筹，提出先行解决鲁国问题，因为由此一来便将鲁国的问题从单纯的齐、鲁矛盾上升到了违抗王命的政治高度，在舆论上给予鲁国高压。

如果说齐桓公的方案是争取宋国为对付鲁国的盟友的话，那么管仲的方案理论上将争取到所有的诸侯国和天子共同作为盟国来给鲁国施压。政治挂帅，原则当先，这就是齐桓霸业和之前纯粹凭借战争和外交开拓霸权的不同之处。

如此一来，鲁国便成为齐桓公的下一个攻击目标。

事件公关

所谓弱国无外交，一国的国家地位是取决于其实力的，更深入地说，是取决于其舆论实力和战争实力的综合。前者是文斗的依凭，后者则是武斗的保障。

柯地会盟

要想把“尊王”的规矩做出来，齐国现在首先要摆平老邻居鲁国。

不过管仲并不想直接和鲁国发生军事冲突，两国已经进行了四次战争，方才有和好的迹象。而且齐国称霸之初，不宜穷兵黩武。那怎样才能不战而屈人之兵呢？

强大的武力，引而不发才是最有威慑力的。齐、鲁两国之间有一个遂国（今山东省肥城市），乃是虞舜的后裔，位于泰山南麓，靠近鲁国一边，是鲁国的附庸国，典型的小国寡民之邦。齐国大兵压境，以遂国违抗王命拒绝北杏会盟为由直接灭了遂国。

像遂国这样，能够在两个在体量上和实力上远超自己的大国中间立国的，通常它都是作为两个大国的战略缓冲区而存在的，或者说是两者之间一个相互妥协的余地，比如中俄之间的蒙古国。现在齐国公然冲破这一战略缓冲区，也就显示了双方的力量平衡被打破了，齐国在实力上已经占据了明显的上风。

如果说齐襄公吞并纪国后齐国还处于消化磨合期，其实力未发生明显的提升的话，那么在管仲变法改革后，齐国通过内部的整合将所有的潜力都发挥了出来，实力已今非昔比了。

齐国不仅指桑骂槐，杀鸡儆猴，而且违抗王命的大帽已经死死扣在了鲁国的头上，舆论压力加之现实的教训，令鲁国不由得紧张和恐惧。

左手大棒甩出来了，右手胡萝卜也该掏出来了。接着齐桓公一边派出使臣，送信给自己的姐姐文姜，让文姜好言劝说惧母的鲁庄公与齐国结盟，共扶王室，振兴周朝。这一邀请多少有点拉鲁国入股的意思，像模像样地把鲁国捧了一番。

齐国这亦软亦硬、一公一私几下子，让心怀畏惧的鲁庄公乖乖就范，带着大将曹沫前往柯地与齐桓公会盟。

还地于鲁

这是齐国非常特别的一次会盟，只有两个国家参加，与其说这是一场会盟，不如说是齐、鲁两国国君，这对舅甥之间的一次私会。很明显，齐国虽然软硬兼施，最后还是用亲戚的名义把素不服齐的鲁庄公给哄过来了。

齐、鲁会盟一切顺利，最后双方各一君一臣登坛歃血为盟，齐国是齐桓公和管仲，鲁国则是鲁庄公和曹沫。

话说曹沫之前在乾时和郎城两次败在齐国将领的手下，在齐国面前是一位常败将军。（虽然有记载说他就是曹刿，但是在此我暂不采信这种说法。）曹沫再三请缨，鲁庄公才答应带他前来。不用说，对于齐国曹沫是憋着一口恶气的，这次肯定来者不善。

果然，正当齐桓公与鲁庄公歃血之时，曹沫抽剑劫持了齐桓公。要求齐国按照王道行事，归还鲁国被侵占的汶阳。

见到这一情形坛下的齐国群臣都惊呆了，连坛上的鲁庄公都吓傻了，曹沫的举动出乎了所有人的意料。

好在齐桓公和管仲都出奇得冷静，管仲示意齐桓公答应曹沫归还领土。齐桓公不仅痛快地同意了，而且还同曹沫就此事歃血立誓。

会盟结束后，齐国大夫王子成父请求捉拿鲁庄公和曹沫，以惩罚鲁国的劫盟行为。但是齐桓公却是大礼款待了鲁庄公君臣，并且当即派人前去汶阳，将土地割还给鲁国。

齐桓公气度超群，信义过人。此事传出之后，天下诸侯无不赞许佩服齐桓公。卫国和曹国也派人前来向齐桓公请罪。齐桓公凭借自己的胸襟和谋略，巧妙地化祸为福，在国际上确立威信，为他称霸大业打下了坚实的基础。

和国内改革一样，齐国称霸订盟，这些冷冰冰的盟约和那些几乎已被诸侯们遗忘的王道要想成为强而有力的团结天下的纲领准绳，其威严和信用只能在执行者的行动中体现。要知道，周王室的纲纪废弛也是从其逐渐无力执行应有的赏罚开始的。

问罪不遵守盟约的诸侯当然是这一方面的体现，但是这是谁都能做到的。而齐桓公不计较曹沫的犯上之举，信守自己的诺言，不惜放弃本国的巨大土地利益，以实践自己订下的盟约，这绝不是一般君主所能做到的。

这一行动让齐桓公所订立的盟约真正深入到天下诸侯的心中，使他们由对齐桓公的个人敬服上升到对盟约的普遍敬服。在这个过程中齐桓公以其个人魅力重塑了周朝天下的信义，也为自己的称霸道路树立了坚实的精神坐标。

这件事情对齐桓公来说意义还不仅限于此。曹沫凭借一次劫持国君的行动就挽回了自己两次战败后的巨大损失，重新夺回了汶阳的土地。四百五十年后，荆轲就是想效法曹沫劫持秦王嬴政，逼秦国退还所吞并的六国领土的，但是当时的情况已经完全不同了。

这让齐桓公明白了在当时依靠武力侵伐他国领土进行扩张的外向型称霸

方式是需要仔细斟酌的。因为这样不仅会引起对方的对抗，形成冤冤相报的局面，而且所得到的领土宝物也并不可靠。

相反，在这个充斥着暴力的时代，在适当的时机对其他诸侯国施以仁义之举，却能出人意料地赢得人心。

舆论之势

但是这一因祸得福的事件公关给齐桓公真正的启示是政治舆论的重要作用。

齐桓公之所以会守信用将土地完璧归赵，列国之所以会为此对齐桓公顶礼相赞，那是因为鲁国在国际上有着强大的发言权和影响力。

齐桓公和管仲当然不傻，土地是当时最具价值的战略资源，战士流血拼命得来的，岂能一句话说还就还？

鲁国是周礼的守灶者，鲁文化保守重礼，和开放进取的齐文化形成了鲜明对比。鲁地民众宗法观念很重，要想消化掠夺来的鲁地难度比东夷纪国大得多。更重要的是，汶阳位于齐、鲁界山泰山和沂蒙山的鲁国一侧，对于齐国而言此地易攻难守，要想维护的代价非常大。

既然如此不如做个顺水人情，还给鲁国罢了。

虽然放弃了汶阳的战略价值，但是它却为齐桓公的霸业起到了难以估量的舆论价值。

因此，发动暴力是要找对象的，施予仁义也是要看目标的。

齐国要想扩张土地，只能将矛头对准那些在国际舆论上无足轻重的小国，比如前面的遂国和之后被齐国吞并的谭国。

别人要抢你的东西，你如果打不过他，那至少也要能够打疼他。如果没这个力气，那至少也得有哭喊的劲儿，让大家能注意到你，帮助到你。假如连这个力量都没有，你只有被抢的份儿了。

政治上所谓的“道义”只是对有力量的人所说的，你没有进行大战的能力，就一定要有舆论上的影响力，如果你连话语权都没有，那就没有任何自保的能力了，敌人最好的选择就是吞灭你，正所谓弱国无外交。

要想与世无争，首先还是要有争的能力，否则你不争世，自有人来争你。

不仅是受众，这对于施予仁义者同样适用。手里不操大棒，你拿的胡萝卜就只能把狼招来。

春秋霸政时代就是凭实力说话、凭说话混世的丛林世界。

从齐桓公称霸起，一直到春秋结束，当时的国家基本上变成了三个等级，或者套用现在的说法，就是三个世界。第一世界是超级大国，具备全面争霸的能力，控制极大范围内的军权和舆论，比如春秋五霸，此时的齐国，后来的楚国和晋国等。它们是历史剧的主角；第二世界是重要诸侯国，具有局部小范围内的战争能力和舆论影响力，比如鲁国、郑国、卫国等。它们是历史剧的配角；第三世界就是那些几乎没有军事实力和话语权力的小国了，比如遂国、谭国、息国、滑国等，它们只能是历史剧的道具了。

这三个等级的国家自上而下形成了一个大鱼吃小鱼、小鱼吃虾米的金字塔权力结构。

至于戎狄国家，在当时被视为化外之地，根本不被算在主流世界中。对此我们可以认为它们是属于第四世界的，类似于今日国际舆论眼中的朝鲜、伊朗、索马里。

当然属于哪一个世界，归根结底还是实力说了算，有了强大的实力，即便是蛮夷也能成为第一世界的超级大国；如果没有实力，哪怕贵为天子，也只能受人操纵。因为实力是最有价值且最便于增值的政治资源。有了它，只要会玩政治，不愁换不来崇高的地位。

齐桓公在此之后，对于在国际上有重要舆论地位的国家都立足做好政治公关工作，通俗地说就是作秀。

齐桓公看到舆论是一个强大的政治工具，战争能做到的它能做得更好，战争做不到的它能轻易搞定。一旦掌握了主流舆论和控制了发言权，那么你就是真理、你就是意义，谁和你唱反调那就是人民公敌。

舆论党同伐异的力量和效率是武力所不能比拟的，这是因为，采取武力征服他人不仅会引起他人的反对，而且还需要投入大量的资源，从成本上来说是持续消耗的；而且武力的征服往往只能是挨个进行，所遇到的阻力也是越来越大，从边际效益上来说又是递减的。

反观舆论征服，一旦初期投入获得了效果，那么就会产生一种近乎神奇的滚雪球效应，不仅几乎不费成本地会获得更多的支持者，而且获得的数量和速度都将成倍增长。成本是递减的，而边际效益则是递增的。

两者相比，孰优孰劣，何去何从，明眼人一看便知。齐桓公这回是彻底赚到了！

实力强大的楚国就是没有参透这一点，自己跑到了主流舆论的反面，被天下诸侯视为异类。而高举“尊王”大旗的齐桓公，却因此占据了道义的制高点，建立了自己的强势品牌和优质口碑。汶阳的土地，就是齐桓公的前期投入，是那个最初的小雪球。以此为核心，齐国的霸业将越滚越大。春秋霸主的形象被定格为一手举大旗，一手持利剑。大旗代替了利剑来开拓市场，利剑则是用来管教不老实的受召者的。

所以卫国、郑国和曹国在此之后就很识趣地归顺了齐桓公，虽然这更多只是名义上的顺服。雪球滚过之处，你不顺势依附其上，就只能被碾压在其下。三国是明白齐桓公“仁义”的分量的，给你脸你不要，那无异于自绝于主流舆论，接下来等着你的很可能就是刀兵之祸。

威服宋国

鲁国的问题解决了，下一个就是宋国了。

要对宋国这样一个重要的国家动手，齐桓公当然还是严格按照盟约，首先请示周天子。宋国毕竟是大国，为了减少行动阻力，齐桓公还向周天子请了一小支王师助战，增强己方的“尊王”大旗的正统性。同行的还有陈宣公率领的陈国军队和曹庄公率领的曹国军队。

联军开到宋国国都睢阳城下，这时齐桓公新近封爵的大夫宁戚建议齐桓公以德服人，不必发兵攻打，而是让他前去说服宋桓公，恢复盟约。

宁戚是一位卫国士人，专为投靠齐桓公而来。但是宁戚的自荐方式非常特别，破衣烂衫的农夫形象，在管仲回军途中抛出一段隐喻，居然连管仲都被唬住了。这样的人当然会立即受到管仲的重视。两人一对话，管仲发现此人是一位不可多得的人才，于是写了封推荐信给他，让他前去交给处于后军的齐桓公。

宁戚等到了齐桓公，却没有把推荐信给他，而是言语讥讽了一番齐桓公。齐桓公虽一时怒不可遏，但言语中察觉出了宁戚的与众不同，细问后才得知乃是管仲推荐的人才。

宁戚之所以没有马上递上推荐信，其实是在试探齐桓公。他专为投奔齐桓公而来，当然要看看这是不是一位值得他效力的明主。当然，齐桓公也很对得起他的期望，当竖貂私下建议齐桓公前去卫国了解下宁戚的详细情况时，齐桓公的回答非常有意思：这样见识出众、不拘小节的人才，嫉妒他、毁谤他的人不在少数，不打听也罢。当晚就封宁戚为大夫，和管仲同掌国政。

在这一件事中，我们看到了齐桓公的大气和自信、管仲的敏锐和无私，还有士人胸怀天下的抱负。宁戚并没有选择自己的祖国卫国，而是前来投奔他更中意的齐桓公，随着各国间的摩擦和交流日渐增加，士人家国天下的思想开始发生转变。在这样的分裂时期，人才能够自由地选择自己所希望效力的君主，最大限度地施展自己的才能。

在诸侯争霸的时代，各国君主为了增强自身的实力也纷纷开始礼贤下士，随着争霸势头愈演愈烈，这种人才的双向竞争也变得空前激烈。就好像一个高度竞争的人才自由市场，人才和国家的组合能够得到最优化配置。这就是通常乱世能够涌现众多出众之才的原因之一。

伴随着争霸的升级，中华文明将进入一个黄金时代。

言归正传，外有联军义师压境，内有宁戚巧舌智辩，宋桓公发现齐桓公的“尊王”大旗不是随便扛着玩的。宋国这次面对的不是郑庄公的假命伐宋，而是真正受命于天子的联军。

宋桓公还算是识时务之人，和大夫戴叔皮在宁戚的陪同下出城向联军请盟，并送上犒军的礼物。

宋国本就是齐国扩张势力所仰赖的第一盟友，齐桓公当然不愿意和宋国真的闹矛盾。于是他就坡下驴，同意了宋桓公的请盟。为了保持自己“尊王”的正统性，齐桓公把宋国所赠的礼物全部转交给随军的周王室官员，转交给天子。

摆平了鲁、宋两个大国，现在齐桓公“尊王”的规矩算是做出来了，不过“攘夷”方面的动作还得跟上。

郑国的尴尬处境

地处天下中央的国家必定会成为博弈的中心。它的胜败亲叛直接反映了天下大势的走向。处于这般利益旋涡中心的国家将难于自立，不由得被各方势力所裹挟。

杀仪代突

齐国现在对内积极团结周边的诸侯，北方政治形势渐渐向齐国靠拢。那么此时整个天下的形势又是怎样一番景象呢？

要想看清天下大势，最简便的方法就是了解郑国的动向。作为天下的中枢，看清了郑国，天下形势也就知道了七八分。

此时的郑国在干吗呢？凭借时运上台的郑仪当上国君后，发现郑国所面对的各路诸侯无一不对郑国虎视眈眈，讽刺的是，自己能够继位也是因为这个原因，把自己的几个哥哥整死或逼走。

在楚国北进的压力下，政治根基薄弱的郑仪投靠了楚国。郑国现在基本上脱离了周王国，转而投入了楚王国的怀抱。上次齐桓公在北杏会盟郑国当然不会来，也不敢来。

北杏会盟不听话的几个国家，宋国已经投诚，鲁国与齐国在柯地定盟，卫国和曹国也都已经派遣使者请罪求和，唯独郑国从未有过任何表示。

现在齐桓公已经依靠“尊王”大旗把邻近本国的鲁国和宋国两个大国给团结了，就能够腾出手来将霸业推向更远的地方。要把“尊王攘夷”规矩做好，背离周朝、投靠蛮夷、不服齐国的郑国必须要拿下，从而起到一箭双雕的示范效果。

这时候的齐桓公已经很有一番霸主的姿态，大旗一举，愿意归顺者待之以“王道”和“仁义”，不识抬举者，那就霸道开路，利剑伺候。

大国势力抬头了，依靠时运上台的郑仪该让位了，轮到他那位一直以来依靠大国做后台的哥哥上场了。当然霸主行事，必须要师出有名，而且还得符合其所提倡的“王道”。管仲给齐桓公定计，用“以弟篡兄，犯分逆伦”的名义把“非法”郑仪赶下台，扶立郑突复位。这样既体现了霸主的威严，又重新拉拢了郑国。

这借口，说得是非常好听，但是齐桓公当年是怎么上台的呢？

没办法，百罪千罪，都是弱势者的罪，千错万错，都是失败者的错。

齐桓公派宾须无前去栎城联络郑突。被驱逐了十七年的郑突得知齐国要出手帮助自己复位，立刻通过宾须无向齐国表示了归顺之心。

郑突在齐国大军的帮助下，顺利突破了郑国关口大陵，渡过颍水。这时候老臣祭足已经去世，素来缺乏资历的郑仪关键时刻对内稳不住局面，对外也来不及请求楚国救援，被手下刺死于城楼之上，尸首被交给郑突请功。

公元前679年，郑厉公苦熬了十七年后终于又在大国的帮助下复国了。至此，郑国的诸子之乱才算真正结束，因为其他几位公子都已经死了，当初最受郑庄公喜爱的郑突笑到了最后。

当时兄弟之间的夺位斗争如此惨烈，晋献公屠灭公族的举动也可以理解了。

郑厉公复国后，马上以一贯的强硬狠毒手腕清除了一批异己分子，主要是当年帮助祭足一起驱逐他的一班人和郑仪的亲信。而对于拥立他的原正卿叔詹，则仍然保留他的官位。堵叔和师叔则帮助叔詹共同辅政，人称“三良”，郑国国内政治到此终于有所安定。

很有趣的是，齐桓公此次行动居然没有逮捕到一个俘虏，一并都被郑厉公杀死了。除了郑厉公想斩草除根，不留后患外，齐桓公怕是根本不敢与公子仪和他的党羽对话，免得自己被人抓住了话柄。

齐楚夺郑

郑厉公虽然成了几位兄弟中唯一存活的最终赢家，但毕竟是依靠他国的力量才登上君位的，这位子坐得并不踏实安稳。

得中原者得天下，定郑国者定中原。周釐王三年，公元前679年，齐桓公计划晋封为中原盟主，为自己的地位正名，也为进一步做大奠定政治资本。齐国邀请宋国、卫国、郑国和朝廷使者单蔑在对齐国尚若即若离的卫国会盟。

这次会盟是齐桓公为进一步扩大势力范围而进行的试探性预演，与会的几个国家都是北杏会盟中不服顺的角色。不过刚刚将郑国从中原头号敌人楚国阵营拉回来的齐桓公底气十足，这次会盟也让齐桓公非常满意，他知道称盟主的时机已经成熟，同年冬天，齐国在幽地会盟宋、鲁、陈、卫、郑、许、郑等国。与诸国歃血为盟，正式受封为盟主。

眼见号令中原的齐国抢走了自己最具象征价值的跟班郑国，强悍的楚文王自然不会轻易善罢甘休。但是楚国并不会冒失到直接去抢势头正盛的齐国嘴里的肉。为了威吓郑国，楚文王发兵攻打周边时常和楚国耍耍小脾气的东申国、巴国等小国，接着大军又开到郑国边境耀武扬威。

齐国虽然是当今霸主，可是楚国的威胁却更加迫在眉睫。郑厉公畏惧楚国的压力，背着齐国向楚国谢罪投诚。

从政治上来说，郑厉公一心想恢复父祖时代郑国的辉煌，但是当时郑国的国力和所处的战略位置却让他难以施展抱负。郑厉公不愿意彻底倒向任何一方，尤其是齐国，那样郑厉公只能成为霸主齐桓公的小跟班而已。相比之下投靠南蛮楚国，还让郑国能够扮演楚国在中原的代言人的角色。虽然无法直接与齐、楚两国抗衡，但是他希望能通过灵活的手段达到两边制衡的效果，让自己可以在其中游刃有余。

自己扶立起来的郑厉公这么容易就投向了楚国，齐桓公当然非常恼火。郑厉公派上卿叔詹出使齐国说明情况，但是此次交涉却无果而终。齐、郑关系出现了微妙的紧张局面。

郑国自此过起了南北讨好祈活的日子。哪一边大兵压境，郑国就投靠哪一边；哪一方势头更胜，郑国就依附哪一方。郑国成了中原诸侯和楚国争霸拉锯的主舞台，在春秋的霸主时代，谁捏住了郑国，谁就是真正的天下霸主。

用“博弈”这个词来描述超级大国间的斗争是非常贴切的。各自拥有着强大的实力、众多的跟班、丰富的资源，超级大国间直接冲突的结果通常是两败俱伤，让其他国家得了渔翁之利，代价极其惨重。

所以超级大国彼此只会拿各自的跟班当棋子，用它们来做文章。这样的对抗就好像对弈一样。

超级大国所做的都是划分势力范围，摆布其他国家，防止丧失霸权。在这一点上，对抗双方的利益是一致的，矛盾仅仅在于二者之间如何划分蛋糕而已。多分点少分点不是问题，这只是相互间的暂时局面，但绝对不能让其他人来插手，更不能让蛋糕离开桌子，这就是寡头垄断貌似激烈竞争的表象背后的默契。

所以说弱国真正需要考虑的不是如何投靠，而是投靠哪一方。前者是弱国和超级大国对话，后者则是超级大国间直接对话，而话语权只属于强者。

郑突勤王

但是郑厉公绝非等闲之辈，他并不甘愿受制于齐、楚的任何一方。为了政治上的独立，他在寻找摆脱两大强国控制的机会。

从当时国力来讲齐、楚两个超级大国势均力敌，但是地理位置的先天原因导致了位于河南南部和湖北的楚国相比远在胶东的齐国更容易得到郑国。楚文王从中原盟主齐国身边拉回了郑国，自然好不得意。为了回击齐国的强劲势头，楚国也在不断扩张势力范围，这一次，楚文王又举兵攻打巴国。

巴国位于今天的重庆市一带，属于山地蛮族，战斗力颇强，和楚国隔三峡地区而处。其实在西周时期，巴国和楚国长期处于盟友状态，两国经常共同进入河南南部地区攻略汉阳诸姬。

但是随着楚国的北进，这一地区如今划入了楚国的帐下，而相对落后的巴国却保持着抢掠的传统。可这时候是抢到楚国的头上了，两国的关系骤然紧张。

不过位于崇山峻岭之中的巴国并不容易对付。更糟糕的是，楚国的一支附庸长期不满楚国的高压政治，在征战中反叛了楚国，帮助巴国一起攻打楚军。楚文王脸颊中箭落败。糟糕的心情加上伤势，公元前675年，负伤归国后不久的楚文王便一命呜呼了。这是楚国崛起过程中一个重大挫折。

楚文王的长子熊囏继位，但是在综合能力上却远不如他的弟弟熊恽。看到母亲和国人都更拥护自己的弟弟，熊囏对他自然十分疑忌，一直想设法除掉他。

这就是一出楚国版的郑庄公和太叔段。可惜的是熊囏却没有郑庄公的能耐，在位三年并没能找到好机会除掉熊恽。而他的弟弟却在暗处发展自己的势力，乘着熊囏一次出猎的机会，熊恽带着杀手刺杀了哥哥。通过自己平日所拉拢的大夫们的拥立，熊恽自立为王，是为楚成王。任命叔叔子元为令尹。

脱离了齐国的控制，楚国又经历了三年的嫡庶之争，郑国仿佛又重新获得了政治上的独立。

但这样的独立不过是一时的，一旦楚国或者齐国回过神腾出手来要收服郑国，郑厉公还是只能当小跟班。所以郑厉公要想恢复他父亲当年的荣耀，必须要有进一步的动作。

当年郑国之所以能够勃兴，在它发迹的初年能够背靠周王室这棵大树；现在的齐国可以称霸，也是在一开始高举“尊王”大旗。所以现在郑国最好的行动还是重新恢复和周天子的关系。好在如今的周天子已经没有了当初周桓王的傲气，彻底对诸侯们放下了身段，比如对晋国的册封。

恰巧周釐王驾崩不久，王子阆继位，是为周惠王。郑厉公正好可以在新王上任的时候和周王室建立密切的关系。

郑国对周王室的叛而复归，标志着郑国力图摆脱大国控制的诉求，也显示了那些和郑国有着相同命运和诉求的中原封国在当时重新形成向心力的趋势。可见管仲的“尊王”口号在当时是有着普遍需求的。

不过此时周王室又发生了由大小宗权斗引发的嫡庶争立事件。周惠王的弟弟王子颓是其父周庄王爱妾所生，喜好养牛。牛在当时的中国可是头等重要的生产资料，能够有钱养牛，实力一定不同凡响，王子颓在平日里得到了周王室小宗卿士的暗中支持。

此时的周王室内部大宗和小宗的斗争愈演愈烈。在周天子和周王室大宗的双重打压下，周王室小宗为了政治地位，理所当然地和时任周天子的最大政敌走到了一起。当年周庄王和王子克的事件如今又将重演，而且还得变本加厉。

此时被跋扈的京畿贵族逼得所辖土地日益缩小的周惠王开始了自己的反击，充公了一批小宗卿士们的土地，收归自己帐下。这么一来，这些卿士们被逼和王子颓一起在洛邑造反。虽然这次造反依旧被镇压了下去，但是王子颓一班人马逃到了黄河以北，在和周天子有瓜葛的苏国（当年商纣王爱妃妲己的母国，位于今河南省温县）落脚，想借苏国的力量反对周惠王。

正好苏国北面的卫国国君卫惠公也在记恨当年周天子派兵阻挠自己回国，现在有了这么一个报复的好机会。而且真正吸引他的是，如果成功除掉周惠王，扶立王子颓上台，那么自己说不定就能够挟天子而令诸侯了，于是卫惠公也加入到了反叛行列，苏国和卫国共同出兵帮助王子颓赶走了周惠王，立王子颓为王。周惠王逃到了郑国的鄢地，即当年郑庄公战胜太叔段的地方。

看到了勤王的好机会，郑厉公先把周惠王安顿到自己当年在栎城的行宫中。在写信劝退王子颓无果的情况下，公元前673年，郑厉公约会了虢公（当时虢国还未灭亡），果断采取武力攻打洛邑，杀死了王子颓，杀散了一帮周王室小宗的乱臣，奉迎周惠王复位。

这件事情透出了周王室的彻底衰弱，成为了各国随意操纵的木偶。王室的内斗成了各诸侯国插手的契机和理由，卫国和苏国推翻周惠王是为了报复和控制周王室。郑厉公帮助周惠王复国也不过是为了能够在各国面前雄起一把，显示郑国的政治独立。

周惠王被推翻的起因是为了土地，但是复位后必须要感谢郑国，可是如今的周天子穷得叮当响，能拿得出手的也就只有土地了。周惠王将虎牢关附近的一大片周王室土地赏给了郑国。如今的周天子只能靠吃老本过日子了，而老本总有一天是会吃完的，况且这些老本底子也已经不厚了。

这一事件中齐国却出人意料地平静，打着“尊王”大旗的齐桓公居然没有明显的动作。这里不仅是因为齐国地理位置较远的缘故，更多的应该在于齐国没有能够在周惠王和王子颓两人中敲定合适的人选。从捍卫自己的政治口号，赢得国际舆论出发，齐国应该支持周惠王；但是出于更好地控制周王室，垄断天子招牌的角度考虑，王子颓又是更理想的人选。可惜就在齐国犹疑间，雷厉风行的郑厉公拔得了头筹。

选择空间更大固然是体现自身资本雄厚的好事，可惜经常也会造成犹豫不决的结果，反倒被没有退路的人捷足先登。

郑文投齐

郑国抢在霸主齐桓公前勤王成功，无论如何在郑厉公时代还算是重振了一把。在从洛邑返回郑国的途中，郑厉公病逝了。公元前672年，郑国群臣拥立世子捷继位，是为郑文公。

资历浅薄的郑文公知道自己必须在齐、楚两个大国之间作出一个选择，刚刚完成勤王大业的郑国既然重新回到了周朝的怀抱，当然不能再投靠蛮夷楚国了。于是郑国选择了和势头上更占上风的齐国结盟。

刚从内乱中回过神来的楚国怎么会允许郑国如此出尔反尔呢？有着篡位野心的令尹子元为了在国人中树立威望，同时讨好他那绝色的嫂子，美人息妫，发兵六百乘前来攻郑。

面对楚国的大军，郑国知道硬拼是找死。上卿叔詹看出了子元此行的意图，捏准了他想赢怕输的心态，一面联络齐国和鲁国前来救援，一面在城内埋伏好兵丁，打开国都城门，让百姓一如平日生活走动。

这可能是最早有记载的空城计了。不过要玩这种险中求胜的败战计，并不是像《三国演义》中那般轻松传奇的，还得像叔詹那样里外都做好准备才行，否则真碰上不信邪的主儿，自己会死得很悲惨。

郑国还真是一个人才之邦。借刀杀人、欲擒故纵、假途灭虢、釜底抽薪、曹刿论战、远交近攻、空城计等都是出自于郑国之手。这恐怕和郑国地处天下之中，斗争经验丰富不无关系。

这招还真把子元给唬住了，更不妙的是楚军接到了齐、鲁联军前来救援的密报。子元本来就畏惧失利，这回又有腹背受敌的危险，情急之下楚国趁夜撤军了。

郑国借齐国之威逃过了一劫，向齐国发誓衷心不二。不过在强国面前，弱国的结盟和投降其实没有任何区别。从此郑国过上了抱超级大国大腿的日子。

郑国是一个我们熟悉的国家，它的现状是当时黄淮流域各个中原小国现状的缩影。南北边疆地区的超级大国崛起后，便把中心富庶的中原地区作为它们角力的博弈场，而这些中原小国就成了它们的拉锯对象。

这局面很像20世纪在美苏争霸压力下的欧洲，曾经的世界中心，却成为了后起之秀们角力的舞台。所谓风水轮流转，这是经济发展、文化辐射和格局变迁的必然结果，时代不同了，主角也不同了，天下大势当然更不同了。

攘夷护盟（上）

要想在国际上称王称霸，权力和责任其实是相辅相成的。要想让他国俯首帖耳，不仅要对其施加足够的压力，也要提供足够的保护，立威与树德并举，王道与霸道兼用。

授命方伯

从楚国手中将郑国拉了回来，这也算是齐桓公的一次成功攘夷行动。面对中原的头号劲敌楚国，齐桓公虽然一直志在必夺，但是在管仲看来现在还不是和楚国正面对抗的时候，权且以这种间接的方式对其进行施压。

而且有着楚国这样一个强敌显然是符合齐国利益的。只有这样一个强大的外部威胁的存在，齐桓公才有了让那些小国马首是瞻的政治基础，郑国就是最好的例子。

《君主论》中提到，当幸运之神要使一位君主成为伟大人物的时候，就给他树立敌人，并且使他们从事反对他的战争，以便使他可以有理由战胜他们，并且凭借他的敌人给他的梯子步步高升。因此许多人认为，一个英明的君主一有机会，就应该诡谲地树立某些仇敌，以便把它们制伏，从而使自己变得更加伟大。

攻伐楚国虽然还不是时候，不过对于其他相对松散弱小的蛮夷，齐国绝对不会手软。毕竟要想成为霸主不能整天靠作秀混日子。

公元前667年，齐桓公大举出兵东南，进入今天安徽北部和江苏北部地区，帮助鲁国对位于此处的徐国大举用兵。

徐国是东夷部落地区的头号强国，原本活动于山东南部地区，由于鲁国的军事压力而被迫南迁，当然两国间少不了兵戎相见。

齐国此次对自己的姻亲大举用兵，而且是在帮助和它貌合神离的鲁国，此举看似有些不可思议。

不过齐国到底花了多少力气去打徐国，是没人知道的，大军开到，齐桓公打声招呼，徐国一定会乖乖配合齐国的要求，不给鲁国添堵。

这样一来，齐桓公坐收攘夷的美名，又让大家看到了他对鲁国的诚意，一打一拉，效果不言而喻。

为了扩大自己的影响范围，齐国继续对徐国南部、宋国东部的淮夷部落用兵，将自己的影响范围扩大到淮河流域，也算是为盟友扫除障碍。

接着齐桓公又马不停蹄地向西方河济平原用兵，令当地散居的戎部落彻底臣服于自己。

通过南方和西方的行动，齐桓公在政治上进一步握紧了"尊王攘夷"的法统，军事上为齐国西进中原开通了南北两条路线，同时在战略上对同床异梦的鲁国实现了包围，让它不敢和自己继续作对。

此时的齐桓公好不威风，乘势又在幽地会盟了宋、鲁、陈、郑四国国君，标志着齐国业已取得的势力范围。

齐桓公尊王攘夷的大业取得了阶段性的成果，周惠王派召伯廖前来册封齐桓公为方伯，让其接过了祖先姜太公代天子专征的特权。现在齐桓公终于从代理商转正成了全权经销商了，今后将有更大的自由和更强的意志伸张，成为了名副其实的霸主。

周惠王的册封是对齐桓公尊王大业的极大肯定。从中我们看到，要想称霸天下，光有武力霸权是不够的，还得有经济霸权，要始终代表中国先进生产力的发展要求，齐国有着当时最发达的经济制度和贸易市场；还得具备政治霸权，要始终代表中国最广大人民的根本利益，带领中原诸夏抗击气焰嚣张的夷狄；最后还要拥有意识形态霸权，要始终代表中国先进文化的前进方向，用尊王攘夷的口号唤起民族凝聚力，伸张霸主的个人意识。只有这样四位一体的综合霸权才能全方面地号令诸侯，称霸天下。

收降卫国

齐桓公得到了方伯之权当然要找个对象表现一番，在王子颓叛乱中反对周惠王的卫国自然是最好的对象。齐国正好借此通过新开通的河济平原，尝试其经略中原的北线方案。

王命在身的齐桓公率军有河济平原渡过黄河，进逼卫国都城朝歌。这个抢在他之前打周王室主意的卫国估计他早就想教训一下了。

此时卫惠公已经去世，他的儿子卫懿公在位。卫国曾经因为内乱而被齐国政治介入，虽然齐国大军以代天子专征之名前来讨伐本国，卫懿公希望保持自己的政治独立，不愿意对齐国大军唯命是从，派出军队在朝歌城下和齐军对战了一阵。

卫国当然不是齐军的对手，在齐军的凌厉攻势下，卫军不多久便招架不住了。意识到问题严重性的卫懿公这才急忙让长子开方带着金银财宝前去向齐桓公请罪求和。

齐桓公现在有了专征的权力，凡事也不用再一一请示天子了。毕竟攻城也不是件容易事，同意卫国请罪自己还有利可图，齐桓公乐得当这个好人，便以“罪不及子孙”的名义赦免了卫国。

齐桓公在品牌创立初期，是非常注意恪守“王道”的，甚至比周天子还周天子。但是在获得了全权代理资质后，难免放宽了原来的标准，私心也开始有些许作祟了。这就和所有的品牌从创立到做大做强的过程是一样的。

不过齐桓公这样也无可厚非，齐国不可能永远当劳模，为天下诸侯奔走呼号，这毕竟不是他的称霸目的，而只是称霸的手段。为此，在这个过程中为自己谋取些利益完全是可以理解的。

卫国长公子开方请求齐桓公带他去齐国。齐桓公感于开方愿意放弃卫国世子的争夺而为自己效力，对他极为宠信，拜为大夫，和竖貂、易牙一起成为了自己身边的三位宠臣。

对于公子开方来说，卫国国君的吸引力还不如齐国大夫，可见此时卫国的衰败和齐国的强盛所形成的鲜明对比。

齐桓公现在是自然是万分得意，在开方的推荐下，又迎娶了卫懿公的两位妹妹长卫姬和少卫姬，宠爱备至。

兵定孤竹

当齐桓公的“尊王”大业开展得如火如荼之时，“攘夷”的生意又找上门来了。

公元前664年，燕国遭到了山戎的入侵。今天的河北平原大部分地区，由于位于当时禹贡黄河的下游和渤海湾沿岸，有着大片的沼泽和盐碱地，并不利于耕作，成为了夷狄出没的领地。

此次入侵燕国的是山戎部落中的令支国，这是个半牧半猎的戎狄国家，屡次侵犯南方的齐国和西北边的燕国。自从被齐僖公和郑庄公联合打败后，山戎便把注意力转向了相对弱小的燕国。燕国被骚扰得无还手之力，现在只能向齐国求救了。

前次南方、西方的夷狄都平定了，面对北方强悍的山戎，齐桓公这回是虽远必诛。因为一旦燕国亡于山戎部落，那么接下来齐国将首当其冲了。无论是以霸主还是盟友的身份，齐桓公必须要拉燕国这个小弟一把。

不过考虑到山戎的实力，此行又是要劳师远征，战况难测。如果集结诸侯，劳师动众，万一战事不利，内部又开始分裂，齐桓公很是下不来台。所以除了路途最近的鲁国之外，齐国没有邀约其他诸侯一起参加。

不过鲁国和齐国终究是利益难以调和的。鲁庄公还是很忌惮齐国的强大的，从心里说，他不希望齐桓公成功，所以借口自己身体欠安，没有赶赴燕国。实际上此时的鲁庄公身体情况也确实很糟糕。

被鲁国耍了也并没有出乎齐国的意料，齐桓公只好率领齐国大军一路北上，开到燕国的蓟门关。令支国国君得知齐国兵到，立马收拾行装及掳掠的人口和战利品，打马回国了。

燕庄公出城感谢齐桓公的解救之恩，但是齐桓公和管仲却并不想就此罢兵。

令支国由于它半游牧的性质，非常善于打游击战。齐国大军一到它就逃，等齐国走了以后，它又回来抢掠。所以管仲就想好人做到底，彻底帮助燕国解决山戎之患，这样就必须把令支国的老巢给端了。

前面说到了“攘夷”是既能赢得盟国人心，又能显示自己力量的一举两得的行动。齐桓公当然是不会错过这样的生意的，虽然此行路远敌强，并不容易。

要深入敌境作战，就得有熟悉道路地形的向导。燕庄公派使者前去燕国北面的无终国请兵，该国虽是戎狄国家，但是却和令支国长期不和，从远交近攻的角度看，是燕国的天然盟友，也是一个合适的向导。无终国派两千骑兵助战，一同开往令支国（今河北省迁安市，燕山东麓）方向。

但是令支国并不好对付，他们知道齐、燕大军在向导的带领下杀奔自己而来，便在隘口要地葵兹埋伏等候齐、燕联军。两军在此试探了多次，齐、燕联军都没能占得便宜，只能暂且在此安营扎寨。

令支国君知道齐国远道而来，不会支撑太久，便摆下阵势和齐、燕两国在葵兹对耗。

齐国这边，管仲也知道这样耗下去齐国只能无功而返。便嘱咐无终大将带领宾须无绕道包抄令支国都，自己则领大军在葵兹拖住敌军。

等到和宾须无约定的日期一到，管仲便率军由葵兹杀出，令支伏兵刚想行动，却发现包抄到位的宾须无从后面杀出。擅长打游击的军队正面作战能力都很一般，否则也不用靠游击战度日。令支军队腹背受敌，被打得丢盔弃甲，弃城逃窜。

齐桓公进入令支国都，安抚其百姓，吩咐手下要对北戎民众秋毫无犯，以收民心。从抓到的令支降兵口中得知令支国君一定是逃往了盟国孤竹。

孤竹国（今河北省卢龙县）也是一个北戎国家，位于令支国东南边，渤海和燕山刻画出了其复杂的地形，该国易守难攻，要想拿下孤竹国难度不小。

齐、燕联军经过千难万险的长途跋涉，终于逼近了孤竹国国都无棣城。孤竹国君原本以为自己凭借地利可以高枕无忧，没想到现在齐、燕联军居然能够翻山越岭找上门来，便慌忙派出军队前去抵挡。

可是仓促应战的戎兵在齐、燕联军面前不堪一击。这眼看敌人已经兵临城下，孤竹国君只得采取了山戎的惯用伎俩：走为上。

孤竹国君民和令支国君臣一起撤出了无棣城，沿着燕山和渤海相夹所成的宁锦走廊，向更北的旱海草原逃遁，留下一座空城给齐、燕联军。能够这么快就举城撤离，孤竹国基本是完全的牧猎部落，他们的城市应该就是类似匈奴王廷的临时性营寨而已。

正当齐桓公进入空城准备继续追击山戎的时候，孤竹国的一位将军前来投降，声称可以给齐、燕联军带路，前去追杀逃走的敌人。这很可能是一个诈降的圈套，但是这位将军带来了足够令人信服的礼物：令支国君的首级。

于是齐桓公安排燕庄公带领燕国军队留守无棣城，自己和无终军队共同前去追击残敌。孤竹降将将齐国大军向北带出很远，带着带着便走没了影，此时管仲发现问题不对了。

原来令支国为了自保，杀了前来投奔的盟友以取信齐国，将齐国大军引向茫茫草原，让他们在这里自生自灭。然后孤竹国君率领军民向西绕到燕山豁口，避开齐国大军回到了无棣城，杀了燕军一个回马枪，实力不济的燕庄公被迫撤退到团子山。

正当孤竹国得意于自己的巧胜时，齐国大军居然奇迹般地出现在了无棣城下。原来管仲用了无终国的老马来带路，走出了旱海。这就是成语“老马识途”的由来。

由此可见，齐国这一战并不容易，若非管仲，孤军深入的齐军还真没法这么便宜就能脱险。这正是华夏攘夷的难度所在，戎狄入侵华夏领地，是由蛮荒进入繁华，粮食没了就地抢，见到宝物顺手拿，打得过就打，打不过便逃。更何况蛮族本就以狩猎和放牧为主，生产技能和战争技能一致，全民皆兵，战争成本很低，收益却很高；反观华夏进攻戎狄地盘，则是由繁华进入蛮荒，粮食没了只能靠补给，战利品更是屈指可数，打得过的时候对手逃，打不过的时候对手撵。要将耕作的技能和战斗的技能几乎是完全不沾边的，战士都只是贵族武士，战争成本很高，收益却微乎其微。

所以中原虽然在文化、经济、国力方面都远强于戎狄，但是在战争上却几乎总是被动挨打。根本原因就在于这样的战争在经济上是一边倒的，除非到了存亡危急的当口，否则中原政权几乎不会去主动攻击戎狄，而宁可忍受对方的侵扰和向其纳贡。原因很简单，因为战争的代价更大，成本和风险更高。

在这之后两千多年里，中原政权面对北方游牧民族的南侵几乎没能改变这样的被动局面。齐桓公这一战是对春秋前期戎狄的嚣张气焰的一次有力回击，也是中原势力第一次在对方领土上的进击。可见为了当好这个霸主，齐桓公还是下了一番决心、做了一番实事的，齐桓公此举也将极大地鼓舞中原诸夏，团结天下诸侯之心。

管仲不仅是一位善于治国的文臣，也是一名驰骋沙场的武将。在先秦，贵族所受的教育是包括礼、乐、射、御、书、数等文武课程在内的“六艺”。所以管仲不仅擅长礼乐，也精于骑射；不但通晓治国之术，也深谙作战之方，乃是出将入相的典范人物。齐桓公在回国后，为了犒赏管仲，特地为他的封邑修了城池。

回到战场，齐国大军三面攻城，只留着北面无人进攻。这是攻城战中常用的围城留阙的战术，孤竹国君见势不妙，从北面出逃，准备再一次金蝉脱壳。可惜管仲的这个缺口就是为他们留的，王子成父和隰朋早就在此埋伏好了，对孤竹国君来了个守株待兔。

霸主做派

齐桓公亲自斩杀了孤竹国君，安抚了孤竹国的百姓。令支和孤竹两国并不和齐国接壤，齐桓公便做了个顺水人情，将这两地都送给了燕国。

不仅如此，在燕庄公送齐桓公回国的路上，齐桓公以霸主的名义，将位于齐、燕两国之间的河北平原的东南部地区“赠与”了燕国。

燕庄公在齐桓公的帮助下消除了边患，还反过来得到了齐桓公送的土地，自然感激不尽，燕国自此成为了北方大国。

这不仅仅是齐桓公的政治秀，此地正好位于齐、燕两国戎狄出没的地方，齐国把这块地方“送给”了燕庄公，其实也算是把防务的包袱扔给了燕国，让这位受惠于己的小弟在北方给自己看好大门。

接着齐国又将此次的战利品分了一半给鲁国，感谢它的“口头参战”，借此羞辱鲁庄公，让天下诸侯看到齐桓公的宽容大度，共同给不识相的鲁国施加舆论压力。

齐桓公此役劳师远征，杀败了气焰正盛的蛮夷之邦，又为燕国消除了心腹大患，拓地百里。不仅炫耀了一番强大的武功，还淋漓尽致地展现了自己的仁德，同时还巧妙利用舆论，巩固了自己的霸主地位和对诸侯的威信，顺之者荣，逆之者辱，将霸业推向高潮。

攘夷护盟（下）

霸主并不是容易当的。维护自己政治资本是霸主的第一要务，为此不得不牺牲很多眼前的有利机会。如何权衡好短期的战术利益和长期的战略利益，是对霸主政治智慧的主要考验。

即位乱局

公元前662年，跟齐国掰了一辈子手腕的鲁庄公去世了，不知到底是因为身体不好还是被齐桓公气的。内部问题重重的鲁国随即陷入了大乱。

原来之前鲁庄公的母亲文姜又一次向自己的母国齐国帮自己儿子请婚。鲁庄公想到当年父亲的灾难，已经抗拒过母亲一次了，这次惧母的鲁庄公实在拗不过母亲，又考虑到齐国当前的政治压力，所以勉强迎娶了齐襄公的女儿，是为哀姜。哀姜的妹妹少姜随着姐姐陪嫁鲁庄公。

虽然在母亲的压力下鲁庄公立哀姜为夫人，但是她毕竟是杀父仇人的女儿。鲁庄公和哀姜貌合神离，并无夫妻之爱，也没有一儿半女，只和少姜生有公子启。

在哀姜之前，鲁庄公有一位宠妃孟任。虽然因为母亲的百般阻挠没能将她立为夫人，却是鲁庄公最宠爱的一位妻妾，两人育有公子般。孟任在哀姜嫁入鲁国后不久便病逝了。

除此之外，鲁庄公还有一个妾风氏，生有公子申。

鲁庄公的嫡妻没有子嗣，其余几位公子都是庶出，在继位问题上难免会有一番争斗。

使情况更为复杂的是鲁庄公的两位庶出兄弟公子庆父和公子叔牙，还有他的同母弟弟公子友，三人在这场继位争夺中都各有自己的打算。

鲁庄公之所以在子嗣问题上一直悬而未决，完全是由于母亲文姜干政所引起的。加之鲁国公族力量强大，公族势力和外戚势力一结合，鲁国非得出乱子不可。

公子庆父看到几个侄子年幼势孤，自己便萌生了接替弟弟做国君的打算，让胞弟叔牙在鲁庄公面前美言自己。同时他还牢牢抓住了无宠的哀姜，二人私通一处，结伴为党。

鲁庄公考虑到自己几位儿子年幼，难以镇住鲁国跋扈的公族，确实对传位问题产生过犹豫。但是他去世前在公子友的劝说下，摒弃了这个念头，传位给孟任的儿子公子般。

公子友由此得到了扶立之功，为了自己的地位，挖了公子庆父的墙脚。他知道以后和庆父少不了一场恶斗，为了削弱庆父，公子友抢在鲁庄公死前以国君的名义设计毒死了叔牙。

公子庆父对此自然不会善罢甘休。公子般即位后，庆父收买了有仇于公子般的大力士圉人荦，趁公子般为外祖父奔丧时将他刺杀。公元前660年，即位仅一年的国君公子般在强大的外戚和公族联合的力量面前就像牲口般被屠宰了。

庆父得手后，为了掩人耳目，反而过河拆桥，将功臣圉人荦杀了作为替罪羊。为了便于控制，他和哀姜共同扶立少姜的儿子、哀姜的外甥、年仅八岁的公子启为国君，是为鲁闵公。

公子友当然知道这是庆父做的好事，眼下自己的筹码和力量不如庆父，只能逃往陈国避难。

齐桓坐庄

鲁闵公在自己的姨妈和伯父的控制下完全就是个傀儡，真正的国君就是庆父。鲁闵公的嫡系势力为了摆脱受制于人的局面，便求助于盟主齐桓公，以此来制衡哀姜和庆父。

说起来齐桓公还是鲁闵公的外叔祖。鲁国内部主动要求结盟，对于齐桓公来说是一个很好的介入鲁国内政的机会，以此控制最不合作的鲁国，于是便在位于齐、鲁之间的落姑会见了鲁闵公。

了解清楚了鲁国的情况后，齐桓公考虑到鲁闵公年齿尚幼，不足以撑起场面，便以盟主的姿态出面要求公子友回国出任相国，辅佐鲁闵公，作为齐国在鲁国的实际代理人。公子庆父碍于齐桓公的威势，只得暂时和公子友和平共处。

鲁国的政治局势对于齐桓公来说可是名利双收。于公，以盟主的身份稳定住了鲁国的局势，行使了盟主的道义；于私，以盟友的名义介入到了鲁国的政治博弈，最大化齐国的利益。

原本庆父和哀姜共同坐庄的鲁国，如今形成了庆父——哀姜和季友（公子友又称季友）——齐侯抗衡的格局。

所谓三足鼎立，两只脚的鼎是站不稳的，两方力量对抗的格局不会长期稳定，一方早晚要压倒另一方。暂时的平静不过是双方在试探对手，观察形势，伺机待发。

从现在的局面来看，季友——齐侯一方实力要强于哀姜——庆父一方，不过事实上季友和齐桓公的利益和诉求是不一致的。季友希望能将优势化作胜势，尽快除掉庆父，而齐桓公则更愿意维持现状，让鲁国处于内部分裂的局面，这样更符合齐国的利益，他的强大实力也让他在这场博弈中占尽了主动。

反观对方，哀姜——庆父组合的主要优势在于挟制了鲁闵公。但是问题在于这个孩子是他们俩始终谋划着要除之而代立的。

这就是庆父一方的根本困境，不除鲁闵公，庆父的野心就无法最终实现，但是如果灭了鲁闵公，很可能偷鸡不成蚀把米，连自己唯一的优势也给断送了。

人在野心的刺激和困境的包围下往往容易铤而走险，尤其是公子庆父年岁越来越大了，他当国君的欲望也随之膨胀。

果然庆父这边率先发难了。大夫卜齿奇和鲁闵公的师傅太傅慎不害因为田地纷争，来请求庆父帮他除掉慎不害。于是公子庆父几乎导演了一出和之前刺杀公子般一样的借刀杀人，让卜齿奇雇用杀手秋亚趁鲁闵公出游之时刺杀了他。作为交换，公子庆父帮卜齿奇除掉了慎不害。

公子友得知鲁闵公被害，急忙带着公子申连夜逃奔亲齐的邾国避难。

一连两次都用这样猥琐的手法杀死国君，打破均衡格局的公子庆父同时也破坏了其他贵族的既得利益，激起了贵族们的众怒，不服庆父的鲁国贵族和国人共同聚会罢市，杀死了卜齿奇。

公子庆父知道自己也在劫难逃，带着大量的财宝躲到莒国避难去了，寻思着通过贿赂对吕小白有恩的莒国来获得齐国的宽恕。

哀姜孤立无援，留在鲁国也早晚难逃一劫，逃到庆父那边只能被视作反贼。自己现在毕竟还是国母，不得已，哀姜跑到了邾国投靠季友，不出意外地遭到了季友的拒绝接见。哀姜——庆父组合在政治上算是彻底玩儿完了。

欲夺还休

到此为止，这场博弈最大的庄家齐桓公却始终还没有出过手。他既没有出兵平乱，也没有扶立季友和公子申，摆明了两件霸主的分内事他居然都没有急着出手，他还有什么更精的算盘吗？

齐桓公迟迟不出手的直接后果就是现在鲁国群龙无首。显然齐桓公是有意在隔岸观火，坐山观虎斗。这个老邻居、老亲家、老对手如今变得唾手可得，即便是天下秩序的捍卫者，齐桓公也无法克制自己的私欲，是的，他想乘机兼并鲁国。

不过这么一个悠久辉煌的大诸侯国是这么容易被兼并得了的吗？且不说到时候鲁国会冒出多少个曹沫来，在当时那个时代，除了有着像楚国如此辽阔疆域的大国能够直接吞并一个侯爵国家，别的国家这么做显然是很危险的，不仅让自己消化不良，还稀释了宝贵的人口和军队前去驻防当地。

除此之外，鲁国的国情也不允许齐桓公这么做。有着强悍跋扈公族的鲁国，内部国君和公族、公族和公族之间的矛盾非常突出，齐国要想介入鲁国是很容易的，但是要想彻底接手这个盘子却是难于上青天的。试想连鲁国国君都搞不定这些公族的地头蛇，齐国以外国侵略者的身份前去接这个烫手的盘子结果可想而知。

而且在保守重礼的鲁文化面前，开放浪漫的齐文化是鲁地民众无法接受的。如果贸然进入鲁国，齐国必然会陷入泥潭，到时候恐怕连霸业也难保。

鲁国是一个有着相当军事实力的国家，但是在春秋时代在外政上几乎没有什么作为，原因就在于激烈的内部斗争。但是每当受到齐国军事威胁的时候，鲁国往往不占下风，因为更加严重的外部矛盾让鲁国分裂的各派势力暂时同仇敌忾，形成了强大的合力。

大夫仲孙湫是这么对齐桓公分析的，齐桓公是聪明人，他不会去冒这么大的风险去当鲁国各派的靶子，更何况沉重霸业资本不允许他这么做。

齐桓公守住霸主的本分，顺水推舟派上卿高傒领兵前去护送季友和公子申回国。由高傒代表齐桓公，和季友共同扶立公子申继位，是为鲁僖公。这一年是公元前659年。

迫于形势，齐桓公现在完全站在了鲁国一边，庆父知道自己这下玩儿完了，在齐、鲁、莒边境辗转无门，结果被季友派来的使者逼得上吊自尽。

鲁国这次大乱，两位姜夫人前后没少掺和。齐桓公想借惩罚本家宗女哀姜来讨好鲁国，也向天下显示齐国的公正。不过管仲建议还是让夫家处置哀姜更为合适。齐桓公采纳了管仲的建议，安排竖貂前去邾国送哀姜回鲁国。

竖貂按吩咐办事，可是哀姜身为国母，自知回到鲁国的下场，她是万万不能接受这样的局面的，便在半路上吊自杀了。

可怜的哀姜，自幼被作为政治工具嫁到了鲁国。背负着上一代的仇怨，没有亲情的关爱，也没有爱情的滋润，自始至终只有庆父对她还算体贴，不过其中至少有一半也是利用。就因为这点仅有的温情，哀姜死心塌地跟定了庆父，到头来因为站错了队被扣上了反贼的帽子。此时的哀姜只能用死来做最后的抗争和控诉。她是贵族时代的牺牲品、政治恩怨的罹难者。哀姜哀姜，名副其实也！

鲁国这场灾祸的原因是姜氏后宫和强势公族共同造成的，现在姜氏后宫没了，那怎么安置强势公族呢？

虽然庆父和叔牙被除掉了，但是他们的家族势力还是非常强大，如果不采取妥善的举措，恐怕鲁国不会安生。

但是鲁国的公族力量根深蒂固，鲁国的文化传统和宗法分封格局共同决定了鲁僖公和季友对他们只能采取妥协和安抚。鲁僖公将庆父的嫡子公孙敖封在了成地，为了避免庆父的恶名，公孙敖改称孟孙氏；叔牙的嫡子公孙兹被分封在了郈地，改为叔孙氏；同时被安置分封的还有季友，费地被作为季友的封邑，并且鲁僖公还给他加封了汶阳，称为季孙氏。

季、孟、叔三家共同执掌鲁国政权，成为鲁国最强大的贵族政治集团。因为这三家都是鲁桓公的后代，所以被并称为“三桓”。鲁国国内的政治局面和当初东周初期呈现出了惊人的类似，最高执政者渐渐式微，底下却是一群尾大不掉的臣子。宗法分封制的瓦解在它自身的全息结构中向下蔓延。

霸业正盛

鲁国总算是暂时安定了，我们来看看齐桓公到目前为止对其他大诸侯们都做了些什么？为宋公会盟正名、反对卫国、以天子之名集结联军进逼宋国、帮助燕国攻打山戎、拥立鲁国新君。

对于这些事情大家熟悉吗？如果我们把这里的燕国改成齐国，那齐国应该换成什么国家呢？

郑国。没错，管仲到现在为止所采取的国际行动看起来和当年郑庄公所做的没有什么两样，连对象都几乎完全相同。

齐国霸业的模式，至少到现阶段而言，似乎是完全借鉴和参考了当年的小霸郑庄公。

如果仅仅只是这样的话，那齐国就是山寨郑国了。要想成就春秋第一霸业，光靠这点肯定是不够的。我们看看在表面的相似背后，齐桓公和郑庄公的活动究竟有哪些内在的不同。

齐国高举天子大旗。管仲始终奉天子以令诸侯，无论任何行动都以天子的授权合法进行，保证合法性的同时还能取得诸侯们的向心力，使联合行动从最初的临时会盟发展成为有共同纲领的政治军事同盟。

郑庄公也利用天子来号令诸侯，但他却是假借王命行动，发动的是党同伐异的侵略战争。当天子为郑庄公的非法代理讨要说法时，郑国居然以下犯上，箭伤天子，彻底击碎了天下诸侯仅存的一点向心力。

其实要说和天子的关系，郑庄公比齐桓公的基础要好得多。他本身就是中央卿士，郑国又是王室的贴身护卫，这些都是齐桓公一开始所不具备的。但是结果郑庄公最后和周天子彻底交恶，成为了周桓王最恨的人；齐桓公却俨然变成了天子的恩主、周王室的救星。

但是这都是郑庄公的错吗？齐桓公就真是比郑庄公高明这么多吗？两人都是建立一方霸业的雄主，论个人能力，郑庄公怕是要高于齐桓公，他和周天子闹翻是当时形势下，不甘心式微的周王室和它所依靠的强大诸侯之间不可避免的矛盾冲突。

现在的齐国比当时的郑国还强大，周天子对它的依赖程度更深，可是天子和齐侯的关系为何会如此密切呢？因为此时的天子已经清楚地明白了自己的可怜地位，他不得不放下自己的身段了。当然齐桓公对天子的所作所为还是非常有礼有节的，让周惠王感到放心而满意。

当年周桓王亲征繻葛被郑庄公击败，还让祝聃射伤了肩膀；周庄王的军队被齐襄公率领五国联军在卫国城下击溃；周惠王更惨，居然被卫惠公纠合苏国赶出了洛邑。除了这几次所受到的诸侯们的重大羞辱外，各国逆王抗命的事件更是数不胜数。到这个时候，周天子已经没有了任何天威，他知道自己不仅不再是高高在上了，而且已经到了几乎诸侯尽可欺的地步了。

所以周天子对郑国和齐国的不同态度其实是天下形势让周天子作出的不同选择。在郑庄公时代，天下始乱，各国都处于逐渐离心的阶段；到了齐桓公时代，各国都吃够了离心离德之苦，开始逐渐恢复向心力。而周天子在这两个阶段也表现出了对诸侯由离弃到亲睦的转变。

这也说明，齐桓公的霸业是时代为他提供的舞台背景。

舞台背景不同，演员的表演自然也会有差异。

在为他国君主正名方面，宋国、鲁国当初易君之后都是主动贿赂郑庄公，以取得小霸郑庄公对非法易君的追认和支持，是对基本礼法的公然践踏；而齐国是在事后以天子的名义主动对宋、鲁新君合法上台的追认，借此在诸侯中宣播王道，拨乱反正，是对基本礼法的有力捍卫。

在驱逐戎兵方面，郑国此举不过是为了巩固和齐国的哥们儿关系；齐桓公是出于对诸侯国扶危救难的霸主道义，对异族敌寇的攘夷口号。

在对于邻国的态度方面，郑庄公反对卫国，讨伐宋国，目的是能够拆散反郑联盟，瓦解强大邻国，使本国利益最大化；而齐桓公教训这两个国家都是服务于“尊王”大旗，给不服王命的诸侯做规矩，为的是天下公利。

综合以上几点。我们可以全面看出这两国在外交方面的差距。虽然都是从本国利益出发的，但是从采取的手段和客观效果来看，管仲为齐桓公制定的外交政策比郑庄公确实提升了一个层次，当然这也是当时的历史背景为齐国提供了这样的表现机会。

郑国的结盟只是自己纠合齐国和鲁国形成的兄弟小团伙，其活动内容也多是一起欺负反对他的国家，其实和街头恶少的性质一样；但是齐桓公的会盟是真正外交意义上的结盟，不仅活动合法，而且有着正当的名义和明确的盟约。如果有谁违反共同行动，就能够对其进行合理的讨伐，比如宋国。这才是严格意义上的大国外交。尽管齐国在此期间还是多少有着些许私心和阴谋，但是在政治上，这是无可厚非的，何况还是在这样的一个时代中。

从目前齐桓公所取得的霸业成果来看，在地理形势上其实和他的哥哥齐襄公当年如出一辙。但是在“尊王攘夷”的模式推动下，齐桓公避免了重蹈齐襄公内损外耗的覆辙，而是在取得霸业成功的同时，也加厚了自己的政治资本，为下一步的称霸做好准备。

所以这一切的缔造者管仲，正是后世纵横家们的鼻祖。他把春秋初期的为了各自险恶目的的拉帮结伙和党同伐异转变为了以礼奉天子为名义、维护王道为基础、重建天下秩序为目的的成熟外交，始终围绕着“尊王攘夷”的纲领行动。更为难能可贵的是，我们在管仲的纵横中看到更多的是礼和义，而不是后世纵横家们主要采用的权和术。

管仲的外交步骤依旧和他的治国步骤一样清晰：立信——定名——建功——施惠——立威——树德，一步一步往上走，并且这六个步骤本身形成了一个可持续的发展链条，当完成了一个周期后，这一过程又循环到了最初的阶段，以更高的起点进行不断强化，把“尊王攘夷”大旗挥舞得越来越顺。

管仲出仕前，是通晓古今之贤，周游列国之士。他拜相后，确实挑起了时代的重担，抚慰了天下的苦难。正因为如此，管仲才被后世称为“春秋第一相”。

但是胸怀时代和天下管仲的抱负远不止于此，他有着更伟大的理想和目标。这些活动只是齐国的手段，而非目的。

私心与公义

适当借势于外敌的力量来惩戒内部的反对力量是国际政治中惯常的手法。不过借刀杀人虽然不用亲自动手和背负恶名，但是如何把握好尺度是很关键的问题，一旦失算，反而可能引火烧身。

好鹤亡国

齐桓公帮助燕国搞定了山戎，但是周朝的边患仍没有解除。活动于山西东部和河北西部、太行山麓的北狄迫于来自东部晋国的压力，开始在向东迁徙，到河北平原兴风作浪。

在北狄的活动范围内，首当其冲的是位于当时黄河北部、太行山以东，今河北省邢台市的邢国和今河南省鹤壁市的卫国。公元前660年，北狄酋长率兵攻打邢国，一路烧杀抢掠。邢国向齐桓公求救。北狄当然不想和齐国正面交锋，转而南下侵略卫国。

北狄入侵，这对于卫国将是一个灭顶之灾。因为此时的卫国国君卫懿公不理国政，却有一个相当荒唐的癖好：养鹤。

卫懿公的宫苑中养满了鹤，凡是向国君献鹤之人都有重赏，养鹤之人也都有俸禄。

最离奇的是，这些鹤居然也都被封有官职和爵位，享受食邑和车驾的待遇，俨然都是贵族卿士。

面对这样的国家，北狄的入侵当然非常顺利，很快冲破了卫国的关隘，杀奔都城朝歌而来。

敌人兵临城下，卫懿公急着动员国人抗敌，可是却遭到了很多人的拒绝。人们愤怒地提出既然卫懿公平日里只知道爱鹤，那么此时就应该是养鹤千日，用鹤一时，让这些鹤大夫们去抗击北狄才对。卫国国内离心离德的程度可见一斑。

平日里爱鹤如命的卫懿公听到了国人的讥讽，居然毫不犹疑地将所有的鹤就地驱赶放飞，以息民怨，并让大夫石祁子和宁速出宫代自己向国人表达悔过之意，组织大家共同抗敌。

卫懿公平日里爱鹤，到了关键时刻居然就这样轻飘飘放它们飞走了，成语“叶公好龙”，在这里找到了自己的亲兄弟：懿公好鹤。

看来卫懿公还是把命看得更重。

大夫石祁子请命前往齐国求援，却遭到了卫懿公的拒绝。更出人意料的是，卫懿公将象征执政的玉玦交给了石祁子，让这位石碏的后代、可靠的忠臣替自己代理国政。卫懿公本人亲自率军出城，以国君之尊领兵抗敌。他知道，这个时候只有他亲自出马，才能团结国人，同仇敌忾，否则人心溃散的卫国必然不堪一击。

但是卫军还是中了北狄的诱敌之计，被敌军分割包围。卫懿公拒绝了大将渠孔保驾突围的请求，亲自操刀与狄兵搏杀，最终被敌人碎尸万段，以身殉国。

从这些表现来看，卫懿公既不昏聩，也不惧死，反而表现得果敢无畏，充满了英雄气概。是敌兵压境的威胁激活了他，还是国人的抱怨让他良心发现？

还有，他为什么不愿意向齐国求援呢？虽说齐国问罪过他，可最后还是赦免了卫国。而且保卫周朝诸侯国是盟主齐桓公的义务，卫懿公难道真的是求死以谢国人吗？

因为卫懿公知道齐桓公不会来救他。去年北狄已经来骚扰过卫国了，当时卫懿公就派人向齐桓公求援，而齐桓公却推说他刚讨伐山戎回国，兵力损失严重，需要休整一年才能出兵相助。

所以这次北狄才会如此嚣张，对卫国痛下毒手而不担心遭到齐国的报复。否则令支和孤竹那血淋淋的教训还在那儿呢，北狄怎么可能有这么大的胆量。

懿公真相

说起来，齐桓公还是卫懿公的舅公，当年卫懿公在卫国城下已经向齐国投诚，他为什么会见死不救呢？

不得不说，卫懿公是个悲剧人物，他其实是在为自己的祖父卫宣公和父亲卫惠公还债。

原来当年卫宣公死后，他的庶子公子硕子承父业，在齐襄公的安排下收容了母妃宣姜，和她生下了公子毁。

卫惠公虽然最终在齐襄公的帮助下复国成功，但是他这个齐国傀儡在国内始终不得人心。公子伋和公子寿没有子嗣，黔牟逃亡后在卫国也绝了子嗣。所以卫国公族中与国君血脉最接近的公子就是卫毁了，而卫毁也很会做人，深得人心，成为了国君的有力争夺者。

卫惠公死后传位给儿子卫懿公，面对这个既是堂兄又是叔叔的卫毁，年轻的卫懿公感到了莫大的威胁。

在这样的局面下，卫懿公的好鹤看起来更像是他假痴不癫的韬晦之计。他貌似昏庸，让政敌卫毁掉以轻心，不至于对自己产生警惕。另外，卫懿公巧立名目，一边通过献鹤和养鹤这两个环节寻找和配置自己的嫡系势力，一边以为鹤封爵拜官为名来裁抑亲卫毁的政治势力，将这些俸禄和食邑用来充实自己的势力。

这应该才是卫懿公好鹤的真相，也只有这样才能解释他面对战争的表现，也才能和卫国长期以来的国内形势相一致。

一国之君，即使他再昏聩、再白痴，他要想胡闹，他手下还有那么多的卿士，是不会轻易允许他如此胡作非为的，无论是忠于他还是反对他的势力。卫国又是一个公族势力强大的国家，如果卫懿公真的仅仅是为玩鹤而如此荒淫的话，他恐怕早就被底下的人给做了。

在卫国内部矛盾重重的局面下，卫国公子开方才会放弃卫国世子的身份，随齐桓公来到齐国当大夫。

等到卫毁回过神来发现这是卫懿公的韬晦之计时，自己的力量已经被卫懿公通过养鹤为名削弱得差不多了。他知道卫懿公接下来早晚要收拾他，所以也逃去了齐国。齐桓公非常器重卫毁，把一位姜氏宗室之女许配给他，并指望着他能日后回国即位，成为齐国的政治代理人。

但是卫懿公演得太过入戏，这样的韬晦之计自然只有自己执政班组的几个核心成员才知道，连政敌都能骗过，更别说其他人了。大多数人都只当是国君昏聩无道，卫国国力遭到了上层长期斗争的严重削弱，民心涣散。卫毁出逃没多久，卫国内部的严重问题便彻底暴露了，才有了卫懿公的这场劫难。

虽然名义上卫懿公已经投靠了齐桓公，但是却只是口头入盟，当年在城下还和齐国动过手呢。卫懿公始终还是和齐国保持距离，维护自身的政治独立的。齐桓公怎么可能救卫懿公呢？他要的就是卫懿公早点死，好扶植一个亲齐的卫国政权，将齐国霸业渗透到黄河以北。

到此为止，当年卫宣公造的孽算是彻底得到了报应，卫国的悲剧就是累积的内部问题和矛盾的爆发。

悲哉，子孙何苦！惨哉，庶民何罪！

齐桓存卫

等宁速赶到齐国，告知齐桓公卫懿公的死讯时，齐桓公立马起驾前去救援卫国。

北狄杀了卫懿公后，一路在卫国国都朝歌城内烧杀掳掠，将卫国粮仓府库抢掠一空，百姓杀戮殆尽，得知齐国前来救援，北狄才急速撤出卫国境内。

此时千年古都朝歌城尸横遍野，惨绝人寰，只剩了720人劫后余生。大夫石祁子和宁速为了重建国都，从卫国大城共邑和滕邑各调集七成人口，凑齐了五千人，拖家带口地东渡黄河，进入河济平原，在漕邑（今河南省滑县西）粗粗地盖起了成片的茅庐，建城安民，作为临时都城，并扶立卫懿公的次子公子申继位，是为卫戴公。

不过卫戴公上台没多少天就死了，据说是死于不明疾病。

宁速还算是明白人，立即到齐国去迎立卫毁登基，是为卫文公。他来到漕邑后节衣缩食，安抚百姓，一同参与建设，深得民心。

齐桓公派公子无亏率领三百乘战车，给卫国送去了大量的家禽家畜、礼乐祭器、建筑材料，帮助卫国重建。公子无亏还留了三千军队在漕邑，帮助卫国防御北狄。北狄要是真想打，这点军队其实只能给它们塞塞牙缝。不过

这些军队是齐国军队，那就不一样了，北狄可不想直接得罪齐桓公。加之有黄河天险，经历浩劫的卫国至此才算转危为安

公子无亏回国后向齐桓公讲述了卫国的惨状。管仲提议齐国应该以盟主的名义，倡议各国帮助卫国重新选址建立新都，宣播霸主的仁义和恩德。

和鲁国的内乱一样，齐桓公表面上虽然尽到了霸主的职责，存亡继绝，保住了鲁、卫这两个重要的国家。但是私底下正是齐桓公的私心使两国的事态扩大，齐桓公在此期间借刀杀人，将自己的利益最大化，坐收美名和实利。

之所以称为霸主，还是因为霸道为主。道义挂头上，利字摆心间，只要不影响盟主的威望和号召力，在有限的范围内齐桓公一定会尽可能地为自己谋取更多的实惠，否则谁会愿意当这个劳模盟主呢？

率盟护邢

卫国刚平定，邢国又来告急，北狄袭破卫国后又向北移师邢国。和大多数姬姓国家一样，此时的邢国国力羸弱，国都被北狄围困，苟延残喘。

管仲决定先救邢国，再帮卫国建都，便传檄宋、鲁、曹、邾各国，相约聂北集合，共同救援邢国。

邢、卫两国在戎狄的冲击下几近亡国，令它们身后的那些位于济水以南的国家极为恐慌。因为一旦两个国家失陷于戎狄之手，那么黄河和济水防线也有被突破的危险，戎狄大军随时可能兵临城下。所以此次出兵救援邢国的国家几乎都位于济水的南方。

齐国大军开到聂北（今山东省茌平县西），宋军和曹军已经在那里等着了。于是齐桓公提出屯兵聂北，等待鲁军和邾军到达后，一同开赴邢国。

显然等候友军是假，借此隔岸观火是真。齐国派了不少情报人员往返于邢国和聂北，打探和汇报战场情况。管仲的算盘是等邢国和北狄打得两败俱伤时，在前去营救。一来可以毫不费力地搞定北狄，二来此时邢国基本也快完蛋了。在别人将死之时施以援手，那才堪称救世主呢，虽然他对此负有不可推卸的责任。不过相比一个漂亮的结果，又有几个人会关注那不起眼的原

因呢？

就这样，直到邢国国都陷落，百姓和国君出逃后，齐国才率领联军赶到，轰跑了北狄。

邢国国都破落，百姓大多东渡黄河，逃到了位于河济平原的夷仪（今山东省聊城市西南），此地相对远离北狄威胁。齐桓公顺从了邢国的民意，让宋、曹、邾三国筹备建筑材料，帮助邢国在夷仪建立新都，自己从齐国运来了大量牛羊鸡猪、礼乐祭器，帮邢国恢复了正常的经济和政治生活。

接着齐桓公又同三国前往卫国，选定了远离北狄威胁的楚丘（今河南省滑县东）作为卫国的新都，照着邢国的建都模式帮卫国完成了重建工作。

经此一番损耗，卫国终于老老实实地当了齐国的跟班；而迁都到了齐国眼皮底下的邢国更是成为了齐国的附庸。

到此，齐桓公算是拯救了鲁国、卫国和邢国三个一度岌岌可危的国家。虽然齐桓公在得到天子授予的方伯专征之权后，不再像最初霸业始建时期那样光明磊落，也开始滋长私欲，玩弄手腕了。

不过凡事瑕不掩瑜，齐国这一系列扶弱救亡的盟主义举依旧值得华夏各国铭刻在心。在这个“南夷与北狄交，中国不绝若线”的时代，齐国为了维护联盟耗费了巨大的人力物力。但是作为一个独立诸侯国，齐国首先考虑的还是其自身的利益，能够做到这种程度，已经是难能可贵了。孔子就留有名言：“微管仲，吾其披发左衽矣。”当时中原的发式是束发，衣服从右开衽。披发左衽是戎狄的装束打扮。可见如果不是齐桓公和管仲营造的霸业支撑，中原文明很可能要遭受戎狄的极大破坏。

齐桓公通过对外夷的军事行动，巩固了他的霸业，并完全确保了那些若即若离的诸侯国的归附。

关东的几路主要诸侯国——宋国、鲁国、郑国、卫国四国，其实都是齐桓公经过了至少两次以上的反复博弈，而且都是通过软硬兼施的手段方才取得了对方的归附的。

在斗争中求团结则团结存，在妥协中求团结则团结亡。合作是通过合理的斗争和磨合逐步得来的。而这斗争和磨合，既要对内，同时也要对外。

反复博弈就是一个讨价还价的过程，通过多次的你来我往，双发才能彼此试探出各自的实力和预期，并最终根据由此过程而逐渐清晰的客观形势来形成新的博弈均衡。

齐桓公在完成霸业的初步构建后，如今进入到了巩固霸业的阶段。刚刚保全了鲁、卫、邢三国，齐桓公又接到了新的求救，还是一个姬姓国家遭受了蛮夷的入侵。齐桓公和管仲都知道，这一次，真正的使命和挑战终于来了。

齐楚之盟(上)

超级大国之间的斗争激烈而微妙，双方进行着全局性的对抗，但同时又要避免直接的正面冲突，对尺度和手腕的控制需要相当高超的水平，这其中少不了精彩的博弈。

子文执政

公元前657年，齐桓公接到郑国的求救后，召集各路诸侯在柽地（位于宋国和陈国交界之处）会合，要前去援救郑国。

齐桓公为什么如此兴师动众？因为这次入侵郑国的是楚国。

相比之前的徐戎、山戎、北狄这些异族戎狄，楚国对中原各国的威胁才是首当其冲的。那些个戎狄不过是为了抢掠而入侵个别边境国家，对中原来说虽然顽病固疾，但终不致命。楚国就不一样了，它是有野心吞并天下的，而且又是一个和中原国家文明程度接近、组织程度更高的超级大国，只有它才是中原诸夏的心腹大患。

自从上一次郑国利用空城计配合齐、鲁、宋联军吓退了楚国之后，一晃就是十年过去了。现在齐国正是如日中天之时，楚国凭什么资本来挑衅呢？

当齐桓公经营自己的霸业，一匡中原的时候，楚国原本那咄咄逼人的扩张势头却突然收住了。这一巨大转变的起因是楚文王在进攻巴国的战斗中意外去世，由此楚国陷入了长达十几年的低潮期。这一期间除了令尹子元一次无功而返的进逼郑国外，楚国在对外征伐方面乏善可陈。

除了来自齐国的压力外，楚国的低调表现主要还是因为它的内部斗争。

楚文王的两位公子为了王位斗了3年，最后熊恽在公族卿士的支持下成功做掉了哥哥熊艱，继位为楚成王。

楚成王能够即位，依靠的是公族和国君之间的矛盾。不过此一时彼一时，当他上台前，他和公族是盟友，但是上台后，他又到站到了公族的对立面了。支持他上台的贵族们之所以会把他扶上去，自然是寄希望于从他这里得到更多。而此时的楚成王不过13岁而已，也是一个理想的控制对象。

公族中实力最为雄厚的就是楚成王的叔叔令尹子元。国君和令尹之间的君权和相权的矛盾是楚国的君臣矛盾中最为突出的。挟侄慕嫂的子元俨然是楚国的摄政王。

不过当子元想进一步加强自己的地位，政治上和私下中讨好嫂子息妫而发动对郑国的进攻，没想到却迫于齐国的压力无功而返。本欲借此役立威的子元回国后日子并不好过，承受着来自各方的压力。

当一个国家内斗盛行的时候，外斗必然不行。因为一个国家就那么点力量，都用来内耗了哪还有力气对外呢？

不过楚国碰到的问题比这个更为复杂。当内斗白热化时，将矛盾对外转移是一个常用的手段。但是这一切都是取决于外部环境的客观条件的。如果外部环境软弱可欺，那么这一招总能成功。郑庄公时代的郑国、齐襄公时代的齐国、楚武王和楚文王时代的楚国、晋献公时代的晋国都是通过这样化解内部矛盾的。但是一旦外部环境强于自身实力，那么这一招就不管用了。后郑庄公时代的郑国，以及此时的楚国都是如此。

因为此时如果再悍然发动对外战争，碰到硬骨头后造成的失败将会让战争发动者在国内的斗争中处于舆论和政治的双重压力之下，弄不好就满盘皆输，攘外不成反倒连安内的机会都没有了，卫国州吁和宋殇公就是这么死的。

所以在子元第一次对外战争受挫之后，楚国内部各派势力都再也不敢悍然对外发动攻击了。这么说起来，楚国这段时间这么安分还真是齐桓公的功劳，虽然只是间接的。

任何国家、任何时刻，只要有权力存在，就会有争夺，有争夺必然就少不了矛盾。矛盾无处不在，国家稳定与否的关键就在于如何处理和转移矛盾。如果没有管仲这般经天纬地的政治才能，在国家权力结构的改造中将矛盾偷梁换柱地消解掉，那么转移矛盾成为了大多数人的首选。

所以一国的强大使得它能够将内部矛盾向外转移，从而取得内部的和谐。这也是强国往往极具侵略性的一个原因之一。反观弱国，不仅内部问题不能向外释放，反而会成为其他国家倾倒矛盾的垃圾箱，因此内忧总是伴随着外患。

举一个现代的例子，全球化进程导致了全球产业分工体系的形成。发达国家将低端制造业转移到发展中国家的同时，也将国内的劳资纠纷和阶级矛盾一并转移了出去。放眼望去，当今世界劳资纠纷和阶级矛盾最为尖锐的国家无不是从事低端制造业的发展中国家。而发达国家的“和谐”正是由发展中国家来埋单的。回过头来，发达国家又对其施以小恩小惠，在舆论上包装其全球化分工理念，用所谓“经济分工，优化配置”来忽悠民众，巩固其转移成果。

从羊身上薅下十斤羊毛，用其中一斤羊毛给羊织了顶帽子，让所有人都看到主人对它的优待，从此羊便心甘情愿地让主人来薅它的羊毛，何其可悲哉！

言归正传，君位的权威和嫂子的美色刺激着子元的欲望，对外行动的不利促使他加紧了内部篡位的准备工作，若非如此，子元将内外交困。

但是楚成王虽然年轻，却并非等闲之辈。当年公族和国君的斗争之所以能占上风，是因为巧妙利用了王族内部的矛盾，拉拢一个打压一个。亲身经历这一切的楚成王现在以其人之道还治其人之身，和楚国的另一支豪强公族，斗伯比的斗氏（若敖氏）家族结盟。

在一场宫廷政变中，斗伯比的儿子斗谷於菟率领斗氏家族剪灭了子元的势力。在叔叔斗廉的让贤之下，楚成王拜斗谷於菟为令尹。

斗谷於菟是斗伯比和他表妹交合的私生子，这个名字非常奇特。“谷”是楚地方言哺乳的意思，“於菟”则是老虎，相传斗谷於菟因为私生子的身份，出生后被外祖母遗弃，但是被一头母虎喂养存活了下来，最终被家人给抱回了家。

这个斗谷於菟真是不得了，由母虎喂大，出身比被母狼奶大的罗马缔造者罗慕路斯更牛啊。

这种传说的真实性无从考证，但是被赋予这样传奇身世的人，一定是日后建立过一番功业的，才会被后人或真或假地添上这种天命神降的传说。

斗谷於菟成人后果然成为一位通天彻地的王佐之才，被楚成王拜为令尹。楚成王为了对斗谷於菟表达自己的敬意，改叫他的字，称呼其为“子文”。斗子文在楚国的地位就好像管仲在齐国的地位一般。

同管仲一样，斗子文上台后采取了一系列富国强兵的措施：加强战备和军事训练、提高军队建设和管理水准、推举贤臣屈完等为卿大夫、加紧内部政治经济整合等。

但是楚成王能拜子文为相，看重的不仅仅是他的才能。

斗氏是楚武王祖父若敖的后代，是楚国公族中最有实力的一支。虽然借他们之力干掉了威胁最大的叔叔子元，但是楚成王清楚如此一来斗氏将取子元而代之，他的处境不会比之前有多大改善。

贵族政治时代最为讲究的长幼嫡庶的名分，在斗氏这样尊贵的豪族中，子文这样一个私生子算什么东西？

所以让子文作为斗氏家族的代表来出任楚国二号人物令尹，摆明了是把子文抬到了斗氏家族的杠头上，从内部分化制衡了斗氏一族。

而子文也很识趣，充分认识到了楚成王此举的用心。他上台后便以改革为名，自己带头上交给国家自己一半的封邑，同时也充公了所有大夫们一半的封邑，交给国君直接控制，改善了主弱臣强的态势。这样重大的举措影响到很多人的既得利益，能够平稳地推出，可见斗氏一族在楚国的势力。

这一改革对楚国内部的稳定起到了突出的作用，楚国内部的矛盾得到消解，发展进入快车道。同时也为子文本人赢得了政治威望，为楚国的稳定治理奠定了基础。

经过这些动作，楚国变得越发强大，逐步恢复了和齐国叫板的资本。但是此时的齐国毕竟是中原盟主，动辄能够调集天下诸侯，直接和齐国冲突是不明智的。而且现在的天下形势骤变，中原诸国不再如同过去一样分崩离析，楚国如果还是一如既往地以武力强势征服，不仅军事上困难重重，政治上更是越发孤立。

因此楚国的北进战略需要进行调整，而对手齐桓公却正好给自己树立了调整的范式。

雄才大略的楚成王和子文敏锐地把握住了这一切，积极推动了楚国扩张战略的转型。

齐楚对峙

楚国是一个军国主义国家，军队在国家政治中占有举足轻重的地位，虽然战略需要进行转变，不过战术上依旧保持着过去的惯性。所以楚国采取的仍旧是军事行动，维护着军队系统的既得利益。而要撩拨齐国，楚国首选的行动对象就是“中国之枢”郑国。

地处天下之中的郑国之所以是楚国最理想的行动目标，不仅因为它更靠近楚国，对它动手在战术上有利于以逸待劳对付齐国。更重要的是在子元时代齐、楚之间就已经为争夺郑国而博弈角力过了，结果楚国落了下风。所以此次楚成王派大将斗章卷土重来有着明显挑战齐国的意味，也象征着楚国的重新雄起。所以说这次行动的政治意义远大于军事意义。

既然楚国来挑衅了，身为盟主的齐桓公不能不管。楚国大将斗章在郑国城下得知齐国率诸侯联军在柽地集结，担心自己被里应外合包饺子，便和上次一样撤军了。

楚成王安排此次行动就是要雪上回撤兵之耻，重新和齐国叫板的，当他得知斗章撤兵后骤然盛怒，要求斗章的哥哥斗廉领命前去斩了他。斗廉来到军中，为了保住弟弟，和他配合着去杀了郑国一个回马枪，包抄了没有防备的郑国军队，擒住了郑国大将聃伯。

在哥哥的力保下，斗章算是捡回了一条命。楚庄王给他加了二百乘车马，一共是四百乘车马，让他将功折罪，前去拿下郑国。看来楚国这次是硬要和齐国对上了。

这样一来，齐桓公不可能通过在柽地屯兵吓退楚国了，他必须要采取行动了！

南北两个志在称霸天下的超级大国早晚都是要正面交锋的。为了这一天，楚成王和子文十年磨一剑，齐桓公跟管仲励精图治三十载。

早在十年前，齐桓公就计划攻打周朝最大的敌人楚国以威震华夏，但是管仲指出当时的齐国对联盟的影响力尚有待提高，并不具有号令天下诸侯共同讨伐楚国的威望。

之所以对付楚国需要兴师动众，原因在于楚国的军事力量强大，本土地形复杂、易守难攻，而且还需要劳师远征，如果不是联军一同出动的话这仗很难打。

除了军事上的原因，还有政治上的考虑。周朝的诸侯只有通过这样的联合行动才能对楚国形成政治上的压力，以联盟的形式遏止楚国对周边小国的吞噬。

不过现在齐桓公经过一系列尊王攘夷的盟主行动和扶危救弱的国际义举，确立了天下盟主的地位。此番又是诸侯国前来求救，齐桓公统领诸侯兴兵伐楚的时候终于到了！

在这里，我们看到了齐桓公和郑庄公在战略上的根本性差异。之前我们看到郑庄公在前期称霸时的对外战略是远交近攻，而在此，齐国称霸采取的则是近交远攻。

这一点是很有趣的，中国历史中长期的外交战略都是远交近攻，以至于这一战略被收录为三十六计之一。但是近交远攻却是相对罕见的，为何齐桓公和郑庄公在称霸的宏观战略上会出现这么大的差别呢？

前面说了，远交近攻是当时周朝内部各路诸侯在竞争性环境下的斗争战略。战略总是为生存环境所服务的，霸主齐国的战略和当年的小霸郑国完全不同，原因就在于现在周朝的诸侯国的生存环境发生了根本性的改变。

中原诸夏们的内耗给了楚国和其他戎狄兴风作浪的机会。在他们更为强大的外部威胁下，中原诸夏不得不从对抗转为合作，共同抵御强敌。

这个世界就是这么的不平静，人就是这样的不消停。正所谓人无远虑必有近忧，国无外患必有内乱。所以有一个强大的敌人，无论是对集体还是国家，都是非常有团结和鞭策作用的。如果实在没有这样的外部威胁，制造出一个假想敌也是增强国家凝聚力、巩固统治根基的理想方式，尤其对于民众自由、权力分散的“民主国家”而言。

在远交近攻中，结好远方的盟友是为了能够共同对付邻近的敌人。远交是手段，近攻是目的，其主基调是对抗。

反观在近交远攻中，攻击远方的敌人是为了更好地和邻近国家抱团，形成同仇敌忾的认同感。远攻是手段，近交才是目的，主基调变成了合作。

这就是管仲提出“尊王攘夷”方针的时代背景。“尊王”团结了身边的中原诸夏，是为实际行动而服务的精神号召；“攘夷”打击了远方的边鄙夷狄，是精神号召在具体行动中的体现。在管仲这里，环境、方针、战略三者是统一的，形成了一个客观——主观——行动（主客观互动）的三位一体的政治体系。

准备了这么多年，可见伐楚是一项巨大的工程。现在既然要出兵了，必然也需要做一番周密的筹划和安排。

兴兵伐楚

齐国首先配合它的姻亲徐国前去攻打位于今淮河下游地区，与楚国保持暧昧合作关系的舒国（舒国是一个松散的部落联盟，所居范围相对广阔）。齐桓公此举既为姻亲拓展了势力空间，又为攻楚扫清了后方侧翼的威胁。

接着齐桓公又接受了原楚国的属国江国（嬴姓，子爵，今河南省正阳县，位于淮河上游北岸）和黄国（嬴姓，侯爵，今河南省潢川县，位于淮河上游南岸）的秘密投诚，与它们结盟，约为内应。

不过管仲对江、黄两国的来投表现得不以为然。在管仲的眼中这两国在楚国家门口，绝非齐国的染指范围。如果齐国强行与之结盟，这两国所能提供的价值非常有限，但是楚国如果对其发难，齐国将远水难救近火，无力以盟主的威名对其提供足够的保护。

管仲是非常务实的政治家，商贩出身的他在做战略决策时也是重点权衡收益产出比的。

这两个内应，齐国暂时还顾不上它们，眼下集结诸侯联军才是当务之急。

第二年春天，公元前656年，齐桓公召集各路诸侯对楚国用兵。这次事关整个联盟荣辱的行动让鲁国也不得不配合齐国一起来了，并为上一次救援卫国和邢国的缺席向齐桓公说明理由并且道歉。鲁僖公明白这次自己再缺席，恐怕将会被视为中原败类和内奸。

在取得了最不友好的鲁国的配合后，齐桓公顺利地集结了宋、鲁、陈、卫、曹、许六国，并要求郑文公布置城防稳住楚国的进攻，再亲率一支军队到上蔡（今河南省上蔡县）与联军会合。

面对楚国气势汹汹的来袭，齐国不会在郑国城下与楚军交战，正面的直接冲突很可能会引起战争的升级和事态的失控，这一切都是身为盟主的齐国所不愿看到的。管仲向齐桓公提出采用围魏救赵之计，攻打楚国本部来逼楚国退兵。

但是楚国不是块好啃的骨头。由中原进攻楚国，所能选择的攻击路线只有两条，就是当年楚国进入中原的逆向路线：西线南阳盆地的方城（申县）和南线淮河——桐柏山（息县）。

相比而言，南线道路更远，而且要穿越淮河上游的沼泽地带和桐柏山的峡谷，这对于惯常于车战的北方军队是非常艰险的一条进军路线。

所以联军选择了西线的申县作为进攻目标。但是申县有着方城防线作为依凭，又是楚国重点经营的区域，贸然的强攻恐怕凶多吉少。

鉴于此，管仲提出对楚国采取奇袭战术。具体的方案是先讨伐位于楚国息县东部的蔡国，麻痹楚国边防部队，然后再以迅雷不及掩耳盗铃之势转而向西攻打息县，争取出其不意地突破方城防线。

盟主要攻打姻亲蔡国，首先需要一个合理的战争理由。蔡穆公的妹妹蔡姬原本嫁给了齐桓公，前些年因为一次嬉闹惹恼了齐桓公，被送回了蔡国。受到了这等外交羞辱的蔡穆公一气之下把妹妹转嫁给了自己的姨表弟楚成王。

蔡穆公一不做二不休，远离齐国霸权核心范围的蔡国受齐国影响相对有限，而楚国却无时无刻不对蔡国施加着压力。既然已经因为婚姻之事和齐国翻脸，蔡穆公索性脱离了齐国联盟，投靠了楚国。齐桓公现在正是以此为名来讨伐蔡国的。

齐桓公在上蔡集结完了七路诸侯，大军准备开赴前线。此时竖貂主动向齐桓公请命，希望率领一支偏师作为前锋首先攻打蔡国，为大军开路。

对于弱小的蔡国，齐桓公并不放在眼中，他答应了竖貂的请求。先锋竖貂于是率领一军向蔡国进发，很轻松地攻破了蔡国，回军向齐桓公报功。

障眼法完成了，现在齐桓公终于可以带着八国联军浩浩荡荡杀向真正的目标楚国了。

打草惊蛇

但是当联军自以为神鬼莫测地骗过了楚国，开到楚国息县边界时，却看到了楚国大夫屈完在前方迎接齐桓公的到来。

很明显，楚国人知道了齐国的计划！

既然对方是一位大夫只身前来，看来是还来不及调动大军前来防守，一定是有人临时泄露了军机。

是谁如此胆大包天，居然敢将盟主齐桓公最重要的一次行动给彻底毁了，让齐国的霸业止步于楚国边界。

最会出卖你的人，通常就是平时和你最亲密的、对你最谄媚的人。这个人不是别人，正是齐桓公的宠臣近侍竖貂！

原来竖貂请命先行攻打蔡国，因为当年是他把蔡姬送回来的，蔡穆公认识他，贿赂了竖貂整整一车的金帛。拿人手软，竖貂私自放走了蔡穆公，并且卖给蔡穆公一个人情，把联军的作战计划泄露给了他。逃到楚国的蔡穆公将此事禀报给了楚成王，楚国收回了攻打郑国的军队，并派出了屈完前来迎候联军。

竖貂贪财，居然出卖国家和联盟，让中原最大的敌人楚国逃过一劫，却不知这将会让周朝蒙受多少战争和苦难。

前一次为了荣华富贵，竖貂自宫陪侍齐桓公；这一次为了荣华富贵，他几乎可以说是自杀来出卖齐桓公了。竖貂应该知道为此他要付出什么样的代价。

竖貂本不该如此短视，为了贪图眼前那点金银细软，而断送了日后的荣华、自己的生命和主公的大业。

齐桓公等了三十年，才终于召集起八路诸侯组成联合国军浩浩荡荡威逼楚国而来，居然就因为竖貂的一时贪财而功败垂成。作为齐桓公身边最为宠信的人，将主公一生最重要的事情这样给破坏了，实在是该遭千刀万剐！对于整个周朝来说，竖貂此罪更是罄竹难书了！

但是齐桓公保持了其一贯的大度，他没有杀竖貂。而且奇怪的是，他居然都没有责备过竖貂一声，仿佛就像从没有发生过这件事一样。

齐桓公待人一向宽容，对事却是坚持原则的，竖貂犯下如此滔天大罪，齐桓公是不可能不惩罚他的。即便齐桓公要包庇他，那管仲也不可能不要求军法处置泄露军机之人，更何况是当着天下诸侯的面，应该更严格军法大纪才对。

虽然竖貂是齐桓公最宠信喜欢的仆臣，但正是因为如此，齐桓公对他的惩罚会更重才对，要知道被最亲信的人背叛才是最痛彻心扉的。

就算齐桓公真的大人有大量，或是他实在太宠爱竖貂了而不对此追究，但是为什么当他看到楚国提前发现了齐国率领联军大兵压境并派出大夫屈完前来的时候，居然丝毫都没有惊讶，显得非常淡定从容。

至于担任此次行动指挥的管仲，应该对此事严加调查，并且对泄密者军法伺候，可是他对此却没有更多的过问。看到自己的奇袭计划落空，他便顺势和屈完展开了辞令外交。虽然管仲雄才大略，但是面对如此重大的战略变故，他却丝毫没有表现出任何的情绪波动，而是有理有礼有节地同屈完交涉，措辞之娴熟、内容之巧妙，很难让人相信这是管仲在当时情形下能瞬间转换过来的。

无论竖貂、齐桓公还是管仲，对于这件事情的表现都太有违常理了。一个人出现这种情况可以理解，但是这三个关系密切的人居然同时在同一件事情上出现这些反常行为，那就有些不可思议了。

一件事巧合很正常，两件事情巧合便叫人生疑，三件关联事件同时发生巧合，几乎可以肯定是事先谋划好了的。

要真是这样的话，那齐国是为什么要这么做呢？辛辛苦苦准备了那么多年，好容易在诸侯中建立起了绝对的威信，找到机会凑齐了那么多国家，八国联军不远千里劳师远征，为的就是这一天。之前为了避免楚国有所察觉，还特意以讨伐蔡国为名来瞒天过海。齐国花了这么大的代价，要说它到头却自己放出风声毁了这次军事行动，这可能吗？

经营十数年，齐国才有了周朝第一的国力；图霸三十载，齐桓公才坐稳了盟主之位。这些都是齐国的资本，但同时也是它的包袱。如果和楚国真的开战，一场恶战不可避免，鹿死谁手还不好说。一旦在众多盟国面前战败，齐国的霸业必然毁于一旦，甚至成为整个周朝的罪人。

而且齐国率领的是联军，虽然人多势众，但是配合程度和作战效率都远不如连年征战的楚国军队，加上又是劳师远征，大军孤悬在外，后勤不济，楚地又是多山川河泽，地形复杂。面对以逸待劳的楚军，这支人生地不熟的北方联军恐怕占不到任何优势。

所以无论是出于政治上还是军事上的考虑，齐桓公都是绝对不想真的和楚国开战的。

管仲当初号称为了达到出其不意攻打楚国的目的，明修讨伐蔡国之栈道，暗度奇袭楚国之陈仓。看似非常巧妙，但是齐国攻打楚国的一个紧迫的附带目的是围楚救郑。要想把楚国从郑国调开，必须要大张旗鼓去攻打楚国才对，让楚国能够及时发现危机，撤兵救援。否则等齐国真的奇袭到了楚国，郑国恐怕也玩儿完了。

还有，即便管仲为了痛击楚国而准备放弃郑国，他也太低估楚国人的智商了。打一个小小蔡国需要发动八路诸侯吗？调动这么多国家的联合军事行动能不引起楚国注意吗？号称讨伐蔡国的攻击策略能够成功奇袭楚国吗？楚国挑衅齐国会不防御好齐国的反击吗？蔡国就在楚国东北边境，现在又是它的跟班小弟，打它不但不能起到奇袭楚国的效果，反而会比直接攻打楚国消耗更多的时间，只要楚国领导班子脑子不都是太迟钝，楚国就能做更多的战备。

聪明人的决策是绝不会建立在假设对方不聪明的基础之上的，管仲不聪明吗？

其实这哪里是什么暗度陈仓之计啊，恰恰相反，这是一招打草惊蛇！

管仲怕的不是楚国知道联军前来攻打，而是怕楚国不知道他们来了！他不担心楚军准备充分，而担心他们准备不足！如果真是如此，当楚国发现深入楚境的联军，那一场恶战就真的不可避免了。主场作战的楚国真要和孤军深入的联军恶斗起来，后果是很难设想的。

所以管仲不仅撩了楚国门前的蔡国来惊动他们，放慢进军速度，而且还派出竖貂执行秘密任务，将此事借蔡穆公之口通知楚成王，让楚国知道大军现在的进度，并据此做相应的准备。由此才有了屈完面见联军的一幕。

虽然嘴上非常强硬，但齐国一直是在避免和楚国动武的，第一次在柽地宣而不战就是给楚国一个台阶，同时也算是第一次的博弈。楚国第二次进兵郑国，这才使双方矛盾升级，发生了直接的对话，但是双方依然是避免刀兵相见，只是各自拿对方的小弟郑国和蔡国试试刀而已。两大超级大国都在探摸对方的底线和妥协的边界。

这和企业经营一个道理，当企业处于发展期时，往往富于冒险精神；但是一旦做大做强之后，为了保住已有的成果，经营策略往往趋于保守。

楚国两度出兵攻打郑国，它当然知道齐国一定会为此采取军事行动，可以肯定楚成王早就在联军可能的进军要道关隘处重兵以待了！

为什么楚国只派出屈完一人来？这样既显得四两拨千斤，又叫人深不可测，整一个空城计啊！

如果楚成王派出军队前来，双方剑拔弩张不仅有可能使局面失控，兵戎相见。而且这样也就亮出了楚国的底牌，所以说引而不发、藏而不露才是上策。

还有一个原因在于，势单力孤的楚军在对方九路诸侯面前无论是气势上还是道义上都相形见绌，不战先败。但是如果只派出一位大夫以礼相待，那么在局面上反而是楚国显得有礼有节。

这就是超级大国之间绝妙博弈的默契，双方表面上什么冲突都没有发生，但是底下其实已经来回试探多次，相互间摸清了对方的路数，也掂清了自己的斤两。双方都有着太多的资本，这让它们不会直接发生暴力冲突，因为各自都很清楚这种两败俱伤的火拼只能是相互毁灭，反而成全了手下的小弟，到时候谁巴结谁就不好说了。

高，实在是高！但是齐国私下和楚国的妥协事后是一定会泄露出来的，让敌人知道不怕，如果让盟友知道了齐国的算盘，恐怕齐桓公的霸主威望要受到很大的动摇。

如此机密的大事，只可能是核心统治集团内部的人员才知道。要执行这项任务，一定是国君的绝对亲信。

所以竖貂是执行这项任务的最佳人选！他不但符合以上的条件，还有一个任何人都没有的身份——寺人。即便这个秘密让盟友知道了，齐桓公大可以把责任都推给竖貂：死太监贪财！罪该万死！反正他不是卿士，既非贵族又非朝臣，只是一个服侍国君的私臣佣人、一个没有政治头脑和贵族素养的太监，做出这种事情当然是可以理解的。

其他诸侯还能说什么呢？他们会为此事一个劲儿地抓住一个太监不放吗？何况这个太监还是齐桓公的幸臣，打狗也要看主人吧，竖貂被斩了谁给齐桓公端尿盆呢？

而且大家都是聪明人，怕是没人真的愿意和楚国开战，齐桓公的打草惊蛇之计其实是合乎大家的共同愿望的，只要心知肚明就够了。

帝国主义还真的都是纸老虎啊！

那么齐国既然不愿意真开打，齐桓公和管仲为何还劳师动众，集结八路诸侯不远千里跑来楚国呢？难道仅仅是为了耀武扬威一番，向各国有个交代？

齐楚之盟（下）

在外交对话中，姿态往往比内容更加重要，它决定了己方在对话中的地位、立场和诉求，对话内容更多的只是具体的实现方式。外交对话的姿态是要经过反复的试探和斗争方能最终确定的。

以郑挟齐

齐国劳师动众兴兵伐楚，可以说是出于无奈。攻打郑国就是楚国在撩拨齐国呢，对于盟主齐桓公来说，他必须要和楚国进行一次对话。

楚国攻打郑国非常有趣，楚成王信誓旦旦要斗章攻下郑国，但是却只给了他区区二百乘的车马，而处于四战之地的郑国，军队的战斗力在中原诸国中是出类拔萃的，这点军队和郑国野战都占不到便宜，更不要提靠这点军队攻城来拿下它了。

第二次在斗章的要求下，楚成王给他又加了二百乘，也才勉强凑够四百乘，对于楚国这样的超级大国，即便要求出兵数量再翻一番也不是难事。郑国虽然不再是当年的小霸了，但是也绝不是让大国随便欺负的软蛋，四百乘车马还是不可能攻下郑国的，当年宋庄公里应外合前去郑国逼宫都得出兵六百乘。

事实上，郑国不仅坚持防守了一年多，而且还能从容地分出一支军队，由郑文公亲自率领，在楚军的眼皮底下开赴上蔡和联军会合。楚国是真心要拿下郑国吗？

不仅楚国目的暧昧，郑国的态度也很奇怪。它既然在坚守的情况下有余力向齐桓公这边派兵，难道就不能把这些力气投入到攻城反击中，争取凭借自己的力量赶走楚军，而不是去向齐国求援。这一连串被保护国般行为并不符合一向追求政治独立的郑国的作风。

很明显，郑国和楚国都没有全力在打这一仗。

不过双方的保留情形却各有不同，楚国军队是数量上的保留，而郑国军队则是力量上的保留。

楚国攻打郑国一共两次，第一次打郑国，斗章让联军在柽地会合的消息给吓跑了，气得楚成王让斗章的哥哥斗廉去杀他。楚成王就是摆足了样子要攻下郑国，其实私底下可能早就关照好斗廉怎么配合斗章行动了。

这么看来楚国就是计划打郑国逼齐国来和自己对话的。面对着齐国霸业范围的日益扩大，楚国的影响空间被一步步压缩，政治角色也渐渐被妖魔化。面对这一窘境，楚国不在沉默中爆发，便在沉默中灭亡，而且这一爆发绝不能再如过去一般诉诸于简单的暴力。

楚国第一次攻打郑国不仅是在试探齐国的反应，其实也是在对齐国展示实力。为什么斗章第一次出兵时楚成王只给了他二百乘兵车？因为当初齐桓公派遣宾须无帮助郑厉公攻打郑国的时候，齐桓公也只给了他二百乘。

之前齐国和楚国的军事实力没有直接的对比，也没有间接的对比。齐桓公所攻击过的对象——鲁国、山戎、郑国，只有郑国是楚国可以进攻以用来同齐国军力做间接对比的。

这就能解释为何第一次无功而返后楚成王会暴跳如雷。因为那样无异于在搬石砸脚，初衷是想展现实力，结果却显示出自己的实力还不如对方。

不过第二次斗廉和斗章共同拿下了聃伯后，楚成王却很是满意，赦免斗章不算，还给他增兵二百乘前去攻打郑国。这是一份对于楚成王理想的答卷，当年宾须无虽然也只有二百乘军队，却是在郑突的配合下才擒住了郑国大将傅瑕的。这次楚国靠自己就擒住了对方大将，楚成王怎么会不高兴呢？

所以他才敢增兵再次去惹齐国，因为双方都懂得知己知彼。

在增兵的数量上，楚成王也是做过充分考虑的。第二次派出的军队名义上是去攻占郑国的，实际目的是要把联军给引来。

为了给对方造成麻烦，让自己更为主动，必须叫齐国那边仓促出兵救援郑国，所以这个军队的数量绝不能太少，一定要在态势上显示出郑国的危急性。虽然要让郑国看起来危急，但是绝对不能真的攻陷郑国，否则一场正面战争将不可避免。即便齐桓公再不愿开战，迫于盟约和其他诸侯国的压力，联军也必须对楚国动武。这是谁都不愿见到的局面。

既要制造紧张局势，又不能假戏真做，楚国的这个度其实是很难拿捏的。因为它还不能雷声大雨点小。试想如果楚国派出八百乘大军来攻打郑国。气氛是制造出来了，但是对方八路诸侯集结后赶来，再快也要个半年时间，这半年里面楚国八百乘大军只能放水，无疑是在告诉对方自己多么无能，让对方轻视自己，进而在接下去的博弈中处于被动局面。

所以楚成王只是派了四百乘军队去攻城，不仅气氛、尺度、面子三方面都照顾到了，而且自己二百乘军队的战斗力已经让齐国有了客观的比较依据，军队数量翻番后的战斗力也是非常便于齐国来衡量的，进而作出相应的判断和行动。

什么叫知己知彼？

别以为楚国是在没事找事，其实它早就对这次挑衅行动做好了充分规划。自己需要考虑的都考虑到了，对手考虑到的它同样也考虑到了。

所以楚国是料定了齐国不会真打它，派一个屈完过去顶一下双方都有台阶下。大国博弈，强悍的蛮力是基础，精细的手法是关键，一粗一细、一软一硬，万不可偏废。

左右为难

我们回头再看郑国。楚国大军攻城而来，摆在郑国面前的有三个选择：

抵抗、投降、骑墙。

楚国这点军马兵临城下，精明的郑国人很容易从楚国军队数量的保留上察觉出楚国真正的战略意图。在楚国偷袭得手后，楚国的攻城只是为了挑衅齐桓公，从郑文公坚持这么久还能派出军队和联军会合这一点看，当时楚国的攻城恐怕也只是打打闹闹玩玩而已。如果郑国一本正经地誓死抵抗反而会将楚国逼急，到时候后果恐怕难以控制。

而且郑国毕竟距离楚国不远，它可不想得罪楚国。楚国随时能来揍它，但是齐国不可能每次都劳师远征来救它。

可既然如此，郑国为什么不投降呢？

当时的中原诸侯几乎都唯盟主齐桓公马首是瞻，郑国明白如果投降了楚国，那等于背叛了齐桓公，接下来诸侯联军进军的目标就是它，而且它们来到郑国很可能是要动真格地教训这个叛徒的。

跟着老大混，表现好了通常只能分杯羹，但是一旦有个差池，可能于内于外都得挨棍子。

既然抵抗和投降都没得选，那郑国只能选择骑墙了，这也是大国博弈局中夹心板角色最无奈的选择。

郑国配合着楚国演攻城战，帮楚成王把齐桓公召来，同时也出兵协同联军“奇袭”楚国，助齐桓公虚张声势。

两边都到位了，而且都还很隐蔽，郑国能做的都做了，至于究竟归属于哪一方，就看它们俩掰手腕谁更牛了。谁赢了郑国就跟谁，谁输了也不敢讨伐自己的不臣了。

召陵之盟

但是齐桓公和楚成王这两位天下最有力量的男人怎么可能真正对掰呢？接下来双方的对弈其实很容易想象了。

屈完假装无辜，询问管仲出兵事由。管仲也不会不给他台阶下，不痛不痒地数落了楚国不向周王室进贡过滤酒渣的包茅。至于齐国大兵压境、楚国僭号称王这样的原则问题，双方是不会去触动那根红线的。

高手过招，点到为止。

不过当着其他七路诸侯的面，齐、楚两国的表面文章还是要做到家的。屈完一面犀利地指出各诸侯国和楚国一样对王室非常不敬，一面答应回去请示国君，贡上包茅，履行楚国的义务。

齐国劳师动众奔袭千里，虽然不准备动武，但也是象征性地挺兵逼近，给予楚国压力。

屈完秉过楚成王，答应如约向周王室进贡包茅，承认周天子的共主法统。管仲也心知肚明，做出了相互退让之举，大军退驻一舍，也就是十五公里，退据淮河支流汝水南岸的战略重地召陵（今河南省漯河市东，今G36宁洛高速由此通过）屯扎。

楚国一伸一屈，齐国一进一退，两个超级大国最终达成了妥协。

除了包茅，屈完还带来了八大车金帛，分别犒赏了各路诸侯，并且在齐桓公的邀请下，代表楚国与各国歃血为盟。这一年是公元前656年。

歃血完毕，楚国放回了聃伯，并替蔡国为齐国请罪。齐国也率领大军撤退。

在歃血仪式上，齐桓公当着屈完的面阅兵，以显示联军的威势。屈完也当仁不让，略带挑衅地告诉齐桓公楚国有着方城和汉水之险。在屈完的话中，无论对楚国的疆域还是战略纵深而言，联军这点架势不过是小儿科。

外交往来，话到这里也是该打住的时候了，双方心知肚明地握手言和，这场由楚国挑起的第一次南北超级大国的交锋就此和平结束。

显然在军事方面，齐桓公此次行动也不是毫无收获的，至少他向楚国显示了无人可及的政治号召力和战争动员能力。这种难以替代的软实力所形成的战略威慑，恐怕比单纯的强硬武力更能遏止楚国对中原的渗透和扩张。

楚国算盘

但是楚成王这么折腾一番，既赔礼又送钱的，究竟达成了什么样的效果呢？

我们先看看周天子这边。周惠王收到了楚国的包茅和金帛等贡品后喜不自胜，此时的周天子仿佛又重新找回了昔日的荣耀。其实终西周一朝，楚国都没有诚服于周天子。周惠王赐给楚国祭祀用的胙肉，命楚国镇守南方，其实也是承认了楚国的实际地位。

楚国的扩张终于得到了法律上的认可，这是长期以来不断对外战争和无数战士的生命换来的。

法律看似公正严肃，其实不过是力量博弈的明文写照而已，谁手里资本雄厚，就能对法律进行有利于自身的挤压。这些冠冕堂皇的条文到底是为强者服务的。

楚国历来被视为蛮夷，尽管它的实力几乎是当时天下最强大的，但是依旧摆脱不了其尴尬的地位。对于楚国而言，名位一直是欲望称霸中原的它最需要的。现在终于得到了周天子的法律认可。

虽然楚国自立为王，并且还为此闹出了一番动静，但是仍然鲜有诸侯主动搭理它。为此楚国也毫不手软，采取武力兼并的强硬扩张路线，对汉阳诸姬和其他淮汉流域的诸侯国发动一系列兼并战争，企图以此入主中原。

不过渐渐地楚国发现通过单纯的武力吞并不但无法实现这一目标，而且它的军事威胁反而促成了中原各路诸侯的重新团结，不仅造成了武力扩张的举步维艰，而且其政治地位也变得空前孤立。楚国意识到武力扩张的路是走不通的。

政治上也需要品牌效应，一直靠武力就好像时时刻刻以硬功打拼市场一样。而一旦被主流所接受，有了品牌效应，获得了认同感，就能够轻松进入市场，加上和实力的结合，能够让人们主动来投。这一点管仲几乎是以教科书般的形式为楚国演绎了一番。

所以楚国才不得不调整自己的战略路线。它看到了齐国成功的范例，认识到除了实力以外法统的重要性。和平对话成为了楚国眼下的当务之急，楚国不得已放下了身段，打算重新以诸侯国的身份回归周朝。它在寻找一次契机，因为这个话不是那么容易对得上的。

楚国是不会、不用也不屑和一般的诸侯国对话的，因为一来那些诸侯国谁也做不了主，二来和这些国家一一对话也不现实，三来这样做只能让中原诸夏更为看轻楚国。

因此楚国对话的目标一定是能够代表中原诸夏，并且有着崇高的地位。

周天子虽然符合这一角色的定位，但是却难以号令诸侯，说了也不算，他的作用只是事后给敲个图章认定下罢了。所以只有当时的天下盟主齐国才是楚国的最佳选择。

显然在楚国眼中，高举“尊王攘夷”大旗的齐国才是真正的周天子，虽然这个天子有实无名，而且不是世袭的。

楚国接下去要做的就是如何和齐国接上头了。要有能发动大战的勇气和能力，别人才会认真跟你“和平共处”。清楚不合作的代价，才明白合作的价值。楚成王深谙此道，主动前去要求和如日中天的齐桓公对话，那楚成王只能被天下看扁，不但无法和各国平等结盟，而且还会让所有诸侯都看到楚国的孤立。

所以楚国选择了主动的挑战，让齐国看到楚国的实力，体会征伐的困难，感受盟好的诚意，理解微妙的用心。只有经历这样一个博弈的过程，双方明暗进退几回，彼此展示估摸数合，看清了单纯对抗的恶果，才能达到真正的理解和合作。

这样做的另一个好处就是能够顺便把中原各路主要诸侯都找来，同时做一番对话和结盟，让楚国获得一次真正和中原诸夏平等交往的机会。

楚国完成了路线的转换，就此以和平面貌与中原交往了吗？和平和平等是需要彼此用筹码换来的，只是嘴上说和平的人，是永远得不到它的。齐国的这次南征，对惹事的楚国秋毫未犯，而弱小的蔡国却只能做替罪羊，所以和平和平等是需要资本的，还要不断创造有利于自身的筹码。

楚国自召陵之盟开始，便一手持着武士刀，一手握着橄榄枝，开始了正式跻身华夏大国行列的进程，和北方霸主竞争天下，为东周历史开启了新的进程。

周齐博弈

合作中最可靠的信任基础来自于相互之间合理的制约。力量配比失衡的组合不可避免地会造成一边倒的附庸局面，随即引发新的力量重组和整合。

立储危机

齐桓公促成了楚国对周王室的朝贡；让桀骜不驯的楚国第一次对周天子低下了倔强的脑袋，自认为立下了奇功一件，便派隰朋出使周王室。一来是想在周惠王面前威风一番，二来也是想了解一下周王室的动向。

现在楚国名义上又开始效忠于周天子了，无疑是对齐国垄断周王室代理权的一个威胁。如果楚成王肯放下架子，也来一套“尊王攘夷”，那周惠王将会很乐于接受这样的巨头竞争的局面，自己在中间成为双方竞相拥戴的角色。

管仲和齐桓公不可能没有意识到这个威胁，所以他们此番让隰朋出使，一定是带着特定任务来的。

隰朋出使完毕，回到齐国，果然给齐桓公带来了一个消息：周王室又一次出现了嫡庶争立的局面。

原来周惠王有考虑让庶子姬带继位，如此情形下太子姬郑的地位就显得非常尴尬，如坐针毡，随时有被废的危险。

从周幽王开始，周朝便不断地上演嫡庶争立的好戏，而且其中周天子都是站在庶子一边的。周幽王对伯服、周桓王对子克、周庄王对子颓，以及现在周惠王对子带，无不如此。

嫡庶争立的背后是各种政治势力的博弈，周天子总是支持庶子固然包含着对年轻貌美的小老婆的宠爱在里面，但是谁会在严肃的国家命运面前将个人感情放在第一位？

在国君生前就发生继承人争立，很大程度上因为王权不振，才给了各种势力介入并支持各自中意的继承人的机会。在这个过程中，法定的第一继承人自然是最强大的那股势力的首选。

在这里问题就出现了，面对这样的局面，最高统治者会做何选择？是与其合作，还是对其制衡？

当最高统治者有足够的力量直接控制他底下的力量时，合作是优势策略。但是如果一股势力过于强大，以至于最高统治者都有可能受制于它时，制衡才是明智之举。

除此之外还有一个原因。那些和国君利益相冲突的势力，会自然而然抢占第一继承人这个最佳阵地，与国君展开力量博弈，这一点在周幽王那里是最典型的例证。

毫无疑问，这一次的周王室嫡庶之争中，洛邑内部周王室大小宗势力又是博弈的主力。

这就是周天子废长立幼的根本原因，说到底还是因为周王室式微，以至于处处受制于人。

首止之会

但是一旦这一消息传到了外部，天下豪强得知后必然会抓紧动作，借机插手此事，扩大自己的影响力。

管仲就看出了这是一次让齐桓公抢先坐庄的好机会。作为当今天下最有威势的人，齐桓公押宝的对象无疑是法定继承人姬郑，借此继续高举“尊王”大旗。

在这件事件上齐桓公不仅要抢先，而且要尽量发挥自己的优势，让楚国毫无机会可言。

齐国当时对楚国最大的优势就是盟主的招牌。齐桓公能够号令诸侯，率领这些跟班们迅速抢占这一机会。

寡头竞争，渠道为王。

齐桓公依照管仲的计策，于公元前655年，召集宋、鲁、陈、卫、郑、许、曹七国诸侯在居中的首止（今河南省睢县东南）会盟。齐桓公派隰朋前去周王室邀请太子姬郑一同参加，旨在和诸侯们一起与姬郑定下君臣名分，让周惠王无从废储。

周惠王虽然知道齐桓公此举来者不善，但是毕竟自己仰人鼻息，也只得勉强同意。

管仲又一次为齐桓公设下了奇谋，正是因为齐桓公总是能够采纳管仲的提议，齐国才有今日的辉煌。即便管仲屡次否定齐桓公的意见，推行自己的主张，齐桓公依旧唯管仲是听，自从长勺之战后就没有否定过管仲的政见。

并且值得称道的是，这对君臣的关系始终都异常和谐。

管仲的能力和忠诚、齐桓公的大气和宽容是维系这一局面的原因之一，没有这两人突出的个人风范，这一局面是不可想象的。看看华督和宋殇公、祭足和郑厉公、子元和楚成王之间你死我活的争斗，就更能体会这对君臣的来之不易。

但是权力场讲究的是实际的控制，而不是人情和信心。所以管仲和齐桓公的个人品质不过是表象而已，在这背后一定有着更为深入的原因，这就是权力需求格局。

下级和上级关系最为和谐的条件是：在具体工作方面，上级对下级有着强烈的需求，而在政治地位方面，下级则需要上级能够给予有力的保障。在这一点上，齐桓公和管仲就形成了这样相辅相成的权力格局。

特别是管仲去世后齐国的景象更加说明了这一情形。没有了管仲的辅政，齐国很快就从霸主宝座上跌落了下来，管仲的治国才能对齐桓公取得盟主地位起到了非常关键的作用；另外，离开了管仲，齐桓公渐渐放权给了竖貂和易牙两位小人。这两位管仲时期齐桓公的贴身仆臣，一旦有了国君的授权，便开始嚣张跋扈起来。甚至到最后为了控制内廷而将齐桓公软禁起来活活饿死，在齐桓公死后擅行废立，赶走了世子公子昭，奉公子无亏为新君。

齐桓公晚年的悲剧是由于臣下的能力和齐国的需求发生了脱节的缘故，齐桓公是拿对管仲的授权力度在对待竖貂和易牙这两个小人，齐国怎么能不出问题呢？

从权力结构上来说，齐桓公和管仲的组合可谓是经典的配置。如果上下级之间的关系偏离了这一理想模型，就会出现权力危机。

其实权力结构和经济的供需模型没有什么本质的区别。双方交换对方所需要的资源，当这种交换在互相满意和依赖的情况下自然可以非常顺利地进行。但是如果资源的供需关系偏向了其中的一方，权力的天平就会出现倾斜，在权力结构中出现买方市场或卖方市场。

类似的交易或合作在刚开始的时候总是愉快的，因为双方都要在对方领域内依靠对方的资源，但是如果有任何一方在此过程中在对方的领域内站稳了脚跟，并且依靠自己的资本做大做强，那么矛盾将接踵而至。

周惠王和齐桓公这对君臣如今就面临这样的尴尬。周惠王在政治上和军事上都非常依赖齐桓公，但是齐桓公呢？最初在品牌创立时期他也是对周天子俯首帖耳，早请示晚汇报的，但是现在他自己的品牌做出来了，完全能够进行独立品牌运营了，周天子这个依赖他撑台面的空壳他还会放在眼中吗？

一旦下级在地位上不再依赖于上级，那么这对于上级而言是极具威胁性的。周惠王现在面对着受制于齐桓公的局面，不仅他本人，而且他之后周王室可能会长期处于这一被动地位。

郑楚制齐

遇到这种情况，上级的惯常做法就是将自己所拥有的资源进行竞争性配置，也就是我们常说的分权，即不再对某一个特定的下级独家授权，而是搞竞争招标，使它在地位上受到挑战，力量上遭遇对抗。就好像当年周幽王宠信虢公石父，废长立幼；周平王分权给虢公林父，周、郑交质示意天下。

那现在周惠王要如何分权呢？分给谁呢？当今天下，有实力与齐国抗衡的只有楚国。虽然楚国之前一直都是周王室最大的威胁。但是政治就是这样，价值永远是第一位的，现在这个昔日的敌人是最值得拉拢的盟友。

在政治上，再优秀、再出色的个人和组织，只要获得了最高的垄断权力，往往都将成为祸害。不怕现在得罪别人，就怕将来得罪不起别人。

如果能够直接或者间接地控制，即便是敌人也可以放心利用；假若无法进行制衡或牵制，那么哪怕是至亲也不得不提防。

政治就是这样冷漠而现实，不过这又能怪谁呢？天下作乱的诸侯，有几个不是王亲国戚呢？封国造反的卿士，又有谁不和国君沾亲带故的呢？权力面前亲情友谊都不算数，实力和利益才是最高准则。

能够控制手下，统治者要想自己位置安稳凭借的是自己的意志，如果难以驾驭臣下，那么自己的地位只能寄望于他人的意志了。这笔账，相信谁都会算的。

如今楚国正是力求跻身中原主流，楚成王看到了齐桓公成功先例，也开始积极作出尊王的姿态。

所以周惠王和楚成王正好形成了需求互补的态势，双方的合作就差实际的执行了。

但是实际的操作却并不那么容易。周惠王是借着齐桓公才混到了今天的地步，而且楚国也是齐桓公帮他搞定的，如果动作太大太明显，周惠王就会被天下看成是忘恩负义的小人，怎么能够让诸侯们信服？

所以周惠王必须要做得非常隐蔽，不用自己直接表态和操作。

周惠王首先要找到一个突破口。在首次会盟的八国中，郑国和齐国存在着严重的矛盾。原来在上次齐、楚召陵之盟结束后，陈国大夫辕涛涂为了本国利益，忽悠齐桓公绕过陈国，取道东方（今安徽和江苏北部），经过东夷部落盘踞之地回军齐国，美其名曰震慑夷狄，其实是为了避免大军在陈国的驻军花销。

但是早先知道了辕涛涂计谋的郑国大夫申侯却卖友求荣，将原委告诉了齐桓公。齐桓公为了表示对申侯的感谢，要求郑文公把上次周惠王赏给郑国的虎牢之地赐给郑国大夫申侯作为封邑。

虎牢之地是郑国的西部命门所在，封赏给申侯后此地俨然成为了一个国中之国。这一步棋显然不仅仅是齐桓公在单纯犒赏申侯，更是对路远力难及的郑国的一种变相牵制。

面对为自己而来召陵的霸主的要求，郑文公虽然非常愤懑，但还是不得不咬牙同意。

周惠王就抓住了诸侯间的这个裂痕，怂恿郑文公撤会，投靠楚国，砸齐桓公的场子。

接到周惠王的玺书，郑文公看到了一个不错的机会，不仅能够出一口上次被迫割地的恶气，更重要的是，这对郑文公而言无疑是重温当年父祖夹辅周王室的荣耀，让郑国重新获得政治上的独立性。相比一心侍奉不信任自己的齐桓公，这个选择可是太具有诱惑力了。虽然大夫孔叔反对，但是得了王命认可的郑文公并担心被齐桓公以叛徒的名义讨伐，便义无反顾地照办，对齐桓公不辞而别。

被小弟在背后捅了一刀，齐桓公自然怒不可遏。但是管仲嗅出了其中的味道，建议齐桓公不急着找郑文公算账，因为郑国本身是不会有这个胆子的，而且郑国还求得了楚国的保护。当务之急是先把会盟办好，定完君臣名分，只要把太子捏在手里，不怕将来制不住周王室。齐桓公便按照管仲的提议和其他六国诸侯盟誓拥戴太子姬郑。

盟誓完毕，齐桓公派人将太子姬郑送回洛邑。完成了拥护太子的任务，接下去就是警告郑国了。公元前653年，齐桓公率领诸侯联军包围郑国。郑国不得不再次被迫改换门庭，投降了齐国。

不过聪明的郑人利用这次被围做了一件一箭双雕的事情：将之前背叛齐国的罪责一股脑儿推到献媚齐桓公的申侯头上，在杀了这个替罪羊的同时，也把分裂出去的虎牢之地收了回来。

郑国这样的城下之盟是毫无诚意可言的，更何况现在后方没有了齐国所分裂出的虎牢之地的牵绊，郑国越发不把齐国放在眼里，不久之后又开始和楚国密切往来了。

齐桓公恼于郑国反复无常的表现，郑国正是他和楚成王角力天下的焦点，齐国即便由于距离原因难以在军事上征服郑国，也必须在政治上给予它足够的压力。不久后齐桓公再度集结诸侯联军包围了郑国国都新郑。

郑文公不得不向楚国求救，楚国照旧没有和齐国直接交兵，而是出兵包围了和齐国同姓的铁杆小弟许国。齐桓公一来要救许国，二来警告郑国的表面文章也做到家了，事情到此不得不就此打住了。

南北两个超级大国的博弈再一次在背后达成了妥协，彼此势均力敌，维持现有的势力范围，谁也不愿意触碰那根火线。

从地缘上看，齐、楚两国的势力分界线基本上位于郑——蔡——江——黄一线，西北——东南走向的这条势力分界线正好将东北——西南走向的齐、楚两大超级大国之间的区域呈九十度角分割。从双方势力范围内的国家数量、政治地位和经济实力上看，齐国都处于上风。

因此就目前阶段而言，楚国还只是在暗中和齐国较劲，表面上却并没有直接挑战它的霸主权威。

这个局面虽然让齐桓公并不舒服，却是周惠王乐于看到的。

当然郑国还是不愿意在面子上得罪霸主齐桓公，成为齐、楚博弈的夹心肉。公元前651年，郑文公派人参加了齐桓公在宁母（今山东省金乡东南）的会盟，会上郑国向齐国投诚，齐桓公也心领神会，接受了郑国的请求。郑国获得了政治上的安全，齐桓公也保全了霸主的面子，至于实际的权力和政治格局，这些都不会受表面文章的影响。

葵丘之盟

就在这一年的冬天周惠王驾崩，第一时间接到消息的齐桓公紧急集结宋、鲁、卫、陈、郑、曹、许七路诸侯。齐桓公组织八国每一国各派出一名大夫前往周王室，名为吊祭周惠王，实为帮太子姬郑抢班夺权。

由于前后缜密的安排和及时的行动，齐桓公终于获得了成功，顺利地扶立了姬郑上台，是为周襄王。

为了巩固得来不易的成果，确立自己对周王室的绝对控制，削弱楚国对自己在中原市场的竞争力，第二年春天，齐侯再次召集天下诸侯，在葵丘（今河南省民权县，当年齐襄公瓜代之约的驻军地）会盟，拥戴新任天子周襄王。

齐桓公一手扶立的周襄王非常配合，派周公宰孔为代表前往与会，并且赐齐桓公祭祀用的胙肉，以表彰他的方伯大业。

齐桓公带领众诸侯朝拜设于高台上的周天子的虚位，重申天下大义和君臣名分，宣布了葵丘盟誓，共同歃血为盟。

齐桓公在葵丘会盟中总结性地提出了在春秋历史上具有重要意义的葵丘盟誓：不准壅塞河道（黄河、济水、淮河这样的主要河流流经多国，农业对于中原的重要性不言而喻，河水的灌溉又是农业的根本，此一条关系各国的经济基础；同时，这些大河的治理通常非当时一国之力可以胜任，时常需要沿河的国家通力配合，齐桓公这一提议其实也是通过当时中原各国共同的经济需要来实现政治上的团结），别国遇难必须赈济粮食，不得任意更换太子，不许以妾代妻，妇人不可干政。葵丘盟誓旨在维护宗法统治的秩序，加强周朝诸侯的联盟关系，改善经济合作环境。条约规定：凡我同盟之人，既盟之后，言归于好。

葵丘盟誓在齐国而言是对它领导地位纲领性的一次确认，其中显然包含着齐桓公对诸如郑国这样“出轨”国家的规劝和警告，以及自己对周王室的绝对代言权，淡化周惠王对齐国的制衡，消弭楚国在中原的影响。齐桓公以软硬两手来体现自己的威势，作为天下盟主，对联盟的维护其实就是对其自身地位的捍卫。

至此齐桓公完成了他霸业中九合诸侯、一匡天下的壮举，达到了霸业的顶峰。

欲封泰山

达到人生顶点的齐桓公难免有些得意忘形，会盟过后他向周公宰孔道出了自己的真实愿望：封禅泰山。

平心而论，齐桓公继位近四十年来尊王攘夷，九合诸侯，一匡天下，将岌岌将倾的周朝江山扶正，对天下可谓居功至伟。但是自古只有如尧、舜、禹、汤、文、武这样的圣王贤君才有资格封禅泰山，齐桓公要这么做，无疑是天大的僭越。说白了，齐桓公就是想在某种形式上取周天子而代之！

看来周惠王当初的担心绝不是忘恩负义、小人之心，齐桓公现在向周公宰孔提出这个想法，显然是想试探一下周王室的态度。

作为领导的周天子都要看齐桓公的眼色，周公宰孔又能把齐桓公怎么样呢？束手无策的他只能来找管仲，希望管仲能够打消齐桓公的非分之念。

管仲向齐桓公列举了齐国种种不符合封禅前祥瑞的征兆，力劝齐桓公放弃封禅的想法。面对管仲这些委婉的托辞，齐桓公也心知肚明，不再提起封禅的事情了。

为什么帮助齐桓公一手打造辉煌霸业的管仲到头来却阻止齐桓公谋取天下的打算呢？

正因为这一切是管仲一手帮着打造的，只有他最清楚齐国的资本，齐桓公能做什么不能做什么。

齐桓公的霸业依靠的是实力和法统的结合。齐国就是以拥戴周天子开始号令诸侯、叱咤江湖的。如果到头来废黜天子而代之，齐国只会遭到天下诸侯的唾弃和背离，就好像自己给自己来了一回釜底抽薪。

更可怕的是，周惠王非常有远见地预料到了齐桓公的野心，为此他拉拢了楚国。一心要跻身中原主流的楚国也对周王室表现出了从未有过的殷勤。一旦诸侯背离了齐国，最大的可能就是被楚国打着尊王的旗号给重新团结起来。到那个时候，齐、楚两国的处境就完全颠倒了过来。为齐国霸业奉献了一生的管仲怎么会允许齐桓公自毁大业呢？

除此之外，齐国为了称霸也耗费了巨大的国力，即便诸侯不会背离齐国，齐国本身的实力也难以堪当天下共主。

相反，齐国的内部改革和外部行动为其他各国树立了强国图霸的范例，各国都开始纷纷效仿齐国的成功经验图强谋霸。齐桓公一旦封禅，将会面对天下群起而争雄的局面，使齐国陷于列国的竞争甚至围剿之中。

到时候，天下历经痛苦和磨难，耗费近百年时间才重新建立起的秩序又将被彻底打破，进入到新一轮的升级过了的暴力循环中。

这一切绝不只是管仲单纯的设想，而是实实在在存在的现实。因为在周朝的西北，还有两个敢教日月换新天的国家蠢蠢欲动。

那里是齐国霸业所未渗透之地，由于黄土高原和崤函险隘的阻隔，它们一直躲在一边静静地看着中原发生的一切，保存实力，借鉴经验。随着春秋霸政的升级，地理的隔膜也渐渐被打破，所有国家都被卷入到了乱世争霸的棋局中，厉兵秣马地准备着自己登场的那一天。